재난 시대의 가족

재난 시대의 가족

초판인쇄 2022년 02월 28일
초판발행 2022년 02월 28일

지은이 이행미 외
펴낸이 채종준
펴낸곳 한국학술정보(주)
주 소 경기도 파주시 회동길 230(문발동)
전 화 031-908-3181(대표)
팩 스 031-908-3189
홈페이지 http://ebook.kstudy.com
E-mail 출판사업부 publish@kstudy.com
출판신고 2003년 9월 25일 제406-2003-000012호

ISBN   979-11-6801-404-6 93330

한국어문화연구소 총서 11

재난 시대 의 가족

이행미 | 이현정 | 김지운
송경란 | 최배은 | 김소은 지음

　한국어문화연구소에서 열한 번째 총서를 발간합니다. 2006년 첫 책을 발간한 이래 약 15년의 세월이 흘렀습니다. 학과 중심의 작은 연구소에서 별다른 지원이나 재원 없이 꾸준히 책을 낸다는 것은 결코 쉬운 일이 아닙니다. 여러 어려움에 부딪혀 결국 책을 내지 못하는 해도 있었습니다. 학과와 연구소 선생님들의 헌신과 열정이 없었다면 이 일은 가능하지 않았을 것입니다.

　한국어문화연구소는 1987년 9월 21일 숙명여자대학교 국어국문학과(현 한국어문학부) 산하의 연구기관으로 설립되었습니다. 이후 학교의 연구소 통합 방침에 따라 지역학연구소 산하 한국어문화연구센터로 재편되었다가, 학계 동료들과 동문 연구자들의 후원에 힘입어 2005년 4월 대학의 부설기관이자 독립연구소인 한국어문화연구소로 재출범하였습니다. 총서 발간은 한국어문화연구소 출범 당시부터 가장 힘을 쏟은 사업입니다. 특히 이 사업은 단행본 출간 자체에 목적을 두기보다는 월례 세미나와 학문 후속세대 양성 등 '과정에

중점을 둔' 사업이기도 합니다. 이번 책 역시 지난 1년 반 동안 연구소 구성원들이 꾸려온 세미나의 결과물입니다.

팬데믹 시대를 지나오면서 세미나 참여자들은 질병이 순수한 의과학의 영역만이 아님을 매 순간 깨달았습니다. 국제적 교통망과 통신망, 대량의 인적 물적 교류는 바이러스뿐 아니라 공포와 혐오의 확산에도 유용하였습니다. 바이러스에 대한 공포는 '우리'의 내부와 외부를 갈랐고 배제와 차별을 노골화하였습니다. 재난의 시간, 위기의 시간이면 언제나 다시 강조되던 가족 서사와 가족 이데올로기가 강화되는 것도 목도하였습니다. '우리'라는 '관념'에서 가족은 항상 중심을 차지하였습니다. 질문은 바로 여기에서 시작되었습니다. 이 책의 제목이 『재난 시대의 가족』인 것은 바로 그 때문입니다.

세미나 참여자들은 이성애 부부와 그들과 혈연으로 맺어진 자녀를 중심에 놓는 가족을 자연적이고 이상적인 가족으로 정당화하고 그렇지 못한 가족을 비정상, 결손, 결핍으로 놓는 '정상 가족 이데올로기'를 가장 먼저 검토하고자 하였습니다. 그러한 '구성된 관념'이 우리 사회에 어떠한 모순과 차별을 생산하는가도 말하고 싶었습니다. 소위 '정상 가족' 개념은 오늘날 다양한 도전을 받고 있습니다. 이 문제에 대한 학문적 연구 또한 활발하며, 실천적 제도적 운동 역시 사회에 많은 가시적 변화를 가져오고 있습니다. 때문에, 한국 사회의 가족주의 이데올로기는 어떠한 연원과 뿌리를 가지고 있으며 문학작품을 비롯한 영화, TV 드라마, 웹툰 등 다양한 문화적 재현물 안에서 어떻게 재생산되어왔는가를 고찰한 이번 연구가 새로운 것이 아닐 수도 있습니다. 그런데도 우리의 연구가 다양한 가족에 대한 문화적 상상력과 대안적 대항적 실천을 읽어내는 데 유용한 작업이기를 희망합니다.

　지난 1년 반 동안 월례 세미나에 참여해 주신 모든 분들과 이 책에 소중한 원고를 내어 주신 선생님들께 진심으로 감사를 드립니다.

한국어문화연구소장 이진아

6

제1장

가족은 여성의 행복을 위한
장소가 될 수 있는가

– 나혜석의 「이혼 고백장」을 중심으로 –

이행미

1. 정상 가족의 신화를 넘어

가족이란 무엇인가. 또는 가족이라는 말을 들었을 때 가장 떠올리게 되는 이미지는 무엇인가. 누군가 이렇게 묻는다고 가정해보자. 아마도 대부분은 결혼으로 맺어진 부부와 그 사이에서 태어난 자녀로 구성된 모습을 떠올리지 않을까 싶다. 하지만 우리 사회에서 이러한 형태의 가족이 일종의 전형이 된 것은 그리 오래되지 않았다. 근대 초기 한국 사회에 수용된 스위트홈 개념, 즉 이성애 부부와 그들에게 부여된 명확한 성 역할을 바탕으로 한 서양의 핵가족 제도가 바로 그것이다. 당대 지식인들은 이러한 가족을 '신新 가정'으로 부르면서 조선의 가족제도를 개혁하여 도달해야 할 목표로 여겼다. 자율적인 주체성을 지닌 근대적 개인의 형성이 매우 중요한 과제였던 이들에게 당사자의 의사도 묻지 않고 혼사를 정하는 일은 용납할 수 없었다. 계약 당사자 사이의 사랑과 신의를 내용으로 하고 합법적 절차를 거치는 것을 형식으로 한 이른바 '문명한 부부'야말로 진정한 가족의 조건이 되었다.

한국 최초의 근대 장편 소설로 불리는 이광수의 『무정』(1917)의 한 장면을 보자. 근대적 가족의 모습은 인물들의 공상 속에서 나타난다. 형식은 영채를 만난 후 '즐거운 가정'을 상상해 본다. 영채와 결혼하여 자식을 낳아 가족을 꾸리고, 매일 집을 나설 때나 들어올 때면 아내와 입을 맞추며 인사를 나눈다. 잠깐의 상상에 머무를 뿐이지만, 서구 풍속을 따르면서 부부애를 중시하는 핵가족의 전형을 단적으로 보여 주는 장면이다. 1910년대 후반 소설 속 인물의 상상으로 단편적으로 등장하는 이 가족은 향후 시간이 흘러 '정상 가족'의 규범으로 정착되었다. 그렇게 만들어진 가족 개념은 자연스러운 것, 바꿀 수 없는 것으로 신화화되었다.

그런데 최근 그 신화가 깨지고 있다. 가족 개념과 형태를 이루는 필요충분조건으로 이성애 부부가 당연시될 수 없다는 목소리가 곳곳에서 들려온다. 근대 초기에는 정상 가족이라는 틀 내에서 가족을 구성할 자유를 확보하려는 노력으로 전통가족의 신화에 도전하는 현상이 나타났다. 반면 오늘날에는 내가 선택한 가족이 곧 '나의 가족'이 되는 것에 어떠한 제약도 있어서는 안 된다는 인식과 함께 정상 가족의 신화에 균열이 생기고 있다. 이와 관련된 사례는 우리 주변에서 어렵지 않게 찾아볼 수 있다. 한국 사회에서 1인 가구는 계속 증가하고 있다. 2020년 5월 가족실태조사에 따르면, 핵가족의 표본인 부부와 미혼자녀로 이뤄진 가구 비중은 2015년보다 감소한 반면, 1인 가구는 괄목할 정도로 증가했다. 두 형태의 가족은 30%를 조금 넘는 결과로 거의 비등하게 나타났다. 또한 현행법상 혼인신고를 하지 않거나 혹은 할 수 없어서 동거인으로 가족을 이룬 경우, 가족보다 더 마음이 맞는 친구와 생활공동체를 이룬 경우 등 다양한 형태의 가족이 존재한다. 몇 년 전 화제가 되었던 『여자 둘이 살고 있습니다』(2019)는 관심 분야가 비슷한 사십 대 두 여성이 함께 살게 된 이후의 삶의 이야기가 담겨 있다. 이 책은 과거 가족이 여자와 남자라는 두 원자의 결합만을 허용했다면, 이제는 다양한 분자식으로 이뤄지는 다채로운 '분자 가족'이 태어날 것이라고 말한다.[1] 이러한 진단은 우리 사회 가족의 현재, 그리고 미래를 잘 보여 준다.

물론 여전히 이러한 다양한 가족'들'을 비정상적 결합으로 보는 시선이 존재한다. 이는 법적으로 규정된 가족의 정의와 여기에 근간을 둔 사회복지제도가 사람들의 인식을 형성하는 데 큰 영향을 미치고 있기 때문이다. 이 제도는 이들을 가족이라는 관념의 경계 바깥에 놓이게 하여 사회적으로 받아들이기 어렵게 만드는 거대하면서도 견고한 장벽으로 존재한다. 내가 선택한 가족과 함께 행복한 삶을 꾸리고 싶지만, 현실을 만만치 않게 만드는 주된 요인도 여기에 있다. 병원에서 수술을 받을 때 동의서를 작성할 수 없고, 임대주택 신청에서는 순위가 밀린다. 우리 사회의 시스템 전반이 사회가 규정한 정상 가족 관념을 중심으로 작동하고 있기 때문에, 내가 선택한 가족이 그로부터 벗어날 때 사회적으로 배제되는 결과를 맞게 된다. 그런데 최근 이와 같은 견고한 장벽에 조금씩 균열이 보이기 시작한다. 사회적으로 가시화된 다양한 가족의 현실을 반영해 가족 범위를 재규정하는 등 다양한 가족을 포용할 수 있는 법적 기반을 만들려는 움직임이 나타나고 있다.

이렇듯 오늘날 우리 사회의 가족은 기존과는 다른 의미와 양상을 띠고 있다. 그리고 이 변화는 정상 가족을 대체하는 대안을 제시하는 방향으로 귀결되지는 않을 듯하다. 단일한 유형이나 이데올로기로 귀착되지 않고서 현실에 나타나는 다양한 가족을 받아들이려는 시도를 찾아볼 수 있다. 모든 가족이 차별 없이 살아갈 수 있는 생활 여건을 마련하는 법적 개선도 요구되고 있다. 사회적으로 건강한(정상적인) 가족과 그렇지 않은 가족으로 나누는 경계가 법 테두리 안에 명시되어 있기 때문이다. 물론 집단마다 각기 다른 이해와 이상을 가지고 있을 것이다. 하지만 이들의 주장은 새로운 정상가족 담론을 해체하는 목소리로 모이는 듯하다. 아직 새로운 가족 개념을 정의하지 않은 상황에서, 우리 사회를 가득 채우는 가족 관련된 논의들은 우리 사회의 가족이 나아갈 방향을 보여 주는 실마리가 될 수 있다. 가족이 변화의 한가운데서 조각조각 파편화되어 있는 지금 이때야말로 우리 사회 속에서 가족의 의미를 새롭게 뜻매김할 기회일지도 모른다.

그런데 이러한 시대적 분위기는 전통가족에서 근대적 가족으로 변화하는 모습이 나타났던 근대 초기부터 식민지 시기 전반에 걸친 시기를 떠올리게 한다. 그 내용은 다르지만, 가족을 둘러싼 다양한 사람들의 생각과 욕망이 표현되었던 시간이라는 점에서 닮은꼴처럼 보이기도 한다.

2. 결혼과 이혼 사이, 여성의 권리를 둘러싼 질문들

한국의 근대 초기는 가족 개념이 크게 요동치는 시대였다. 근대적 인권 개념이 수용됨에 따라 개인의 자율성이 중요한 가치로 부상한 만큼 조선의 가족제도는 통렬한 비판 대상이 되었다. 가문이라는 이름 아래더는 개인의 권리를 억압할 수 없다는 것이었다. 이 과정은 '나'라는 독립된 자아를 찾기 위한 필수 과정이기도 했다. 이러한 시대적 요청 속에서 사회 제도뿐 아니라 창작과 담론의 차원에 걸쳐 여성 인권에 대한 조명이 활발히 이루어졌다. 봉건적 가족제도의 전제적 성격을 비판하고 근대적인 부부 중심 가족이라는 이상에 도달하기 위해서는, 여성은 결혼 계약의 당사자로서 법적 권리를 지닐 수 있어야 했다.

당대 사회에서 유행했던 자유연애, 자유결혼과 이혼이라는 근대적인 사상은 이러한 변화를 이끄는 동력으로 작용했다. 이와 동시에 실질적으로 가족을 규율해나갔던 법 또한 큰 영향을 미쳤다. 이 시기 가족법은 개인의 인권과 자유를 중시하는 근대법의 성격을 띠면서도, 호주 중심의 가족제도를 매개로 통치를 용이하게 하려는 국가 정책의 일환이기도 했다. 조선총독부가 식민지 조선에 이식하고자 했던 일본의 근대가족제도는 호주의 비대한 권한으로 대표되는 가부장적 성격, 국가에 완전히 통제되는 종속집단으로서의 성격이 강하게 나타났다.[2] 근대 초기에는 전근대적 질서를 대변하는 가족의 봉건적 성격에서 벗어나는 일이 무엇보다도 중요했다. 그래서인지 전통가족의 자장에서 벗어나기 위해 또 다른 강력한 힘인 국가법의 구속으로 들어가게 되는 역설적인 현실은 큰 문제로 제기되지 않았다. 그러나 새로이 가족을 재편해 나가는 과정에서, 법이 실질적으로 가족의 존재 양태를 규정짓는 힘으로써 영향력이 강해지자 사정은 달라졌다. 그 여파가 클수록 가족을 둘러싼 법제에 대한 비판은 점차 담론과 창작의 주제로 중요하게 다루어졌다. 전통가족의 규범이 여전히 개인에게 미치는 영향력이 적지 않았고, 동시에 가족법에 내포된 해방과 예속의 면면들이 새로운 사건과 인식의 변화를 낳았던 시기. 사람들은 자신이 행복할 수 있는 가족의 속성과 형태를 고민하지 않을 수 없었다.

근대적인 가족으로 변화하는 가운데 가장 가시화되었던 것은 결혼과 이혼을 둘러싼 부부관계의 결합과 해체 문제였다. 혼인과 이혼은 상호 합의에 따른 계약인 만큼, 원칙상 이를 수행하는 주체는 자유와 평등이라는 권리를 부여받은 존재다. 결혼 상대를 스스로 결정한다는 것은 개인의 자기 결정권을 확장하는 일이기도 하다.[3] 근대 초기 조혼제도가 전통적인 인습 중에서도 가장 큰 문제로 지탄 받은 것은 바로 그 때문이다. 이 문제는 특히 남성 작가의 소설에서 여러 차례 다루어졌다. 예를 들어, 이광수의 희곡 「규한閨恨」(1917)에서 일본으로 유학 간 남편은 아내에게 편지를 보낸다. 거기에서 그는 자신을 조혼의 피해자로 명명하면서 진정한 부부는 배우자 간의 자유의사에서 비롯되어야 하므로 부모가 정해준 혼인은 무효라고 주장한다. 전영택의 단편 「혜선의 사死」(1919), 최승만의 희곡 「황혼黃昏」에서도 같은 주장을 하는 남성 인물이 등장한다. 채만식의 장편 『과도기』(1923)와 『인형의 집을 나와서』(1933), 심훈의 『직녀성』(1934~35)에서도 사정은 마찬가지다. 이러한 서사적 재현이 단지 소재적 차원에 머무르지 않는 것은 이들 대개가 조혼 풍습 아래 부모의 뜻에 따라 혼인했던 경험이 있었기 때문이다. 지식인으로서 사회적으로 두드러지게 나타났던 문제를 좌시할 수도 없었을 것이다. 이들은 직간접적으로 겪은 억압적인 가족제도 속에서의 경험과 심리를 작품 속에 담아냈다.

부부애에 기초한 가족을 만들기 위해서는, 그에 앞서 사랑 없는 결혼으로 맺어진 관계를 공식적으로 끊어낼 수 있는 이혼 절차가 중요해졌다. 이혼 청구에 대한 여망은 성별에 따라 다른 양상으로 나타났다. 앞에서 다루었던 소설을 통해서도 짐작할 수 있듯, 대부분 남성은 조혼을 무효화하기 위해 이혼할 권리를 주장했다. 반면 여성의 이혼 청구는 억압적인 가정 현실을 탈출하여 '사람'으로서의 권리를 찾기 위한 출발점이었다. 조선 시대에 이혼은 사법私法의 영역이 아니었다. 사적 차원에서의 이혼은 남편과 시댁에 의한 일방적인 기처棄妻만이 가능했다. 다시 말해, 오직 남편만이 칠거지악七去之惡을 이유로 아내를 쫓아낼 수 있었다. 이러한 배경 속에서 1915년 사회적으로 인정된 여성의 이혼 청구권은 그동안 참아왔던 여성들의 열망을 사회적으로 표출할 수 있는 통로가 되었다. 1910년대 이혼을 청구한 원고의 90% 이상이 여성이라는 사실은 이를 방증한다.[4] 이 시기에는 아직 이혼에 대한 법률이 체계적으로 정립되지는 않았다. 그러나 신고를 통해 이혼이 가능해진다는 사실은 여성들에게 더 이상 참지 않아도 된다는 메시지를 전달하지 않았을까. 가정 내에서 자행되는 폭력과 학대를 견디면서 인습에 얽매인 삶을 살아가지 않아도 된다는 사실을 깨닫게 하는 계기가 되지 않았을까. 당대 여성들에게 이혼할 권리란 곧 한 명의 '사람'으로서 자신의 삶과 가족을 주도적으로 이끌어나갈 권리와 마찬가지였다.

그러나 이러한 변화가 모든 여성에게 행복을 가져다줄 기회로 다가온 것은 아니었다. 조혼의 상대라 할 수 있는 이른바 구여성 중 일부는 배우자의 이혼 요청을 거부하다가 끝내 이혼을 당하고, 이 사실을 비관하면서 스스로 생을 마감하기도 했다. 이러한 현실의 반영인지 이 시기 소설에서는 이혼을 거부하는 구여성의 비극적 삶이 적지 않게 재현된다. 앞서 언급했던 여러 남성 작가의 소설에서도 구여성은 대체로 죽음에 이르게 된다. 이처럼 이혼 청구권은 상당수 여성에게는 자신의 인권을 찾을 수 있는 길이었으나, 다른 한편으로 지금의 가정을 유지하고 싶은 이들에게는 청천벽력 같은 선고를 가능하게 만드는 것이기도 했다.

반면 몇몇 여성 작가들의 소설에서 구여성은 조금 다른 방식으로 그려진다. 신여성 주인공이 조혼한 남성과 연애를 하는 서사에서, 구여성은 이들의 진정한 사랑을 가로막는 존재이긴 하나 현실을 비관하고는 스스로 자신의 삶을 파국으로 떨어뜨리지는 않는다. 김명순의 『돌아다볼 때』(1924)에서 구여성은 부족하나마 신지식을 배워 자신을 변화하려는 등 결혼을 유지하기 위해 노력한다. 신여성 주인공 또한 아내가 있는 이에게서 남편을 빼앗는 일이 타인에게 상처 주는 행위라고 생각한다. 최정희의 「지맥」(1939)에서는 남편의 죽음 앞에서 법적 부인으로서 당당히 애도할 수 있는 자신의 위치에 자부심을 느끼는 인물이 등장한다. 이와 같은 재현은 인습에 얽매여 사는 여성들의 모습을 보여 준다. 하지만 관습을 내면화하고 있다는 비판을 피할 수 없을지라도, 현실을 수동적으로 받아들여 체념하는 것이 아니라, 여러 방법을 통해 자신의 욕망을 관철하고자 하는 모습으로 그려지고 있다는 점은 자못 흥미롭다.

그렇다면 이혼 거부의 목소리는 구여성을 통해서만 발화되었던 것일까. 입센의 『인형의 집』의 노라와 같이 자신을 인형으로 만드는 가부장적 질서가 지배하는 집 밖으로 나와야만 한 개인으로서 권리를 보장받으며 살아갈 수 있는 것일까. 이혼하지 않고 가정을 지키겠다고 주장하며 여성의 권리를 찾으려 했던 시도는 없었을까. 이런 질문은 근대 초기 신여성의 대명사이자 '조선의 노라'로 불리는 나혜석羅蕙錫(1896~1948)을 떠올리게 한다. 그는 가정 내 여성의 역할을 새롭게 재배치함으로써 집을 나오지 않더라도 여성의 권리를 인정받을 수 있도록 조선의 가족 내 여성의 역할을 바꾸어 나가려 했다. 또한, 김우영의 이혼 요청을 거부하면서 여성의 정당한 권리를 주장하고자 했다.

나혜석은 그와 함께 이야기되는 1세대 여성 작가로 불리는 김일엽과 김명순과 달리, 유일하게 제도권 내의 결혼생활을 오랫동안 유지했다. 그런 만큼 가정 내 여성의 문제를 구체적으로 들여다보았다. 아내이자 어머니로서의 자신의 경험에 토대한 개인적인 감정과 생각들을 공개적 차원에서 지속적으로 발표했다. 그 대표적인 글이

「모된 감상기」(1923)다. 최근 임신과 출산, 육아와 관련된 내용이 여러 매체를 통해 재현되면서 모성의 숭고함을 강화하는 서사와 거리를 두는 이야기가 적지 않게 등장하고 있다. 나혜석은 이 글에서 일찍이 이러한 시도를 하고 있다고 해도 과언이 아니다. 그는 모성애가 자연적인 것이 아니라 후천적으로 습득되는 것이라고 보았다. 부모의 자식 사랑이 본능이라면 아들과 딸을 평등하게 사랑해야지, 차별적으로 대우할 리가 없다는 것이다. 또한 이 글은 임신 10개월에서부터 분만 후 1년 사이의 감정을 솔직히 쓴 것인데, 나혜석은 이때 몽상이 아닌 실제 세계에 발 디디고 서 있다는 감각을 느꼈다고 말한다. 개인적인 이야기지만 이 글을 읽은 누군가는 공명하고 동감하리라고 기대하기도 한다. 당대 조선 사회의 여성 대부분은 아내와 어머니로서의 역할을 수행하였다. 나혜석의 이 글은 좀 더 여성의 실제 현실에 밀착한 글로 느껴졌으리라고 생각된다. 당대 여성들은 고정된 성 역할을 수행하는 자신의 모습에 계속 질문을 던지는 나혜석의 이야기가 불편하게 느껴졌을 것이다. 그러면서도 어쩌면 내면의 갈등과 충돌을 불러일으키는 나혜석의 글에 이끌리는 자신의 모습을 발견했을지도 모른다.

가족을 이루는 구심점으로 여겼던 부부 관계를 주제로 하는 글에서도 이와 유사한 문제의식이 나타난다. 「우애 결혼 · 시험 결혼」(1930)에서는, 과거 혈통 계승에서 혼인의 목적을 찾았던 관념에서 벗어나 부부관계에서 결혼 목적을 찾았다. 결혼 이후의 삶이 잘못되었다고 판단된다면 개인의 행복을 위해 이혼이 가능하다는 견해를 나타냈다.「부처 간의 문답」(1923)에서는, 상해, 하얼빈, 러시아와 같은 외국의 가정을 참고하여 조선의 가정이 부인의 역할을 정형화하고 있는 현실을 비판하였다. 이처럼 나혜석은 그의 현실이라 할 수 있는 가족 내 기혼여성의 위치와 역할, 그리고 권리에 대해 고민했고, 그 근저에 자리하고 있는 젠더 불평등 요소를 비판적으로 바라보았다. 조선의 가족제도 내부에서, 이상理想과는 다른 현실을 바꾸기 위해 당대 조선 사회에서는 다소 급진적이라 할 수 있는 생각을 발표하였다. 그리고 그러한 행위에는 자기 생각을 이해하고 공감하는 이들이 많아지길 바라는 마음이 담겨 있었다.

가족 내에서 봉건적 요소를 타파해나가고자 했던 나혜석의 시도는 1930년대에 이르러 좀 더 급진적 성격을 띠게 된다. 그 도화선이 된 것은 1930년에 있었던 김우영과의 이혼이다. 나혜석은 이 사건을 겪으면서 여성의 예속을 가져오는 것이 가족 내의 규범과 도덕, 봉건적 잔해뿐만 아니라 근대 사회의 법과 제도와 같은 정치적 문제와 긴밀하게 연관된다는 사실을 좀 더 전면적으로 인식한 것으로 보인다.[5] 그 문제의식을 대표적으로 보여 주는 글이「이혼 고백장」(1934)이다. 다음 장에서는 이 글을 중심으로 자신의 이혼 경험을 통해 가족을 구성하는 젠더 불평등 요소를 비판적으로 들여다보는 나혜석의 시선을 따라가 볼 것이다. 나아가 이를 통해 근대적 계약에 기반을 둔 가족 너머의 가족을 상상하게 하는 가치와 조건들을 살펴보고자 한다.

3. 여성을 예속하는 가족법 비판과 새로운 가족을 구성하는 조건들

나혜석은 여성 문제와 관련하여 그 누구보다도 파격적이면서 급진적인 견해를 내놓았다. 그의 주장을 자신의 삶에서 실천함으로써 세간의 이목을 끌기도 했다. 스캔들의 주인공이 되어 사회적으로 고립되고 소외된 말년을 맞게 된 비운의 존재이기도 하다. 나혜석의 삶이 극적으로 변하게 된 직접적 계기는 1930년 11월 파리에서의 최린과의 연애를 사유로 김우영과 이혼하게 된 사건이다. 아울러 이 일이 좀 더 사회적으로 큰 파문을 일으키게 된 것은, 이혼 후 3-4년이 지나 발표된 글인 「이혼 고백장」과 이와 나란히 이루어진 1934년 9월 『동아일보』와 『조선중앙일보』 등에 실린 최린을 향한 위자료 청구소송에 의해서라고 할 수 있다. 이 글이 발표되자마자 나혜석은 더욱 강도 높은 비난과 거세진 논란의 정중앙에 서 있게 된다. 이러한 주변의 반응은 이 글이 발표된 시기가 1930년대 중반이라는 사실을 고려해서 이해해야 한다. 1920년대 후반부터 결혼과 가족을 둘러싼 관념은 점점 보수화되었다. 경제공황의 여파, 양처현모 중심의 제도적 교육의 확대 등은 이혼이 하나의 권리로 주장되었던 분위기를 점점 누그러뜨리게 하는 계기가 되었다.[6] 「이혼 고백장」을 읽고서 응답 차원에서 쓴 평양의 한 여성의 글은 이러한 시대상을 잘 보여 준다. 이 글에서, 나혜석은 공적 영역과 분리된 내밀한 사적 영역이라 여겨진 가정 내부의 일을 공론화하였고, 사회적 명성을 고려할 때 경솔하면서도 위험한 발언을 한 것이라고 지탄받는다.[7] 요컨대, 부부의 사적인 일로 묻어두어야 할 것을 나혜석이 공개적으로 발화한 것이 문제라는 것이다.

그런데 이 일의 또 다른 당사자인 김우영과 최린이 해당 사건에 대해 한마디도 언급하지 않았다는 사실은 주의를 끈다.[8] 이혼 이후 사회적 비난을 받지 않고 자신의 영역을 구축해 나가면서 심지어 대일 협력의 모습을 보였던 이들과 달리, 나혜석의 삶은 순탄치 않았다. 그렇다면 이혼 이후 김우영과 최린과 달리 자신에게만 가해지는 사회적 비난과 타자화에 대한 비판적 의식이 이 글을 쓰게 된 동기는 아니었을까. 이혼 후 나혜석은 화가로서 예술 세계를 구축하는 데 전념하고자 했다. 그러나 현모양처에 근간을 둔 가정을 중시하는 보수적인 사회적 분위기 속에서, 그는 불륜을 저질러 이혼당한 여성으로 낙인찍혀 생계까지 위협받는 삶을 살게 된다.[9] 따라서 나혜석의 이 스캔들의 의미를 온전히 이해하기 위해서는 단지 그의 삶을 비극으로 몰아간 원인을 사실적으로 파악하는 것만으로는 충분치 않다. 스캔들이 생길 것을 감수하고서라도 말해야 할 '무엇'이 있다는 사실에 주목해야 한다.

따라서 「이혼 고백장」은 이혼에 이르기까지의 김우영과의 결혼생활을 소상히 밝히면서, 이혼 사건의 배후에 다른 진실이 존재한다는 것을 밝히고자 하는 글이라 할 수 있다. 나혜석은 개인적인 경험을 이야기하는 과정에서 조선의 결혼제도 내에서 타자가 될 수밖에 없던 여성의 현실을 고발한다. 공식적(법적)으로 협의이혼을 했다는 기록에 대항하여,[10] 사실은 김우영에게 '강요당한' 부당한 이혼임을 드러내려는 의도가 다분한 글이다. 그렇기에 이 글은 자신의 이혼 경험을 객관적으로 고백하는 글로 이해하여 사실을 추적하는 근거로만 이해되어선 안 된다. 상술한 목적을 달성하려는 의도와 전략, 그리고 거기에 내포된 나혜석의 사상을 들여다볼 필요가 있다.

법적 이혼의 부당함 폭로와 성性의 통제 넘어서기

나혜석이 김우영의 이혼 요청에 동의하지 않았음에도, 결국 이혼 도장을 찍을 수밖에 없었던 것은 부부간 평등하게 적용되지 않았던 간통죄 항목 때문이다. 당대 간통죄는 남녀에게 가해지는 이중규범의 불평등을 보여 주는 대표적인 예이다. 기혼여성의 성적 자유와 개방 결혼을 추구하는 나혜석의 주장이 일부일처제에 도전하는 급진적

성 해방으로서의 의미를 띤다는 평가는 이러한 맥락과 결부되어 있다.[11] 조선 시대 간통죄는 형량의 차이가 있고 여성에게 좀 더 가혹한 면이 있긴 하나 신분, 젠더, 혼인 여부와 관계없이 그 죄가 적용되었다. 예를 들어, 조선이 차용한 『대명률』의 간통 처벌 규정을 보면, 기혼여성에게 가중처벌이 이루어졌다는 점에서 문제가 있으나 면책 대상이 되는 이는 없었다.[12] 반면 일제에 의해 식민지화된 이후 조선형사령에 근거하여 이 조항은 기혼여성의 죄를 묻는 의미에 '한정된' 것으로 그 범주가 대폭 축소되었다. 이러한 조항은 결혼한 여성의 성만은 국가가 강력히 통제하겠다는 의지의 표명이었다. 이것은 여성의 성을 통제하여 혈통의 혼란 없이 부계 혈통의 재생산 기능을 수행하고, 그럼으로써 가족제도가 국민통합의 기능을 잘 수행할 수 있게 하려고 입법된 일본의 법을 따른 것이었다.[13] 그러나 1940년 일본에서는 간통죄가 남녀 모두에게 적용되는 것으로 개정되었다.[14] 그러나 식민지 조선 사회에서 이 법은 그대로 유지되었다.

당시 배우자를 간통죄로 고발하면 재판상 이혼이 동시에 청구되었다. 1924년 개정된 형사소송법 제264조에 따르면, 간통죄로 고소하기 위해서는 혼인을 해소하거나 이혼의 소를 제기해야만 했다. 그 결과, 아내를 간통죄로 고소할 경우, 반드시 이혼이라는 결론에 이르게 된다. 아내와의 이혼을 원치 않으면 간통죄로 고소할 수 없었다.[15] 이러한 맥락에서 이혼에 응하지 않으면 간통죄로 고소하겠다는 것은 결국 나혜석에게 이혼 외에는 아무런 선택지가 없다는 것을 뜻한다. 간통죄로 구속되면 징역살이를 하는 동시에 자동으로 이혼하게 되고, 이를 거부하려면 협의이혼 제안을 승낙할 수밖에 없었다.

한편 당시에는 간통죄의 이러한 속성을 악용해 벌어지는 부당한 사건들이 신문에 여러 차례 기사화될 정도로 빈번하게 발생했다.[16] 간통죄는 이혼을 원하는 남성들에게 이용되기도 했다. 이혼을 거부하는 아내에게 간통이라는 죄명을 씌우기 위해 모함을 하거나 심지어 계략을 세워 아내를 강간하는 사건도 발생하였다. 이혼하려고 없는 죄를 만들어낸 것이다. 따라서 1920년대 말에 이르러 남성 이혼 청구 원인의 50%가 처의 간통으로 나타났던 사실을 통해[17] 아내의 부정이 많아졌다고 판단하는 것은 성급한 결론이다. 자의에 따른 간통이 아닐 수도 있기 때문이다. 물론 이 문제는 여성의 성적 자유와 해방의 측면과 관련해서도 살펴봐야 한다. 하지만 기혼여성의 성적 문란이 풍속의 해를 끼친다는 비판의 이면에 이러한 현실이 존재한다는 사실을 간과해선 안 된다. 당시 간통죄는 가정 내 여성의 삶을 위협하는 합법적인 수단이 될 여지가 농후했던 법인 것이다. 이러한 맥락을 고려할 때, 나혜석이 간통 자체가 아닌, 간통이 이혼의 원인으로 제시되는 것의 불평등함을 이야기하는 것은 당대 여성 문제와 연결된다. 「이혼 고백장」은 여성의 삶을 고통으로 인지하지 못하는 당대 법적 현실을 향해 여성의 억압받는 삶의 현실을 드러냄으로써 이해와 공감을 요청하는 공적 발화의 성격을 띤다.

「이혼 고백장」에서 나혜석은 자신의 간통이 이혼의 원인이었다는 세간의 비판에 대항하여 김우영이 이혼을 청구한 실제 목적은 다른 데 있다고 강조한다. 이 글에 따르면, 김우영은 변호사 개업을 위해 경성의 한 여관에 머물고 있었는데, 이때 그는 기생과 유희적 생활에 빠진다. 나혜석은 경제적인 어려움을 타개하기 위해 최린에게 도움을 요청하는 편지를 보내고, 김우영은 이를 구실 삼아 이혼하겠다는 의사를 공개적으로 떠들며 다닌다. 나혜석은 이 일화의 이면에 대해 말한다. 김우영이 변호사 개업이 경제적 이유로 순탄하지 않자, 그 어려움의 원인을 안동현에서의 남용 및 아내 나혜석이 그림 도구를 사는 문제에서 찾는다. 그러고는 나혜석을 더는 아내의 명의에 두고 싶지 않다는 결론을 내렸다는 것이다. 이혼하고 돈이 많은 매춘부와 살림을 차리는 것을 경제적 곤궁을 해소하는 한 방법으로 이해하기도 한다. 공개적으로 이혼하겠다는 의사를 말하고 다니니 돈 있는 매춘부 여럿이 자신과 동서同棲할 후보자로 나서 그중 한 명을 취해 함께 살고 있다고도 말한다. 이는 모두 나혜석의 입장이 투영된 것으로, 김우영이 실제로 이러한 의도로 행동했는지는 확인하기 어렵다. 참고로 나혜석의 조카인 나영균의 회고에 따르면, 김우영은 나혜석이 최린에게 편지를 보낸 일로 격노하면서 전통사회에서 용납할 수 없는 아내의 모습을 더 이상 수용할 수 없다고 완강하게 주장했다고 한다. 이와 동시에 김우영이 이미 기생과 동거하고 있다는 사실을 언급하면서, 그의 마음이 바뀌지 않을 것이라고 부연하기도 한다.[18] 그러나 사실과의 정합성은 이 글의 관심사가 아니다. 이 내용을 이야기함으로써 나혜석이 '무엇'을 전달하고자 했는지가 중요하다. 나혜석은 기혼남성의 간통이 처벌받지 않고 사회적으로 묵인되는 현실을 여실히 폭로한다. 또한, 경제적인 이유와 남편의 방탕함을 강조함으로써 최린과의 관계가 이혼의 실질적인 동기로 조금도 영향을 미치지 않는다고 항변한다.

나아가 나혜석은 김우영이 불순한 동기로 이혼을 강요한 것과 달리, 자신은 동기 차원에서는 죄가 없다고 거듭 강조한다. "동기에 아무 죄 없는 나"[19]라는 틀로 자신의 모습을 드러내기를 반복하면서, 남편의 간계를 간파하지 못한 자신의 순일함과 악의는 없었지만 아이들을 위해 사죄하겠다는 헌신성을 보여 준다. 이러한 진술은 모두 이혼 책임이 자신에게 없다는 사실을 드러내는 결론으로 합쳐진다.

> ⊙ 구미 일반 남녀 부부 사이에 이러한 공연한 비밀이 있는 것을 보고 또 있는 것이 당연한 일이요, 중심되는 본부本夫나 본처本妻를 얻지 않는 범위 내에 행동은 죄도 아니요, 실수도 아니나 가장 진보된 사람에게 마땅히 있어야만 할 감정이라고 생각합니다. 그러므로 이러한 사실을 판명할 때는 웃어두는 것이 수요, 일부러 이름을 지을 필요가 없는 것이외다. 장발장이 생각납니다. 어린 조카들이 배고파서 못 견디

는 것을 차마 볼 수 없어서 이웃집에 가 빵 한 조각 집은 것이 원인으로 전후 19년이나 감옥 출입을 하게 되었소이다. ⓛ 그 동기는 얼마나 아름다웠던가. 도덕이 있고 법률이 있어 그의 양심을 속이지 아니하였는가. 원인과 결과가 따로 나지 아니하는가. 이 도덕과 법률로 하야 원통한 죽음이 오직 많으며 원한을 품은 자가 얼마나 있을까.[20] (밑줄 강조: 인용자)

나혜석은 자신의 죄목이 조선 사회에만 해당할 뿐, 좀 더 선진문명인 구미 사회에서는 유효하지 않다고 말한다(ⓖ). 그는 구미 사회의 문명한 부부 사이에서 비밀리에 다른 이성과 교제를 하는 것은 실수가 아니라 부부 관계를 지속하게 해 주는 행위라고 설명한다. 이와 유사한 논리는 다른 글을 통해서도 발견된다는 점에서 일시적인 단견으로 보기는 어렵다. 「독신 여성의 정조론」(1935)에서 그는 서구 사회의 '스위트홈'은 남편과 아내 각 개인의 힘이 아니라 '남녀교제의 자유'를 통해서만 달성될 수 있다고 말한다. 이 주장은 한 기자와의 좌담에서, 조선의 결혼생활이 여성에게 자기희생과 구속을 가져다줌으로써 개성을 잃게 하며, 남녀교제의 자유와 순환이야말로 인생의 창작성을 고양한다는 발언과도 상통한다.[21] 이러한 입장은 최린과의 관계를 설명하는 「이혼 고백장」의 다른 대목에서도 재차 확인된다. 그는 최린과 처음 만났을 때부터 남편과 이혼하지 않겠다는 뜻에 동의하고서 만남을 이어갔다고 말한다. 물론 김우영의 태도와 당시 법률만 보더라도 이 같은 급진적 주장이 당대 사회에 수용되었을 리는 만무하다. 그런데 나혜석은 왜 이와 같은 주장을 한 것일까. 나혜석의 주장의 사상적, 시대적 의미를 평가하는 문제를 잠시 미루어두고, 그의 의도를 한번 헤아려보자. 그는 식민지 조선이 아닌 구미 사회의 법과 풍속에서 자신의 행위를 이해하고 평가해달라는 태도를 보인다. 여기에는 현행법을 위반하더라도 더 나은 풍속을 만들면 된다는 생각이 내포되어 있는 게 아닐까. 이때 더 나은 풍속이란 나혜석이 생각하는 여성의 행복을 누릴 수 있는, 여성의 개성이 사라지지 않는 가정임은 자명해 보인다.

인용문에서 이러한 의도는 다시 강조된다(ⓛ). 나혜석은 자신의 현 상황을 장발장과 유비하여 설명한다. 조카를 위해 빵을 훔친 장발장의 행위는 결과만 보면 죄이지만, 그 동기는 도덕과 법률을 초과하는 아름다운 양심에 의한 것이다. 물론 장발장과 나혜석의 경험을 같은 층위에서 비교할 수는 없다. 논리적 비약이라고 해도 틀린 말은 아닐 것이다. 하지만 근대법이 동기와 결과를 분리하여 살핀다는 사실에 보인 관심은 주의 깊게 들여다봐야 한다. 그는 도덕과 법률이 오히려 양심을 속이고, 사람들의 원한과 원통함을 가져올 수 있다고 말한다. 근대 사회에 이르러 실정법이 중요해지면서 보편적 선이나 정의 문제와 거리를 두고 법률 집행이 이루어지면서 부작용이 생겨날 수 있다는 것이다. 당대 조선 사회 현실을 염두에 둔 언급은 찾을 수 없지만, 이는 법의 정신과 실제 집행 사이의 괴리가 심각하다는 사실을 떠올리게 한다.

가족법과 관련해서도 이러한 현상이 나타났다. 앞서 언급한 간통죄의 오용뿐만 아니라 이혼을 둘러싼 사기와 범죄도 난무하였다. 따라서 구미 사회를 모범으로 삼아 가정 개혁을 주장하는 나혜석에게 현재 자신을 구속하는 실정법을 따르는 것은 그다지 중요하지 않아 보인다. 법을 위반한 그의 행위가 현행법에 대한 비판적 함의를 담고 있는 것은 바로 그 때문이다. 물론 그의 이 비판은 사회적으로 공감을 획득하지 못했기 때문에, 현실 변화를 촉구하는 동력이 되지 못했다. 또한 그의 주장에 담긴 사상을 전적으로 긍정하기도 어렵다. 그러나 분명한 것은 「이혼 고백장」에는 법률을 통해 인정된 여러 이혼의 조건들을 의문시하는 내용들이 가득 차 있다. 적법성으로 포장된 법률의 부당함에 대해 문제제기를 담고 있는 글인 것이다.

기혼여성의 권리 부재 비판과 법적 계약의 균열 내기

나혜석은 이 글을 통해 이혼의 과실이 자기 자신에게 있지 않다는 사실을 드러냄으로써 젠더 불평등한 당대 가족법의 문제를 드러낸다. 그렇다면 나혜석이 김우영의 이혼 요청을 거부한 이유는 무엇일까. 또 이혼하지 않음으로써 유지되는 가족은 어떠한 모습일까. 이는 나혜석이 주장하는 아내의 권리를 살펴볼 때 짐작할 수 있다.

남남끼리 합슴하는 것도 당연한 이치요 떠나는 것도 당연한 이치나 우리는 서로 떠나지 못할 조건이 네 가지가 있소. 1은 80 노모가 계시니 불효요, 2는 자식 사 남매요 학령아동인 만치 보호해야지 할 것이오. 3은 일 가정은 부부의 공동생활인 만치 생산도 공동으로 되었을 뿐 아니라 분리케 되는 동시는 마땅히 일가一家가 이가二家 되는 생계가 있어야 할 것이오. 이것을 마련해 주는 것이 사람으로서의 의무가 아닐까 하오. 4는 또 연령이 경험으로 보든지 시기로 보든지 순정 즉 사랑으로만 산다는 것보다 이해와 의義로 살아야 할 것이오. 내가 이미 사과하였고 내 동기가 전혀 악으로 되이 아니오. 또 씨의 요구대로 현처양모가 되리라고 하였사외다.[22]

위의 인용에서 나혜석은 이혼할 수 없는 나름의 이유를 구체적으로 제시한다. 그 조건은 네 가지나 된다. 노모에 대한 불효 행위이고 자녀를 보호하기 위해서 이혼할 수 없다는 점, 가산家産은 부부의 공동 소유이기 때문에 이혼할 경우 이를 정당히 나눠야 한다는 점, 결혼 생활의 단계 중 이들의 현 위치가 사랑이 아닌 이해와 의義를 덕목으로 살아가는 시기라는 점이 그것이다. 효를 강조하고 양처현모의 역할을 수행하겠다는 발언은 언뜻 보면 나혜석의 급진적인 주장과 모순적으로 보인다. 그러나 이혼 직전의 한 기자와의 인터뷰를 통해 나혜석의 이 입장이 진정에 가깝다는 사실을 짐작할 수 있다.

이혼하기 5개월 전 1930년 6월 6일 『매일신보』에 실린 「살림과 육

아: 화가 나혜석 여사」라는 글에서, 나혜석은 예술이 자신의 생활 전부이지만, 이를 위해 어머니의 역할을 포기하지는 않겠다고 말한다. 살림과 육아를 하는 과정에서도 틈을 만들어 예술적 생활을 내던지지 않으려 하고, 가사 활동에서 재미를 찾으려 한다고 말한다.[23] 흥미로운 것은 이러한 태도가 남녀교제의 자유로움과 나란히 놓여 있다는 사실이다. 나혜석은 '양처현모'의 역할을 그대로 수행하면서도, 사회적 통념상 그것과 어울리지 않다고 여기던 내용을 덧붙이고자 한다. 그는 기존의 가족 개념을 뒤흔드는 요소를 끼워 넣어 가족 내부에서 유의미한 갈등trouble을 일으키려 했던 것은 아닐까. 나혜석의 삶은 가족 내부에 균열을 일으키고, 역할들의 재배치를 모색하는 등 새로운 가족의 가능성을 모색해 나가려는 시도들로 꽉 채워져 있다.

이와 더불어 인용문에서 주목할 부분은 재산과 관련된 요구이다. 기혼여성의 재산권은 조선 시대보다 더욱 퇴보하여 전혀 인정되지 않았다. 조선 시대 딸들은 상속권이 있었다. 혼인한 여자의 재산은 자식이 없으면 친정에 귀속되는 것이 원칙이었다. 그러나 조선 후기에 이르러 여성의 재산권은 점차 위축되었다.[24] 나혜석이 살았던 식민지 시기, 여성은 이혼하면서 법적으로 재산 분할을 요구할 권리가 없었다. 오직 이혼에 따른 손해배상, 위자료청구를 통해서만 재산을 부분적으로 소유할 수 있었다.[25] 그러나 나혜석이 간통죄로 이혼 사유를 제공했다고 여겨지는 상황에서 위자료를 청구하기는 어렵다. 그가 집안의 재산을 축적하는 데 자신이 얼마나 공헌했는지를 강조하는 것은 이러한 시대적 한계와 무관하지 않다. 생활비를 요구할 수 있는 정당성을 확보하기 위한 진술인 것이다.

나혜석이 이혼할 수 없다고 내건 이 조건들은 김우영의 논리에도 같은 방식으로 활용된다. 김우영은 노모에 대한 불효와 아이들에게 좋지 않다는 이유로 이혼해야 한다고 주장한다. 또한 이혼을 하더라도 나혜석은 죄가 있기 때문에 재산을 분할할 수 없다고 말한다. 이를 염두에 둘 때, 나혜석이 이 글에서 노모를 걱정하는 마음, 아이들을 사랑하는 어머니로서의 마음을 실감 나게 그리는 것은 다분히 전략적이다. 김우영이 이혼을 요청한 이유가 부당하다는 사실을 환기하기 때문이다. 「이혼 고백장」 속편의 말미에서도 나혜석은 노모의 여생과 아이들의 양육을 걱정하면서, 자신이 불가피하게 이혼을 받아들여야 했다고 강조한다. 한편 같은 글에서 나혜석은 원치 않는 이혼을 당하게 된 피해자의 위치가 아닌 다른 정체성으로 자신을 규정한다. 그는 근대법의 가치인 계약과 정의에 대한 독자적 해석을 시도하면서 자신이 '권리를 행사하는 주체'임을 드러내고자 한다. 이는 '시민-주체'로서의 자신의 위치를 정초하려는 의도와 잇닿아 있다.[26] 이와 같은 모습은 마땅히 누려야 할 권리를 보장받지 못하게 한 가족법의 피해자로 자신을 부각하는 전략을 통해 나타난다.

나혜석은 당대 실정법에 대한 비판적 태도를 보이면서도, '계약'이라는 법률 행위의 기초 형태에는 신뢰감을 보인다. 그는 결혼생활이 파탄에 이르렀음에도, 그간의 결혼생활을 거짓된 것으로 부정하진 않는다. 그것은 "결혼 당시에 모든 준비 모든 서약이 성립되어 있었고 이미 그것을 다 실행하여온 까닭"[27]이다. 정당한 절차를 거친 '서약'으로 맺어진 결혼이기 때문에 결과야 어찌 되었든 계약의 주체로서 자신의 결정에 책임을 져야 한다는 논리이다. 이와 같은 나혜석의 태도는 아래 인용된 부분을 통해서도 여실히 나타난다.

(가) 전 인류 중 하필 너는 나를 구하고 나는 너를 짝지으랴 하는 데는 네가 내게 없어서는 아니 되고 내가 네게 없어서는 아니 될 무엇 하나를 찾아 얻지 못하는 이상 그 결혼생활은 영구치 못할 것이오. 행복지 못하리라는 것을 나는 일찍이 깨달았던 것이었습니다. 그렇다고 나는 그를 놓기 싫었고 씨氏는 나를 놓지 아니하였습니다. 다만 단행을 못할 따름이었습니다. 그러다가 양편 친척들의 권유와 및 자기 책임상 택일 하야 결혼한 것이었습니다. 그때 내가 요구하는 조건은 이러하였습니다.
일생을 두고 지금과 같이 나를 사랑해 주시오.
그림 그리는 것을 방해하지 마시오.
시어머니와 전실 딸과는 별거케 하여 주시오.
씨는 무조건하고 응낙하였습니다.[28]

(나) 「혼인할 때도 두 사람이 한 일이니까 이혼도 두 사람이 할 터이

니 걱정을 마시고 가시오.」나는 밤에 한잠 못 자고 생각하였사외다. 일은 이미 틀렸다. 계집이 생겼고 친척이 동의하고 한 일을 혼자 아니 하랴도 쓸데없는 일이다. 나는 문득 이러한 방침을 생각하고 서약서 두 장을 썼습니다.

서약서
부OOO과 처OOO은 만 2개년 동안 재가 또는 재취치 않기로 하되 피차에 행동을 보아 복구할 수가 있기로 서약함.

우 부 OOO 인

처 OOO 인[29)]

(가)에는 나혜석이 김우영의 구혼을 받아들이는 상황이 묘사된다. 그는 애초에 이 결혼이 개성과 영혼의 교류가 있는 사랑에 기초하고 있지 않다는 사실을 알고 있다. 그렇기에 결혼에 앞서 파탄을 경계하기 위해 세 조건을 제시한다. 평생 지금과 같이 사랑해줄 것, 그림 그리는 것을 방해하지 않을 것, 시어머니와 전처소생의 딸과는 함께 살지 않는다는 것이 그것이다. 당시 김우영은 이 조건을 다 받아들이겠다고 맹세한다. 그러나 「이혼 고백장」의 내용을 통해 김우영은 이 세 조건을 모두 지키지 않았다는 사실이 명백히 드러난다. 사랑의 감정이 변한 것, 시어머니뿐만 아니라 시누이와 일가친척과 함께 살았던 것 등이 그에 해당한다. 그런데 결혼의 조건이자 결혼 이후 관계를

미리 결정하는 행위는 결혼생활에 포함되는 여러 미결정 사항에 관한 내용을 명문화하려는 시도라는 점에서 매우 흥미롭다. 국가로부터 공인된 법률혼은 계약 주체의 동등성을 전제로 하지만, 그 결합과 해체의 최종적 승인은 법률의 테두리 안에서 이루어진다. 여기에는 결혼 이후 삶에 내포된 젠더 불평등한 요소와 관련된 내용이 전혀 없다. 이는 곧 그와 관련된 문제를 암묵적으로 용인한다는 뜻이다.[30] 따라서 나혜석이 김우영과 체결한 사적 계약은 결혼제도 내 불평등 요소의 일부를 해결하려는 시도이다.

(나)는 나혜석이 이와 같은 사달을 일시적인 현상이라고 생각하여, 이후 복적復籍하게 될 경우를 염두에 두고 이혼 요건으로 2년간 재혼하지 않는다는 내용이 담긴 서약서를 만드는 장면이다. 그러나 속편에서 김우영은 이러한 서약을 깡그리 무시한 채 재혼한다는 사실이 밝혀진다. 법적으로 유효하지 않은 계약에 의지하는 나혜석의 모습은 이상주의자 같으면서도 어리숙해 보인다. 그러나 혼인과 이혼 모두 당사자인 두 사람의 '사적 계약'의 문제로 생각하고 있다는 점은 새삼 주목을 요한다. 당대 실정법에 저촉된 행위를 한 것은 자신일지언정, 법의 근간이 되는 계약 원리를 무시한 것은 김우영이라는 사실을 드러내고 있기 때문이다. 여기에는 사적 계약으로서 결혼의 본질적 의미를 떠올리게 함으로써 국가의 법보다 당사자 간의 자율적 관계 맺기가 우선 되어야 한다는 의미가 담겨 있다. 나아가 이

는 근대 사회의 결혼 계약이 가부장제를 견고하게 만드는 현실에 맞서 새로운 방식의 계약을 정초하려는 의도를 내포한다. 근대 계약론에 따라 남성은 자발적 동의를 통해 여성의 예속을 사적 영역에서 정당화하는 동시에 자유로운 시민적 개인이 된다.[31] 이러한 맥락에서 나혜석의 이 같은 행위는 제도화된 계약 바깥에서의 계약으로, 즉 혼인 당사자 간의 자율적 관계 맺기를 통해 법에 의해 은폐된 여성의 예속에서 벗어나고자 하는 시도이다.

최린을 향한 나혜석의 정조 유린 청구소송도 이와 같은 맥락에서 이해할 수 있다. 1934년 9월 20일 동아일보에 실린 기사 「여류화가 나혜석 씨 최린 씨 상대 제소」에 따르면, 나혜석은 자신의 의지와 무관하게 관계를 요구한 최린이 김우영의 처권妻權을 침해했고, 자신을 가정과 사회에서 배척받게 했다는 사유를 들면서 소송을 건다. 흥미로운 것은 소장에 적힌 청구 이유 내용과 비슷한 시기 발표된 「이혼 고백장」에서의 언술이 모순적이라는 사실이다. 그 내용은 다음과 같다. 나혜석은 최린이 자신의 정조를 유린했고, 김우영의 이혼 청구와 관련하여 최린과 상의한다. 그러고는 최린의 인격을 믿고서 자기 의지는 아니었으나 최린의 유혹에 넘어간 죄를 시인하고는 협의이혼에 응한다. 그러나 이혼 이후 최린은 생활비 지급 약속을 어겨 자신을 비참한 생활로 내몰았고, 불란서 유학을 위한 원조 요청도 거절하였다.

그렇다면 이와 같은 나혜석의 행동을 어떻게 이해해야 온당할까.

이 소송과 관련된 내막은 나혜석과 변호사 소완규의 대화에서 짐작해 볼 수 있다. 나혜석은 최린이 기왕의 약속과 달리 생활비를 전혀 지원해주지 않아 야속함을 느끼고, 그에 대한 분풀이이자 반항심의 일환으로 소를 취한다고 밝힌다.[32] 여기에 근거하여 김형목은 나혜석의 소장 제기가 돈을 요구하기 위해서가 아니라, 사회적 지탄을 받지 않은 최린과 여성인 자신의 위치가 선명하게 나뉘는 데 대한 문제 제기라고 평가한다. "잘못된 인습을 타파하려는 새로운 도전장"이라는 것이다.[33] 그러나 이에 동의하면서도 이익의 문제가 전혀 배제된 것이라고 보긴 어렵다. 당시 법체계 안에서, 여성이 내연이나 사실혼 관계에 있는 남성에게 책임을 물을 수 있는 유일한 방법이 민법상의 위자료청구소송과 정조 유린 위자료청구 소송밖에 없었기 때문이다.[34] 이러한 점을 고려한다면, 나혜석의 위자료청구 소송 제기는 정조 유린을 당했다는 사실 그 자체가 아니라, 식민지에 부과된 법 조항에서 여성이 공적으로 이익을 주장하기 위해 활용할 수 있는 언어가 '정조'밖에 없던 상황을 의식한 행위이다.[35] 이처럼 나혜석은 당시의 법적 상황을 직시하고, 그 틈새를 전략적으로 활용해 나가면서 자신의 권리를 찾아 나가고자 했다.

이처럼 나혜석은 「이혼 고백장」을 비롯한 글을 통해 여성에게 불평등하게 적용되었던 식민지 조선의 법률을 비판적으로 바라보았다. 직접 언급하고 있진 않지만, 당대 법률의 남성적 성격을 문제화

하고 있다. 근대 가부장제를 유지하게 하는 법률은 여성을 가족 내에서 약자로 만들 뿐 아니라 사회 내에서도 권리 부재의 존재로 만든다. 자신의 구체적인 경험을 공론화하면서 당대 법률의 문제를 가시화한 나혜석의 행위는 당대 사회의 여성 인권 문제를 뜨겁게 조명한다. 이와 관련하여 나혜석과 영국의 운동 단원인 팽크허스트 부인과의 문답의 한 대목은 주의를 끈다. 팽크허스트 부인은 참정권 운동의 원인이 '어리석은 남자에 의해 만들어진 법률'에 만족할 수 없는 영리한 여성의 행위라고 의미 부여한다.[36] 이는 나혜석의 발언은 아니지만, 그의 인식과 유사성을 보인다. 모든 사람에게 똑같이 적용되어야 할 인권의 의미가 반영되지 않은 조선의 법률 또한 남성의 이해에 복무하고 있기 때문이다. 나혜석은 조선의 법률을 비판하면서 법의 진정한 정신을 거듭 강조한다. 이는 법의 한계를 법적 차원에서 대안을 마련하여 해결하려는 영미 자유주의 운동가들의 활동과 궤를 같이하는 것이다.

이처럼 나혜석은 여성이 한 사회의 사람(시민)으로서 살아갈 수 있는 가족의 모습을 희망했다. 그는 여성이 남성에게 종속되어 약자이거나 피해자가 되지 않고서 행복한 삶을 누릴 수 있는 가족을 꿈꿨다. 하지만 그러한 모습은 국가가 통제하는 결혼 계약의 테두리 속에서는 가능하지 않았고, 나혜석은 그 바깥을 향해 시선을 돌릴 수밖에 없었다. 이와 같은 나혜석의 사유와 실천적 행위는 근대적 법률혼의 방식이 아닌 새로운 가족 구성의 조건과 가치들에 대해 상상하게 한다.

4. 새로운 가족을 상상하기 = 새로운 사회를 상상하기

나혜석은 이혼 후, 한 좌담에서 자기희생을 하면서 결혼생활로 돌아가고 싶은 마음은 예전에도 지금도 없다고 말한다.[37] 그는 가족의 의미가 개인의 행복과 인권 문제보다 앞설 수 없다고 보았다. 문제는 이혼 후 그의 삶이 자신의 바람과는 달리 불행했다는 사실이다. 가족의 굴레만큼이나 컸던 것은 가족의 이름으로 평가되고 이해되는 사회였다. 불륜과 이혼이라는 꼬리는 그의 사회적 삶이 마치 문제가 있는 것으로 낙인찍었다. 가족 내 여성의 역할과 태도가 사회 속에 그대로 적용되는 현실 속에서, 그는 가족과 사회 어디에서도 환영받지 못했다.

나혜석이 상상한, 여성이 자신의 꿈과 소신을 펼치며 행복할 수 있는 가족과 사회는 그가 살아갔던 세상에서는 만날 수 없었다. 나혜석은 당대 여성들의 독신 생활이 늘어나는 원인이 불행한 결혼을 더 많이 보게 되기 때문이라고 판단하기도 했다. 이는 한 좌담에서 만혼의 원인에 대한 의견을 나누면서 했던 발언이다. 같은 자리에서 김억은 성격 차이로 인한 파탄을, 김기진은 경제적인 이유를 원인으로 지적한다는 점에서 나혜석의 발언은 더욱 눈에 띈다.[38] 이는 결혼생활에 대한 이해가 젠더에 따라 달라지고 있는 한 장면을 보여 준다. 여성에게 유독 큰 불행으로 다가올 수밖에 없었던 여러 제약과 억압들을 인식하지 못하는 사람들 속에서 나혜석이 얼마나 고군분투했을지도 짐작하게 한다. 그의 생전에 이루어지지는 못했지만, 나혜석의 이러한 고민은 여성의 인권이 보장된 결혼생활, 여성을 예속하지 않는 가족 형태는 어떻게 가능할 수 있을지에 대한 상상을 불러일으킨다.

나혜석은 여성이 남성의 권위에 힘입지 않아도 가족과 사회 구성원으로서 권리를 보장받을 수 있는 가족제도를 희망했다. 그리고 그 바람은 오늘날에도 충분히 현실화되지 않았다. 가부장적 현실이 온존하는 결혼제도 속에서 여성의 현실은 여전히 고단하다. 나혜석은 가족 내에서 여성에게 주어진 역할을 일부 수행하면서 변화를 촉구해나갔다. 그는 기혼여성의 법적 권리, 여성 인권에 지대한 관심을 보였고, 부부관계를 평등하지 않게 하는 계약 문제를 조명하기도 했다. 물론 나혜석이 상상한 가족은 넓게는 이성애 부부를 근간에 둔 가족의 테두리에서 크게 벗어나지 않는다. 또한, 정상 가족 내 고정된 성역할에 의문을 던지면서도, 다른 방식의 계약을 통해 이를 타파하고자 했다는 점에서 근대적 시민 주체의 틀을 벗어나진 못했다. 가족 내 여성의 행복을 위해 여성을 예속하는 법칙에 반대하며 대안을 제시하려 했지만, 때로 그 대안은 사회적으로 규정된 여성성을 강화하는 내용으로 나타나기도 했다. 하지만 어쩌면 근대 사회의 전제들을 초월하지 못하는 그의 주장은 당대 사회의 구체적 현실을 철저하게 파헤치고 고민해 나가면서 필연적으로 마주칠 수밖에 없던 역설일지도 모른다. 그의 주장에서 나타나는 모순과 한계, 개방성과 보수성의 공존은 당대 기혼여성의 현실에 틈을 만들고자 하는 시도로부터 마주하게 된 것일지도 모른다. 나혜석에게 여성의 권리라는 문제는 사상적 이론을 쌓아 올리기에 앞서, 그 자신이 목도하고 있는 실제 삶의 복잡한 현장이기 때문이다.

나혜석의 시도는 가족이라는 집단을 정상 가족 이데올로기와 분리하려 했다는 점, 그리고 그가 서 있던 현실을 극복할 수 있는 새로운 가족상을 제시하려 했다는 점에서 의미가 있다. 그리고 그러한 가족의 모습은 그가 머무르고 싶은 장소와 같은 것이기도 하다. 가족은 여성의 행복을 위한 장소가 될 수 있는가. 나혜석은 결국 이러한 유토피아적인 장소를 발견하지 못했다. 시간이 흘러 이러한 시도들이 축적되면서 우리는 여성이 행복한 삶을 영위할 수 있는 가족, 가족의 테두리가 없어도 행복할 수 있는 사회를 상상하는 동력을 이어가게 되는 걸지도 모른다.

미주

1) 김하나, 「분자 가족의 탄생」, 김하나 · 황선우, 『여자 둘이 살고 있습니다』, 위즈덤하우스, 2019, 16쪽.

2) 우에노 치즈코, 『근대가족의 성립과 종언』, 이미지문화연구소 역, 당대, 2009, 114-118쪽.

3) 린 헌트, 『인권의 발명』, 전진성 역, 돌베개, 2009, 75-76쪽.

4) 소현숙, 「식민지시기 근대적 이혼제도와 여성의 대응」, 한양대학교 박사학위논문, 2013, 48쪽.

5) 황정미, 「캐롤 페이트만과 탈(脫) 가부장제의 정치적 상상력」, 『여성과 사회』 14, 한국여성연구소, 2002 참조.

6) 김경일, 『신여성, 개념과 역사』, 푸른역사, 2016, 49-51쪽.

7) 평양 일 여성, 「나혜석 씨에게」, 『신가정』 2(10), 1934.10.1 (나혜석 학회 엮음, 『나혜석을 말한다』, 황금알, 2016, 214-221쪽).

8) 이용창, 「나혜석과 최린, 파리의 '자유인'」, 『나혜석 연구』 2, 나혜석 학회, 2013, 78쪽.

9) 김형목, 「나혜석 후반기 인생역정과 주변 인물들」, 『나혜석 연구』 9, 나혜석 학회, 2016, 85쪽.

10) 최종고, 「나혜석(1896-1948)의 이혼과 고소 사건-한국여성인권사의 한 단면」, 『아세아여성법학』 14, 아세아여성법학연구소, 2011, 166쪽.

11) 송명희, 「나혜석의 급진적 페미니즘과 개방 결혼 모티프」, 『인문학연구』 94, 충남대학교 인문과학연구소, 2014.

12) 이순구, 『조선의 가족, 천 개의 표정』, 너머북스, 2011, 206쪽.

13) 홍양희, 「"선량한 풍속"을 위하여: 식민지시기 "간통죄"와 성(Sexuality) 통

제」, 『법과 사회』 51, 법과사회이론학회, 2016, 326, 327-328쪽.

14) 위의 글, 330쪽.

15) 소현숙, 앞의 글, 136-137쪽.

16) 「본처를 이혼코저 누명에 위증까지」, 『동아일보』, 1925.11.8; 「제 계집을 팔아 먹고 간통죄로 고소」, 『동아일보』, 1927.2.2; 「돈과 계집을 중심으로 혈족 상쟁의 추극(醜劇) 일 막」, 『매일신보』, 1930.2.4; 홍양희, 앞의 글, 332-336쪽.

17) 소현숙, 앞의 글, 135쪽.

18) 나영균, 『일제시대, 우리 가족은』, 황소자리, 2004, 176-180쪽.

19) 나혜석, 「이혼 고백장」, 『삼천리』 6(8), 1934.8.1, 90쪽. 본문의 인용문은 필자가 원문을 현대어로 바꾼 것임을 밝혀둔다.

20) 위의 글, 91쪽.

21) 「그 뒤에 얘기하는 제 여사의 이동좌담회」, 『중앙』, 1935.1 (나혜석 학회 엮음, 앞의 책, 227쪽).

22) 나혜석, 「이혼 고백장」, 앞의 글, 95-96쪽.

23) 「살림과 육아: 화가 나혜석 여사」, 『매일신보』, 1930.6 (나혜석 학회 엮음, 앞의 책, 420-421쪽).

24) 이순구, 앞의 책, 63-68쪽.

25) 이태영, 「한국여성의 법적 지위」, 『한국여성사』 II, 이화여자대학교출판부, 1972, 145-146쪽.

26) 디페시 차크라바르티, 「누가 고통을 증언하게 하는가?」, 『유럽을 지방화하기』, 김택현·안준범 역, 그린비, 2014, 285-297쪽.

27) 나혜석, 「이혼 고백장」, 앞의 글, 85쪽.

28) 위의 글, 87쪽.

29) 위의 글, 96쪽.

30) 미셸 바렛 . 메리 매킨토시, 『반사회적 가족』, 김혜경 . 배은경 역, 나름북스, 2019, 115쪽.

31) 캐럴 페이트만, 『남과 여, 은폐된 성적 계약』, 이충훈·유영근 역, 이후, 2001, 29쪽.

32) 나혜석, 「이성 간의 우정론 아름다운 남매의 기(記)」, 『삼천리』, 1935.6.

33) 김형목, 「위자료 청구소송을 주도한 소완규와 나혜석 인연」, 『나혜석 연구』 7, 나혜석 학회, 2015, 30쪽.

34) 소현숙, 앞의 글, 253-254쪽.

35) 위의 글, 273-274쪽.

36) 나혜석, 「영미부인 참정권운동자 회견기」, 『삼천리』, 1936.1, 92쪽.

37) 「그 뒤에 얘기하는 제 여사의 이동좌담회」, 『중앙』, 1935.1(나혜석 학회 엮음, 앞의 책, 227쪽).

38) 「만혼 타개 좌담회: 아아, 청춘이 아까워라」, 『삼천리』, 1933.12, 84-85쪽.

제2장

고령화 시대 가족으로부터 소외되는 노년들

- 한국 현대 노년시를 중심으로 -

이현정

1. 고령화 시대 노년시와 가족의 입지

한국 사회는 2000년대에 이르러 65세 이상 인구 비중이 전체 인구의 7%를 넘어서는 고령화 사회로 진입하였다. 통계청에 따르면 노인 인구 증가 추이로 볼 때, 2026년이면 한국 사회의 노인 인구가 전체 인구의 20%를 넘어서는 초고령화 사회로 진입할 것이라고 한다.

한국 시단에도 노년기를 보내고 있는 원로 시인들이 늘어나고 있고, 그들이 발표하는 2000년대 이후 시들에는 고령화 시대를 살아가는 노년으로서의 다양한 경험 및 인식이 여러 형상화 방식으로 표현되고 있다. 노년의 시인이 아니더라도 노인과 관계를 맺고 있는 화자가 노인을 대상으로 그들과 관계된 삶과 사유에 대해 발화하고 있는 시 또한 많아지는 추세다.

물론, 21세기 이전에도 노년에 대한 시들은 존재했다. 그러나 우리 사회가 고령화 사회로 진입한 이후, 노년의 삶과 그들에 대한 사회적 인식 및 태도는 그 이전 사회와 다른 양상을 보인다. 21세기 노년층은 핵가족화로 인해 대부분 가족과 분리되었고, 여러 인간관계로부터 소외되고 있으며, 자본주의 사회에서의 역할 상실뿐만 아니라 정보화시대의 인터넷과 스마트 기기 등의 빠른 변화로 최신 정보 및 문물로부터의 소외와 경제적 궁핍, 정서적 불안, 무료함, 고독감 등을 느끼고 있다. 더욱이 코로나 팬데믹 이후 전염병 취약층으로 분류되면서 노년들의 단절과 고립감은 가중되고 있다. 그러나 또 다른 한편에서는 은퇴 후 제2의 인생을 맞아 21세기의 정보, 기술, 산업, 문화에 빠르게 적응하면서 이른바 '액티브 시니어'라 불리며 사회 경제 및 문화 활동을 활발하게 해나가는 노년층 또한 늘고 있다.

이처럼 고령화 시대 노년의 가치 및 정체성 문제가 중요한 사회적 담론으로 떠오르면서, 21세기 한국 시단의 노년에 대한 관심 또한 이전 시단에 비할 수 없을 정도로 높아졌다. 2000년대 이후 한국 현대시는 당대 노인의 삶과 정서를 적극적으로 반영하면서 고령화 시대의 사회 문제를 인문학적 차원의 시적 대응으로 다양하게 보여주고 있다.

한국 시단의 이러한 변화에 주목하면 우리 사회가 고령화되면서 본격적으로 발화되고 있는 노년에 대한 시들을 '노년시'라는 하나의 장르적 개념으로 유형화할 수 있을 것이다. 시에서 노년에 대한 발화는 노년기를 보내고 있는 '노인(이미 늙은 사람)'과 아직 노년이 아니지만 앞으로 나이를 먹어가면서 노인이 될 '잠재적 노인(늙어가는 사람)' 모두 할 수 있으므로 노년시는 생산 주체인 시인의 연령층과는 무관한 텍스트 중심의 개념으로 보아야 한다. 즉, 텍스트 측면에서 노인이 발화 주체(화자)이거나 발화 대상(시적 대상)으로 설정되어 발화 주체와 노인의 관계 양상이 중점적으로 발화되면서, 우리 사회가 안고 있는 노인 문제 및 노년의 삶과 의식 등이 이미지나 비유, 상징, 어조 등으로 표현되고 있는 시를 '노년시'라고 할 수 있다.[1)]

이렇게 보면, 노년시는 '발화 주체가 노년인 시'와 '발화 대상이 노년과 관계된 시'로 나누어질 수 있다. 즉, 노년기 시인이 직접 노년의 삶과 사유를 발화하는 시가 있고, 아직 노년이 아닌 잠재적 노인이 노년과 관계된 어떤 사유를 발화하는 시로 나눌 수 있는 것이다. 이렇게 노년시를 구분하면, 노인들의 사유뿐만 아니라 잠재적 노인인 젊은이들과 중년들이 고령화 사회에서의 노인을 어떤 시각과 사유로 대하는지 깨달을 수 있다는 장점이 있다. 요컨대, 우리는 이 두 경향의 노년시를 통해 고령화 사회의 여러 문제를 성찰할 수 있고, 그것을 어떻게 극복하는 것이 바람직한지를 고민할 수 있는 계기를 마련하게 되는 것이다.

노인은 통상적으로 생리적·신체적 기능의 감퇴와 더불어 심리적인 변화가 일어나서 개인의 자기유지기능과 사회적 기능이 약화해 있는 사람으로 정의되고, 노년기는 대체로 55-64세The older, 65-74세 The elders, 75-84세The aged, 85세 이상The very old의 네 단계로 구분된다. 그러나 노년시에는 주체나 대상으로서의 노년의 나이가 텍스트에 명확하게 제시되는 경우가 별로 없다. 주로 주체나 대상이 '할머니 (할매, 할망구, 할마시 등)' '할아버지(할배, 할바시 등)' '노인(노인 네, 늙은이, 노파 등)' 등의 인칭대명사로 호명되거나, 몸의 퇴화나 주 위의 타자들과의 관계를 통해 노년기의 증상이나 특성을 드러내기 때문에, 시에서의 노년은 몇 세 이상이라는 기준점보다는 주체와 대 상의 관계 양상을 통해 드러나는 노년기의 특성에 집중하게 된다. 다 만 발화 주체인 화자가 노년인데 그 나이가 명확하게 제시되지 않을 때, 작품의 발표 연도를 고려하여 텍스트의 생산 주체인 시인의 실제 나이를 참고할 수 있다.

이 글은 고령화 시대 한국 현대 노년시에서 가족으로부터 소외되 는 노년을 형상화한 작품을 중심으로 노년을 둘러싼 가족에 대한 사 유가 '발화 주체가 노년인 시'와 '발화 대상이 노년과 관계된 시'에 서 어떻게 형상화되고, 그것이 무엇을 의도하고 있는지를 고찰해보 고자 한다.

고령화 사회가 되면서 가족에 대한 인식 및 가족 내 역할과 지위, 가족 관계 및 형태 등이 급속하게 변하고 있다. 특히 여성의 경제활동 참여율이 꾸준하게 증가하고 있기 때문에 과거 가정 내 서비스를 전담하던 전업주부의 역할을 기대하기 힘든 실정이고, 경제성장 과정에서 직장이나 자녀의 학업을 위해 대도시로 이동하게 되면서 노부모와 자녀가 가까운 거리에 거주하는 것 또한 현실적으로 어려운 실정이다. 이런 상황에서 노인에 대한 지원 대부분을 가족이 책임지는 가족 중심의 노인수발은 가족 구성원들의 삶에 커다란 부담이 될 뿐만 아니라 긴장과 갈등을 유발하는 요인이 되고 있다.[2] 반대로, 여성의 경제활동이 증가하면서 손자녀의 육아를 전담하는 노인이 늘면서 육체적 · 정신적 피로감을 호소하는 경우도 많다. 황혼이혼이 늘고 있고, 자녀와 떨어져 노인 혼자 또는 노인 부부가 단독으로 사는 가구도 늘고 있는데, 이러한 결과는 이상적인 가족 형태에 대한 가치관의 변화를 보여 주는 것으로, 처음에는 직장을 따라 이동해야 하는 산업사회의 여건 변화에서 시작되었지만, 점차 간섭을 싫어하고 독립성을 중시하는 현대의 개인주의적 가치관과 맞물려 더욱 증폭되는 현상을 보여 주고 있다.[3] 더욱이 코로나 팬데믹이라는 재난을 겪으며 가족 내 노인의 입지는 더욱 위축되고 고립되었다. 사회적 거리 두기의 단계에 따라 가족 모임의 인원수가 제한되고, 요양병원 · 시설의 방문 및 접촉 면회가 금지되면서 노인의 소외와 고립은 더욱 심해졌다. 그로 인해 가족 구성원이 아닌 기관이나 업체로부터 돌봄 서비스를 받는 경우가 많아졌고, 대안 가족에 대한 사유 또한 높아졌다.

이러한 가족구조의 변화와 더불어 전통적인 '효' 개념이 쇠퇴해 가는 현실에서 가족 내 노인 세대를 보는 관점을 정립하고, 노인을 둘러싼 가족 간의 갈등 원인을 규명하며, 노인과 가족 관계, 노인과 대안 가족의 원만한 소통과 친밀감을 위해 보다 구체적이고 실천적인 해결방안을 제시하는 것이 고령화 시대 개인과 가족 그리고 사회의 당면과제라 할 수 있을 것이다.

한국 현대 노년시 또한 고령화 시대 노년을 둘러싼 가족 문제 및 여러 갈등 양상을 시적으로 다양하게 형상화하고 있기 때문에 노인과 가족의 바람직한 관계를 구축하기 위한 문학적 성찰과 연구 또한 필요한 시점이라고 생각한다.

이에 이 글에서는 고령화 시대 노년을 둘러싼 가족에 대한 사유를 다양하게 보여 주고 있는 한국 현대 노년시 중에서 가족으로부터 소외되는 노년을 형상화한 작품을 중심으로 그 형상화 방식과 의미에 대해 고찰함으로써, 고령화 시대 노년과 가족의 바람직한 관계를 위한 인문학적 대안을 마련하는 데 일조하고자 한다.

2. 가족으로부터 소외되는 노년의 양상

가족은 사회의 기초 단위로서 사회 구성원인 개개인에게 전 생애 과정을 통해 가장 많은 영향을 미친다. 특히 노년기로 접어들면, 신체적·정신적 건강이 약화하면서 의존도가 높아지고 심리적·사회적으로 위축되어 어느 시기보다도 가족과의 관계가 중요해진다. 노인에게 가족 구성원은 경제적·심리적·도구적으로 많은 도움을 줄 수 있는 일차 집단primary group으로, 노년기에 가족은 노인의 사회적 관계의 중심축이 되며, 가장 중요한 부양체계로서의 역할을 담당하게 된다.[4] 노년기의 원만한 가족 관계가 노인의 삶의 질, 행복한 노후생활을 결정하는 주요한 요인으로 밝혀지고 있는 만큼 노부부 관계, 노부모-성인 자녀 관계, 조부모-손자녀 관계, 형제자매 관계 등 노년기 가족 관계에 대한 관심과 연구가 필요하다.[5]

가족은 노인의 가장 중요한 지원자이지만, 현실적으로 고령화 시대에 노년기를 자녀에게 의지하기는 어려운 실정이다. 오랜 기간 우리 사회는 노인을 돌보는 것을 가족의 책임이자 규범이라고 인식해왔지만, 급속한 산업화와 사회복지의 발전과 가족 중심주의의 해체 등으로 인해 노부모 부양의식은 약화하고 있는 현실이다. 경제기획원과 통계청의 사회조사에 따르면 젊은이의 노부모 부양을 장남이 책임져야 한다는 비율은 1979년 30.6%에서 1994년 19.6%, 2010년 13.8%로 줄어든 반면, 아들딸 모두의 책임 비율은 1979년 6.4%에서 1994년 56.3%, 2010년 62.4%로 늘어나는 추세이다. 2014년에는 가족 34.1%(장남 14.2%, 자녀 중 능력 있는 자 17.8%, 모든 자녀

62.4%), 부모 스스로 해결 23.8%, 정부·사회책임 6.4%이며, 가족·정부·사회 공동의 책임이 35.7%로 나타나 또 다른 의식의 변화를 보인다.[6] 한편, 노인 스스로의 의식도 변화되어 경제적 능력만 있으면 자녀와 서로 불편하게 지내는 것보다는 자식과 따로 사는 것을 선호하는 경향이 높아지고 있다. 농촌 지역에서는 자식의 직장 문제로 별거하는 경향이 높지만, 도시에서는 마음이 편하기 때문에 자녀와 별거하고 있는 비율이 높다. 특히 노후에 경제적으로 자립할 수 있다면 결혼한 자녀와 따로 사는 것을 희망하는 추세이다.[7]

그러나 경제적 자립이 어렵거나 자녀가 부양할 수 있는 여건이 안 되거나 여러 지원집단의 도움을 받을 수 없는 상황에 놓여 생활고를 겪고 있는 노인들이 적지 않으며, 가족 관계 안에서도 신체적·정신적 노화, 세대 간의 차이, 소통의 부재 등의 이유로 가족으로부터 소외되고 있는 노년이 늘고 있다.

이처럼 고령화 시대 가족으로부터 소외되고 있는 노년의 모습을 한국 현대 노년시는 어떻게 형상화하고 있는지 '노년기의 가족 관계; 노부부 관계, 노부모-성인 자녀 관계, 손자녀와의 관계, 그 외 가족 관계'를 중심으로 살펴보겠다.

노부부 관계에서의 소외

노년기의 가족 관계 중 최근에 사회적·학문적으로 관심이 높아진 영역이 노부부 관계이다. 노년기는 사회적 역할 상실인 은퇴를 경험하고, 학업, 직장, 결혼 등으로 자식이 집을 떠나 '빈 둥우리empty nest' 시기를 맞이하는 때다. 평균수명의 연장으로 퇴직 후 가정 내에서 지내야 하는 시간은 많아지고 노인 단독세대가 늘어나 가족생활 주기에서 빈 둥우리 시기가 길어지는 추세이므로 노년기의 부부관계는 더더욱 중요하다. 노년기 부부관계에 결정적인 영향을 미치는 주요한 요인으로는 성 역할의 변화, 은퇴, 배우자의 건강 약화를 들 수 있다. 노년기로 접어들면서 성별 역할의 차이는 줄어드는 경향이 있고, 남녀 구분에 따른 역할 분담보다는 필요에 의해 역할을 수행하게 된다. 특히 노년기에는 부부간의 가사 역할 분담이 공평해지고, 어느 한쪽의 일로 강요할 수 없게 된다. 한편, 배우자의 질병은 부부간의 상호의존성을 극적으로 변화시킨다. 부양 제공자와 부양 수혜자와의 의존적 관계가 형성되고 이런 관계는 친밀감을 높이기도 하지만 갈등을 유발할 수도 있다. 배우자가 치매나 중풍 등 질병을 앓고 있는 경우는 지속적인 부양이 필요하기 때문에 자신을 희생해야 하고, 부양의 의무로 어려움을 겪을 수도 있다.[8]

그렇다면 한국 현대 노년시는 노부부의 관계를 어떻게 형상화하고 있는지 보자.

마누라한테 아침밥 얻어먹는 놈 요즘도 있냐?
없지?
남편한테 꼬박꼬박 아침밥 차려주는 마누라
요즘도 있냐?
없지?

윗어금니 몽땅 들어내니까
말할 때면 말보다 헛바람이 먼저 나온다
유창하던 말씨 오간 데 없고
말더듬이 눌언訥言뿐이다
잇몸에 끼었던
어젯밤 술자리에서 되로 주고 말로 받은
쉰내 나는 비아냥들이
삭은 감자 껍질 같은 입 밖으로
말보다 먼저 헛나온다

폐사廢寺처럼 적막한 집에서 홀로 깨어
'가마솥에 누룽지'를 냄비에 끓인다
남의 여자 만나 슬쩍 짬짜미하면서도
반듯한 말 잘하던 나는
이제 영영 사라져버렸다

마누라한테서
아침밥 꼬박꼬박 얻어먹는 놈 아직도 있냐?

없지?

모두 나처럼 누룽지 한 사발 먹고

이빨 쑤시는 거지?

그지?

으상아, 이 자슥아

눌은 누룽지 먹고 눌언訥言하는

이 자슥아, 으으상아

−오탁번, 〈누룽지〉 전문, 『손님』, 황금알, 2006

　1943년생인 오탁번 시인은 적극적으로 노년시를 쓰고 있는데, 위의 시 〈누룽지〉는 노년의 화자가 "요즘"의 사회상을 언급하면서 '누룽지'를 직접 끓여 먹는 자신의 행위를 통해 처량하고 추레한 노년의 모습을 자조적인 어조로 표현하고 있는 노년시다. 노년의 화자는 그러한 현실을 체념적으로 받아들이고 있으면서 동년배의 노년들로 상정되는 독자들을 향해 그들도 자신과 같은 상황이지 않냐고 묻고 있다. "요즘" "마누라한테서/아침밥 꼬박꼬박 얻어먹는 놈"이 더는 없을 것이라는 화자의 확신은 고령화 시대 가사 역할 분담에 있어 노부부의 관계가 달라졌고, 배우자에게 가사 역할을 의무화하거나 강요할 수 없게 되었다는 시대적 변화에서 기인한 것이라 할 수 있다. 그런 변화의 원인이 이 시에서는 화자의 물음("?") 속에 가려져 있지만, 부인의 입장에서는 은퇴한 남편이기에 아침 일찍 일어나 밥을 차려주어야 할 이유가 없어졌고, 남편의 입장에서는 여성에게 가사 일을 강요하거나 여성의 자유 시간을 방해하면 황혼이혼을 당할 수도 있다는 두려움 때문일 것이다. 위 시에서 화자는 이제 아침밥을 차려 주지 않는 '마누라'로 인해 스스로 아침밥을 먹기 위해 "폐사廢寺처럼 적막한 집에서 홀로 깨어" "누룽지"를 끓인다. 남편을 대우하던 '마누라'의 모습은 찾아볼 수 없고, '마누라'가 있음에도 혼자 밥을 차려 먹어야 하는 노년의 처량함은 고령화 시대 노부부 관계에서의 소외감을 잘 보여 준다. 그렇게 볼 때, 솥 바닥에 눌어붙은 '누룽지'는 '마누라'에게 당당하게 큰소리치던 젊은 시절과 달리 대접받지 못하고 소외된 노년의 추레한 모습을 상징한 것이라고 할 수 있다. 말하자면, 맛있고 탱글탱글한 밥알 같은 청춘("남의 여자 만나 슬쩍 짬짜미하면서도/반듯한 말 잘하던 나는")은 벌써 사라지고 꺼뭇하게 눌어붙은 누룽지("유창하던 말씨 오간 데 없고/말더듬이 눌언訥言뿐이다")만 남은 노년의 실상을 상징하고 있는 것이다. 한편, 이 시의 제목 밑에는 오탁번과 동갑인 박의상의 〈한 병 더, 어!〉(『현대시학』 통권 448호, 2006년 7월호)의 일부("으상아 나 말이다 으응/나, 아, 는 말이다 으응/……그것을 터, 억, 꽂고 말이다 으응/듣고 있나 자슥아 으으응/여자 배 위에서/그만 꽈당! 죽고 싶은데 말이다 으응")가 인용되어 있는데, 4연에서 이 시의 화자는 박의상 시인을 "으상아, 이 자슥아"라고 호명하고 있다. 그것은 원문 그대로를 인용한 것이기도 하지만, "윗어금니 몽땅 들어내니까/말할 때면 말보다 헛바람이 먼저 나온다"라는 언술을 증명하는 발음이기도 하고, "눌은 누룽지 먹고 눌언訥言를 하는" 박의상 시인을 언어 유희로 한심해 하면서도 '우리가 그런 노년'임을 자조적으로 깨닫고 있는 한탄이기도 하다. 요컨대, 〈누룽지〉는 늙음과 낡음을 상통하는 관계로 봄으로써 이제 부인에게 대접받지 못하고 소외되는 노년의 삶을 비탄하고 체념하는 노년의 모습이 형상화된 노년시인 것이다. 그러나 노년의 시인은 그것을 설의법이나 언어 유희로 표현하여 해학적인 느낌을 주면서 '너와 내가 다르지 않고 같다'라는 인식을 심어줌으로써 연대의 의미로 고령화 시대 노년의 처량함을 서로 위로하자는 마음을 담아내고 있다.

    할망구는 망할 망구는 그 무신 마실을 길게도 가설랑 해가 쎄를 댓발이나 빼물도록 안 온다 말가 가래 끓는 목에 담배는 뽁뽁 빨면서 화투장이나 쪼물거리고 있겄제 널어논 고기는 쉬가 슬건 말건 손질할 그물은 한 짐 쌓아놓고 말이라 캴캴 웃으면서 말이라 살구낭개엔 새잎이 다시 돋는데 이런 날 죽지도 않고 말이라 귀는 먹어 말도 안 듣고 처묵고 손톱만 기는 할미는 말이라 안즐뱅이 나는 뒷간 같은 골방에 처박아놓고 말이라

    올봄엔 꽃잎 질 때 따라갈 거라?
           - 김사인, 〈삼천포 2〉 전문, 『어린 당나귀 곁에서』, 창비, 2015

김사인의 〈삼천포 2〉에서는 삼천포 어촌 마을에 사는 한 노부부의 일상을 통해 고령화 시대 노부부 관계에서 소외되는 할아버지의 모습을 엿볼 수 있다. 삼천포는 이미 사라진 지명이지만, 그곳에 오래 산 사람들에게는 여전히 불리는 지명이다. 시인은 옛 지명을 시의 제목으로 가져오고, 온종일 "할망구"를 기다리는 화자의 발화를 삼천포 방언으로 구사함으로써 어촌 마을에 사는 노부부의 향토적 이미지를 부각하고 있다. 이는 대도시뿐만 아니라 시골 어촌의 고령화 문제도 심각함을 보여 준다. 시적 상황을 살펴보면 이 시의 화자인 할아버지는 몸이 성치 않은 "안즐뱅이"로 "골방에 처박"혀 있는 상태이고, "할망구"는 동네 "마실"을 나가서 돌아오지 않고 있다. 노년의 화자는 "할망구"가 하고 있을 일과 해야 하는 일에 불만을 토로하고 있는데, 그의 발화에 의하면 "할망구"는 "가래 끓는 목"인데도 불구하고 "담배"를 피면서 "화투"에 빠져 "널어논 고기"와 "손질할 그물"과 "안즐뱅이 나"를 책임지지 않고 방치하고 있다. 늙고 병든 "나"는 그런 "할망구"를 무료하게 기다리며 죽음만을 기다리고 있다. "살구 낭개엔 새잎이 다시 돋는데 이런 날 죽지도 않고" 있는 "할망구"와 노년의 화자는 "올봄엔 꽃잎 질 때 따라갈 거라?"라는 설의적 영탄으로 빨리 죽기를 소망하고 있다. 몸은 늙어 가눌 수 없이 병들었고, 병든 자신을 소외 또는 방치시키고 있는 "할망구"만을 하염없이 기다려야 하는 무료한 하루가 노년의 화자에게는 죽음보다 못한 나날인 것이다. 이렇게 볼 때, 시인은 〈삼천포 2〉를 통해 노년의 일상 속에서 즐거움을 누리는 할머니에 비해 상대적으로 더 빨리 늙고 병들어 무료하게 일상을 보내는 할아버지의 고립감과 외로움을 부각함으로써 죽음보다 못한 일상을 보내면서 오히려 빨리 죽기를 바라고 있는 소외된 노년의 모습을 보여 주고 있다 하겠다.

한편, 이생진은 〈아내와 나 사이〉에서 노부부가 함께 건망증을 앓고 있는 상황을 보여 준다.

아내는 76이고
나는 80입니다
지금은 아침저녁으로 어깨를 나란히 하고
걸어가지만 속으로 다투기도 많이 다툰 사이입니다
요즘은 망각을 경쟁하듯 합니다
나는 창문을 열러 갔다가
창문 앞에 우두커니 서 있고
아내는 냉장고 문을 열고서 우두커니 서 있습니다
누구 기억이 일찍 돌아오나 기다리는 것입니다
그러나 기억은 서서히 우리 둘을 떠나고
마지막에는 내가 그의 남편인 줄 모르고
그가 내 아내인 줄 모르는 날도 올 것입니다
서로 모르는 사이가
서로 알아가며 살다가

다시 모르는 사이로 돌아가는 세월?

그것을 무어라고 하겠습니까?

인생?

철학?

종교?

우리는 너무 먼 데서 살았습니다

　　　　　　－ 이생진, 〈아내와 나 사이〉 전문, 『우리 시』 2008년 10월호

　위의 시에서 화자는 "창문을 열러 갔다가/창문 앞에 우두커니 서
있고" 아내는 "냉장고 문을 열고서 우두커니 서" 있다. 자신이 무엇
을 하려고 했는지 까맣게 잊고 그렇게 우두커니 서 있는 모습을 화자
는 "망각을 경쟁하듯" "누가 기억이 일찍 돌아오나 기다리는 것"이
라고 발화한다. 화자의 어조는 이렇듯 해학적인 명랑함을 띠고 있지
만, 노년의 화자는 이미 당신들의 기억력 감퇴가 더 심해지고 있음을
잘 알고 있다. 그러나 당신들에게 다가올 부정적 미래를 예견하면서
도 노년의 화자는 그것을 통해 삶의 근원을 통찰하며, '기억력의 정
도'로 "아내와 나 사이"의 관계 양상을 연결한다. 즉, 처음 만났을 때
화자와 아내는 "서로 모르는 사이"였는데, 서로를 알아가며 함께 긴
세월을 지냈다. 그런데, 이젠 그 기억을 점점 잃어가면서 다시 서로
를 기억하지 못하는 "서로 모르는 사이"가 되는 것이다. 화자는 그것
이 "인생?/철학?/종교?" 아니겠냐고 되물으며 생의 경지를 깨닫고

있다. 즉, 관조적인 어조를 띠며 철학적 사유에 이르고 있는 것이다. 결국엔 처음으로 돌아가는 것, 그것이 삶임을 모른 채, "우리는 너무 먼 데서" 아등바등 살았음을 삶의 끝자락에 와서야 깨닫고 있는 것이다. 이처럼 이생진의 〈아내와 나 사이〉는 노부부가 기억력 쇠퇴라는 노년기 증상을 함께 겪고, 그 속에서 삶의 근원 및 경지를 발견함으로써 그것이 답답하고 속 터지는 일이 아니라 삶의 근원으로 돌아가는 자연스러운 과정임을 발화하고 있다. 그 의식이 노부부가 서로를 부양하며 친밀감을 느끼는 가운데 발견된 경지라는 점에서 이 노년시의 가치를 들 수 있겠다.

이처럼 한국 현대 노년시는 고령화 시대 노부부의 관계에서 배우자에게 소외되는 쓸쓸한 모습을 보여 주는가 하면, 서로가 의지하며 서로를 부양하는 친밀한 관계로 지내고 있는 노부부의 모습 또한 보여 주고 있다. 그런데, 노부부의 관계에서 한쪽의 배우자가 소외되는 모습을 형상화할 때, 대부분 남편이 부인에게 소외되는 것으로 그려지고 있다는 점은 의미심장하다. 이는 노년의 남성에게 연민의 정을 느끼게 함으로써 노년의 여성에게 여전히 내조와 부양을 바라는 남성 시인들의 여망이 내재한 것은 아닌지 생각해 볼 문제이다. 다만, 한쪽의 배우자가 소외되는 모습을 형상화함으로써 노부부가 관계를 회복할 수 있는 계기를 마련하고자 했다면, 그 회복이 과거와 같이 내조와 부양을 도맡는 아내로의 회복이 아니라 노년기를 함께 보내는 동반자로서 서로에 대한 배려 및 보살핌, 친밀감, 상호 존중, 공통의 취미와 활동, 즐거움의 공유, 상호 교류와 대화 등으로 노부부의 관계를 회복하자는 의미를 담고 있어야 할 것이다. 그렇게 노부부의 관계가 회복될 때만이 고령화 시대 노부부의 친밀감이 노년의 심리적 안녕과 건강에 긍정적 영향을 미칠 수 있을 것이다.

노부모-성인 자녀 관계에서의 소외

노부모와 성인 자녀와의 관계를 측정하는 기본 지표는 접촉 정도이다. 접촉 정도는 동거 · 별거 여부, 지리적 거리, 노인의 건강 상태 등에 따라 달라진다. 2020년도 노인실태조사 결과에 따르면, 자녀와의 동거를 희망하는 비율이 감소('08년 32.5% → '17년 15.2% → '20년 12.8%)하고 있고, 실제로 자녀동거 가구 비율이 감소('08년 27.6% → '20년 20.1%)한 것으로 나타났다. 한편, 주 1회 이상 자녀와 왕래하는 비율('08년 44.0% → '17년 38.0% → '20년 16.9%)과 자녀와 연락하는 비율('08년 77.3% → '17년 81.0% → '20년 63.5%)이 감소하고 있는 반면, 가까운 친인척 및 친구 · 이웃과 주 1회 이상 연락하는 비율이 증가(친한 친구 · 이웃 연락 : '08년 59.1% → '17년 64.2% → '20년 71.0%/친인척 연락 : '08년 18.2% → '17년 16.8% → '20년 20.3%)하고 있는 것으로 나타났다. 이는 노인의 사회적 관계망이 가족에서 벗어나 다각화되고 있는 것으로 볼 수 있다.[9]

과거의 부모-자녀 관계는 성인 자녀가 노부모를 보호 부양하는 일방적인 수직적 관계였으나 요즘에는 상호호혜적 관계로 노부모와 성인 자녀 쌍방이 도움을 주고받는 경우가 많아졌다. 특히, 수정 확대가족, 수정 핵가족주의로 '국이 식지 않는 거리'에서의 부모부양이 높은 호응을 얻고 있기 때문에 자녀의 집과 같은 동네 혹은 같은 아파트 단지와 같이 가까운 거리에서 노부모가 사는 경우가 많다. 이런 경우의 노부모는 자신의 주거공간에서 독립된 생활을 영위하면서도 자녀와 친밀감을 유지하며 도움을 주고받을 수 있다.[10]

이처럼 노년기 가족 관계 중 노부모-성인 자녀 관계는 세대 간의 접촉 및 결속력과 노부모와 성인 자녀 간의 부양교환, 지원교환에 따라 친밀감의 정도가 달라질 수 있다.

한국 현대 노년시에는 성인 자녀가 늙은 부모를 공경하고 부양하면서 느끼는 친밀감이나 안타까움, 또는 힘겨움이 발화되는가 하면, 노화된 부모의 몸이나 노부모의 질병을 통해 삶의 근원적인 질서 및 경지를 발견하고 있는 노년시도 있는데, 여기서는 노부모가 성인 자녀로부터 소외되는 양상을 형상화한 노년시를 살펴보겠다.

> 혼자 살다가, 버티다가
> 딸내미, 사위들 몰려와서
> 가재도구 차에 나누어 싣고
> 앞집 할머니 콜택시 불러 요양병원으로 떠난다

아프면 아프다 진작 말하지
요 모양 요 꼴 되어서
이웃에서 전화하게 만들었느냐고
노모를 타박하는 딸년도
눈시울 뭉개져 아무 말 없는 노인네도
무던하다 생이 그렇다

겨울 지나는 입춘 바람이 맵다
살던 집 둘러보는 노구의 구부러진 그림자를
휘청 담벼락이 받아준다

거기가 요양하는 곳이라면 얼마나 좋으랴만
당신도, 나도 우리도 다 안다
대합실 같은 곳, 대기소 같은 곳
그러나 다행이다
더 요양할 삶이 남아 있지 않다

아무튼 나는
손수 가꾸어 가지런히 다듬어서 주시는 부추와
생도라지와 달래 나물을 다시는 못 얻어먹겠구나 싶어서
눈앞이 자꾸 흐려지기도 하였다
　　　　　　– 복효근, 〈입춘 무렵〉 전문, 『현대시』 2015년 3월호

위의 시는, 발화 주체가 노년인지 아닌지 알 수 없지만, "앞집 할머니"를 "딸내미, 사위들이 몰려와서" "요양병원"으로 모셔가는 장면을 발화 대상으로 그리고 있는 노년시다. "혼자 살다가, 버티다가" 병이 깊어 더 이상 혼자 살 수 없는 그 할머니는 딸내미가 있어도 딸네 집으로 가지 못한다. 이 시에서는 그것이 건강 악화 때문으로 그려지고 있지만, 노부모를 부양할 수 없는 환경적, 경제적인 요인이나 노부모-성인 자녀 관계의 소원함 때문이기도 할 것이다. 노모는 아파도 아프다고 딸에게 말하지 못했고, "딸년"은 노모의 병보다 "이웃"의 비난을 두려워하며 "노모를 타박"하고 있다. 화자는 이처럼 성인 자녀가 노부모를 타박하며 요양병원으로 모셔가는 상황을 비판적 어조로 발화하면서 고령화 시대 노부모가 성인 자녀로부터 소외되는 양상을 형상화하고 있다. 그러한 자식들의 비정함은 "살던 집"의 "담벼락"이 오랫동안 묵묵히 할머니를 지키고 서 있었듯이 "노구의 구부러진 그림자를" "휘청" "받아준다"라는 대조적 표현을 통해 더욱 부각하고 있다. 그런 자식에게 "눈시울 뭉개져 아무 말 없는 노인네"를 보면서, 화자는 연민의 어조로 섭섭한 마음 홀로 달래며 '무던하게' 살아가는 부모들의 마음을 읽어내고 있다.

노부모를 부양할 수 없는 자녀들을 위해 국가적, 사회적 차원에서 부양 문제를 해결하고자 양로원이나 요양병원을 설립하고 있지만, 그곳의 서비스가 정서적·신체적으로 만족스럽지 않을 뿐만 아니라 노인들에겐 그곳으로 간다는 자체가 슬픔일 수밖에 없다. 당신 자신의 무력감, 자식으로부터의 소외감, 그리고 죽음에 가까이 왔다는 두려움 등 겹겹이 슬픔일 것이다. 그래서 그곳이 죽음으로 가는 "대합실 같은 곳, 대기소 같은 곳"임을 "당신도, 나도 우리도 다" 알고 있다. 화자는 더는 할머니가 "손수 가꾸어 가지런히 다듬어서 주시는 부추와/생도라지와 달래 나물"을 얻어먹지 못하게 되어 슬프지만, 할머니에게 "더 요양할 삶이 남아 있지 않"아 다행이라고 말한다. 죽음이 가까이 온 것을 다행으로 생각할 만큼 노인의 남은 삶이 절망스러운 것이다. 어쩌면 시인은 할머니가 지금보다는 더 따뜻한 다음 생으로 넘어가시길 바라는 마음에서 "입춘 무렵"이라는 제목을 달았는지도 모른다.

노인은 어두운 방 안에 혼자 놓여 있다

며칠 전에 딸이 사놓고 간 귤
며칠 동안 아무도 까먹지 않은 귤
먼지가 내려앉는 동안 움직이지 않는 귤
움직이지 않으면서 조금씩 작아지는 귤
작아지느라 몸속에서 맹렬하게 움직이는 귤
작아진 만큼 쭈그러져 주름이 생기는 귤
썩어가는 주스를 주름진 가죽으로 끈질기게 막고 있는 귤

어두운 방 안에 귤 놓여 있다

- 김기택, 〈귤〉 전문, 『소』, 문학과지성사, 2005

김기택의 〈귤〉은 발화 주체가 현상적으로 드러나 있지 않기 때문에 화자가 노인인지, 아닌지 알 수 없는 '발화 대상이 노년과 관계된 시'이다. 숨어있는 발화 주체는 "어두운 방 안에 혼자 놓여 있"는 노인을 "귤"에 비유하며 노인을 묘사하고 있다. "딸이 사놓고 간 귤"은 딸의 호의적인 행동(예컨대 양로원이나 요양원에 모셔다 놓는 일)이 오히려 노인을 소외시킨 것임을 비유하고, "아무도 까먹지 않은 귤"은 아무도 노인을 찾아오는 사람이 없음을 비유한다. 그렇게 자녀로부터 소외된 노인은 "움직이지 않으면서 조금씩 작아지"며 "쭈그려져 주름이 생기"고 "썩어가는 주스를 주름진 가죽으로 끈질기게 막고 있는 귤"의 모습으로 비유되고 있다. 즉, 극도로 노화되어 가는 노인의 늙은 몸을 이 시는 귤로 형상화하고 있는 것이다. 특히, 2연 전체에 나타나 있는 '~귤'과 같은 대구법, '움직이지 않는 귤/움직이지 않으면서, 작아지는 귤/작아지느라' 등과 같은 연쇄법, '움직이지 않다가 작아지고, 쭈그러지고, 주름이 생기는' 등과 같은 점층법을 통해 시간이 갈수록 비가역적으로 나빠지는 노인의 외견상의 노화 과정을 비유적 형상화로 보여 주고 있다. 결국, 퇴화하여 가는 노인의 몸이 썩어가는 귤과 다를 바 없다는 인식을 보여 주고 있는 것이다.

이렇게 볼 때, 〈귤〉은 자식으로부터 소외되어 홀로 외롭게 살아가는 노인이 어떻게 늙어 가는지를 아무도 먹지 않아 조금씩 썩어가는 귤의 모습으로 비유하여 안타깝고 비참하게 형상화함으로써 형식적인 '효'로 노부모를 대하고 왕래나 연락 없이 노부모를 방치하는 성인 자녀들에게 조금이라도 노부모에게 관심과 애정을 갖도록 유도하고 있는 노년시라고 할 수 있다.

노파는 파리약을 타 마시고 죽었다
광목으로 지어 입은 속옷엔 뭉개진 변이 그득했다
입속에 다 털어 넣고 삼키지 못한 욕설들이
다족류처럼 스멀스멀 벽지 위를 오르내렸다
어디 니들끼리, 한번 잘살아봐라……
스테인리스 밥그릇처럼 엎어진 노파의 손엔
사진 한 장이 구겨져 있었다
손아귀에 모아진 마지막 떨리는 힘으로
노파는 흙벽을 긁어댔으리라, 뒤집혀진 손톱
그 핏물을 닦아내는 여자의 완고한 표정을
노파는 허연 게거품을 물고 맞서고 있었다
호상이구만 호상, 닭 뼈다귀 같은 노파의 몸을
꾹꾹 펼쳐놓으며 남자는 신경질적으로 코를 막았다
서랍장 곳곳에서 몰래 먹다 남긴
사과며 과자부스러기들이 쏟아져나온 것 말고도

썩은 장판 밑에선 만 원짜리 몇 장이 더 나왔다
발가벗겨진 노파의 보랏빛 도는 입엔
서둘러 쌀 한 줌이 콱 물려졌다
복날이었고
뽑힌 닭털처럼 노파의 살비듬이
안 보이게 날아다녔다
　　　　　― 최금진, 〈조용한 가족〉 전문, 『새들의 역사』, 창비, 2007

　최금진의 〈조용한 가족〉 또한 발화 주체가 현상적으로 드러나 있지 않는 '발화 대상이 노년과 관계된 시'다. 노인인지, 아닌지 알 수 없는 이 시의 화자는 노파가 죽은 공간을 배경으로 그의 주검의 상태와 그것을 처리하는 가족들의 모습을 통해 자식들로부터 소외된 노파의 비참한 죽음을 발화하고 있다. 우선, 노파는 "파리약을 타 마시고" 자살했다. 노파의 자살 원인은 "욕설들"이 "벽지 위를 오르내렸다"라는 활유적 표현과 "어디 니들끼리, 한번 잘살아봐라……"라는 노파의 독백, "여자의 완고한 표정을", "노파는 허연 게거품을 물고 맞서고 있었다"라는 환상적 표현, "몰래 먹다 남긴/사과며 과자부스러기"와 "썩은 장판 밑"에서 나온 "만 원짜리 몇 장"이라는 환유를 통해 추측해보면, 가족들로부터의 외면과 타박이었던 것으로 보인다. 살아서 무시당하고 생활고에 시달리면서 가족에게 짐이 되느니 죽는 것이 낫겠다 싶었을 것이다. 그래도 자기 죽음에 예우를 다하겠다는 듯 노파는 파리약을 마시기 전 속옷까지 "광목으로 지어 입"었다. 그러나 죽음의 고통으로 그 속옷엔 "뭉개진 변이 그득"하고, 토사물이 벽지 위로 튀겨져 있으며, 얼마나 "흙벽을 긁어댔"는지 "손톱"이 다 "뒤집혀"져 있고, 입엔 "게거품"이, 바닥엔 "핏물"이 흥건하다. 이렇게 비참한 노파의 죽음을 역설적이게도 "남자"는 "호상"이라고 표현한다. 그렇게라도 죽길 잘했다는 것이다. 더욱이 "닭 뼈다귀 같은 노파의 몸"은 복날 먹는 삼계탕의 닭으로 치환되면서, 그들에게 영양과 힘을 주는 '위안'이 되고 있다. 이처럼 노파의 자식들로 보이는 "남자"와 "여자"는 노파의 비참한 죽음을 보고도 죄책감을 느끼지 않고, '호상'이라는 말로 각자에게 책임감을 경감시켜 주고 있으며, 노파의 죽음을 서로에게 위안으로 삼고 있다. 그래서 시인은 그들을 제목에서 "조용한 가족"이라고 했다. 즉, 노부모와 성인 자녀의 관계가 남과 다를 바 없이 '조용한' 관계로 살아왔고, 그들이 '노파의 죽음'을 조용히, 빠르게 처리하고 싶어 하는 마음을 중의적인 제목으로 표현한 것이다. 한편, 시인은 그들이 가족임에도 불구하고 가족 관계의 호칭이 아닌 '남자'와 '여자'로 그들을 표명함으로써 그것이 한 가족의 구성원에 그치는 문제가 아니라, 요즘 세대들이 노년을 대하는 전형적인 태도임을 보여 주기도 한다. 결국, 시인은 우리로 하여금 자살로 생을 마감할 수밖에 없었던 한 노파의 삶의 무게를 상상하게 하고, 노파의 죽음에 대한 공포와 두려움, 그리고 고통의 순간을 형상화하고, 그것을 송두리째 무시하고 오히려 노파의 죽음을 호상이라 치부하는 한 가족의 모습을 보여 줌으로써 죽어서도 자식에게조차 애도 받지 못하는 노년의 비참함과 그런 자녀들의 비정함을 폭로하고 있는 것이다.

이처럼 위에서 살펴본 세 편의 노년시에는 노부모와 성인 자녀 관계에서 노부모가 자식들로부터 일방적으로 소외되어 비참한 노후나 죽음을 맞이하고 있는 모습이 그려져 있는데, 그것이 제삼자의 시선으로 그려지고 있다는 공통점이 있다. 노인인지 아닌지 알 수 없는 발화 주체는 제3의 위치에서 자식과 떨어져 홀로 지내는 노년의 모습을 연민의 시선으로 그리고 있고, 노년을 소외시킨 자녀들의 비정함과 무례함을 폭로하고 있다. 이는 자식들로부터 소외되어 노년기를 외롭고 비참하게 보내고 있는 노부모들을 안타깝게 여기고 성인 자녀들이 노부모를 조금 더 공경하고 그들에게 관심과 애정을 가져 주길 바라는 시인의 마음이 객관적인 위치에서 반영된 것이라고 할 수 있을 것이다. 그러나 노부모와 성인 자녀 관계에서 노인이 자식들로부터 소외된 근본적인 이유가 발화되지 않고 있다는 것은 조금 아쉬운 점이다. 단순한 연민과 반성은 일시적인 위로에 그칠 수 있다. 노부모가 소외되는 근본적인 이유가 세대 간의 갈등 때문인지, 성인 자녀들의 경제적인 능력 때문인지, 아니면 자식과 떨어져 독립적인 생활을 하고 싶어 한 노부모의 고집 때문인지, 그 원인이 소외의 양상과 아울러 형상화되거나 발화된다면, 우리는 노부모와 성인 자녀 관계에서의 문제점을 직시하고 성찰하면서 구체적인 해결방안을 찾기 위한 노력을 보다 적극적으로 할 수 있을 것이다. 아울러 어떤 이유로 노부모를 돌볼 수 없는 자녀들을 위해 사회복지 제도가 확충되어 돌봄의 관계가 확대되면, 노부모와 자녀의 관계가 부양의 의무에서 벗어나 보다 편안한 관계가 될 수 있을 것이다. 따라서 21세기 고령화 시대의 재난을 극복하기 위해서는 사회의 적극적인 개입과 복지가 필요하다.

손자녀 관계에서의 소외

노인과 손자녀와의 접촉 정도를 결정짓는 가장 주요한 요인은 지리적 거리지만, 현대 사회의 핵가족화, 개인주의 가치관의 팽배, 세대 간의 문화적·정서적 배경의 격차 등으로 조부모와 손자녀의 관계도 예전과는 많이 달라졌다. 조부모와 손자녀 관계는 손자녀의 나이에 따라 변화되는데 손자녀가 어렸을 때는 부모를 대신하여 돌보아 주기도 하고, 정서적 지지 및 놀이 상대 역할이 되어주기도 하면서 친밀한 관계가 되지만, 손자녀가 10대 사춘기로 접어들게 되면 조부모 세대와는 다른 문화권에서 다른 가치관을 가지고 생활하게 되어 점점 소원한 관계가 되기 쉽다. 조부모와 손자녀 관계는 손자녀의 연령 외에도 동거 여부, 접촉 빈도, 부모의 영향에 따라 달라질 수 있다.[11]

한편, 사회 변화에 따라 조부모의 역할 및 기능도 변화하고 있다. 이혼율의 증가로 인한 편부모 가족의 증가, 기혼여성의 사회진출 보편화 등으로 조부모가 손자녀의 제1 양육자 역할을 하는 경우가 늘고 있다. 특히, 기혼여성의 경제활동 참여가 높아지면서 아동의 양육을 보육시설보다는 조부모에게 맡기려는 경향이 있는데, 노인과 젊은 엄마의 양육방식의 차이로 갈등을 겪기도 하고, 손자녀 양육 과정에서 겪는 육체적·정신적 피로와 구속감으로 힘겨움을 호소하기도 한다. 그러나 부모의 역할을 조부모가 대신해 주면서 조부모는 손자녀에게 큰 지지가 되고, 조부모를 따르는 손자녀에게 부모가 줄 수 없는 무조건적인 사랑을 베풀면서 조부모는 노년기의 소외와 고독을 줄일 수도 있다.[12]

한국 현대 노년시에는 처음 손자녀가 생겼을 때의 감동과 기쁨, 어린 손자녀의 재롱을 보며 느끼는 행복과 손자녀에 대한 무한한 사랑의 감정 등이 노년의 화자에 의해 직접 발화되거나, 손자녀의 화자가 조부모에 대한 추억을 떠올리며 조부모에 대한 사랑과 그리움을 발화하고 있는 시가 많은데, 여기서는 조부모의 입장에서 느끼는 손자녀와의 거리감이나 소외감이 발화되고 있는 노년시를 살펴보겠다.

어쩌다 아들네 가는 것은
장손주놈 보고지고
고추가 얼마나 자랐는지
장난치고 싶은지고

헌데
이게 웬일인고
어느새 개구쟁이는
컴퓨터에 홀딱 빠져들어
백발 따윈 안중에도 없는 듯

…이놈 할배 왔다

슬쩍 머리를 쥐어박으며
건성으로 호통도 쳐보지만
막무가내
외려 짜증만 부려

이쯤 되니
반가운 게 뭔지 모르는 세태가 되었는가
아니면
내가 진짜 진짜 퇴물이 돼버렸나

슬머시
茫然自失할 밖에

   - 김광림, 〈속·퇴물〉 전문, 『앓는 사내』, 한누리미디어, 1998

위의 시는 우리 사회가 고령화되기 직전에 쓰인 시인데, 조부모와 손자녀의 관계가 어떻게 멀어지는지를 잘 보여 주고 있다. 노년의 발화 주체는 손자의 재롱과 손자가 커가는 모습 순간순간을 모두 보고 싶어 하는 전형적인 할아버지이다. 그날도 "장손주놈 보고지고/고추가 얼마나 자랐는지 장난치고" 싶어 아들네에 갔는데, 어느새 커버린 "개구쟁이"는 "컴퓨터에 홀딱 빠져들어/백발 따윈 안중에도 없"다. "호통"도 "막무가내" 오히려 "짜증"을 부리며 귀찮아하는 손자의 태도에서 노년의 화자는 자신이 "퇴물"이 된 듯한 느낌을 받는다. 함께 즐거웠던 시간이 지나고, 더는 자신이 즐거움의 대상이 되지 못할 때, 자신을 밀어내는 손자 앞에서 시간의 속성을 깨달으며, 발화 주체는 "망연자실" 하찮아지는 할아버지로서의 존재감을 느끼게 된 것이다. 그것이 '되었는가', '돼버렸나', '할 밖에' 등의 종결어미를 통해 스스로를 연민하는 자조적 어조로 나타나고 있다.

외손자들 세뱃돈 주려고
까치설날 아침
1만 원짜리 새 돈을 구하려고 농협에 갔다
1만 원은 벌써 땡! 하나도 없고
5천 원과 5만 원은 얼마든지 있단다
1만 원짜리가 딱 좋은데 낭패다
5만 원은 좀 그렇고 해서
5천 원으로 한 묶음 받아왔다.

(중략)

외손자들 세배를 받는다
5천 원짜리 쓱쓱 꺼내서
하나앗 두울 세엣 네엣 다서엇
세뱃돈을 주니까 눈을 똥그랗게 뜬다
엥? 이게 뭐예요?
요놈들 봐라
신사임당이나 세종대왕만 알고
율곡은 몰라?

　　　　　- 오탁번, 〈세뱃돈〉 부분, 『알요강』, 현대시학사, 2019

　어린 손자를 위해 '알요강'을 샀던 할아버지 오탁번 시인이 위의
시에서는 외손자들에게 세뱃돈을 주려고 "새 돈"을 구해왔다. "1만
원짜리 새 돈"이 동이 난 상태여서 "5만 원은 좀 그렇고 해서" "5천
원으로 한 묶음 받아"왔다. 손자녀가 많은 경우 세뱃돈으로 "5만 원"
씩 주기에는 조부모의 경제적인 부담이 클 수밖에 없다. 할아버지가
"외손자들 세배를 받"고 "5천 원짜리"를 몇 장 꺼내 세뱃돈으로 주
었더니 외손자들 반응이 "엥? 이게 뭐예요?" 한다. 지폐의 색깔이 비
슷해서 딴에는 할아버지가 5만 원짜리를 여러 장 주는 줄 알고 기대
했을 텐데, 만 원짜리도 아니고 5천 원짜리를 세뱃돈으로 주니 실망
이 컸을 것이다. 예전에야 설날 아침 조부모께 세배를 올리고 조부

모의 덕담을 듣는 것만으로도 감사히 여겼지만, 요즘에는 조부모가 손자녀에게 세뱃돈을 넉넉히 주지 않으면 감사함은커녕 저렇게 비난을 받게 된다. 조부모도 경제적인 능력이 있어야 대우받고 존경받는 시대가 된 것이다. 이처럼 오탁번의 〈세뱃돈〉은 새해 첫날 조부모의 건강과 복을 바라는 마음은 뒷전이고 세뱃돈에만 관심 있는 손자녀들의 모습을 코믹한 분위기로 형상화하고 있는데, "요놈들 봐라/신사임당이나 세종대왕만 알고/율곡은 몰라?" 소리치는 할아버지의 꾸중이 마치 '돈 없고 힘없는 할아버지라도 관심 좀 가져주고 좋아해주면 안 되냐'라는 원망처럼 들려서 안타까움이 앞선다. 요컨대, 오늘날은 조부모에게 돈이 있고 없음이 조부모와 손자녀의 관계에 영향을 미치는 시대인 것이다.

> 고향 집 늙은 밤나무 홀로 지키는 할머니, 어느 날 수원에 살고 있는 손자가 너무도 보고 싶었대요. 중학교에 다니는 손자는 학교다, 학원이다, 과외다 이 핑계 저 핑계 대며 설날과 추석, 일 년에 두 번밖에 볼 수 없었대요. 문득, 말티즈를 좋아하는 손자 생각에 사장장에서 한 마리 사 왔대요. 그리고 말티즈 한 마리 사 왔노라고 손자에게 전화를 걸었더니 이번 주 토요일 당장 내려오겠다고 환호성을 질렀대요. 툇마루에 걸터앉아 밤하늘의 별을 보던 할머니, 강아지를 더 좋아하는 손주에 상처를 입었지만 손자 따라 내려오는 아들 생각하니 초승달이 보름달로 보였대요.
>
> — 정겸, 〈미끼〉 전문, 『시 현실』, 2018 겨울호

위의 시에는 "고향 집"에 "홀로" 지내시는 '할머니'가 "수원에 살고 있는 손자"가 "너무도 보고 싶"은 나머지 "미끼"를 던져 손자와 아들을 오게 만드는 웃지 못할 상황이 그려지고 있다. 실제로 요즘 학생들은 "학교다, 학원이다, 과외다" 바쁜 스케줄을 보내느라 조부모를 만날 시간이 없다. 공부를 해야 좋은 대학에 가고, 좋은 대학을 가야 좋은 직장에 들어가고, 좋은 직장에 들어가야 잘 살 수 있고, 잘 살아야 효도도 할 수 있다고 생각하는 건지, 아니면 조부모 만날 시간에 차라리 좀 쉬거나 다른 취미를 즐기는 게 낫다고 생각하는 건지, 요즘 손자녀들이 조부모를 만나러 가는 일은 대부분 "설날과 추석, 일 년에 두 번밖에" 없다. 그것도 손자녀가 수험생인 경우는 가족 모임에서도 열외가 된다. 그렇기 때문에 손자녀가 10대가 되면 조부모와 손자녀 관계는 소원해질 수밖에 없다. 이 시에서 할머니는 손자가 "말티즈"를 좋아한다는 사실을 떠올리고 장에서 말티즈 한 마리를 사와 손자를 꼬드긴다. 그랬더니 손자가 "당장 내려오겠다고 환호성"까지 질렀다고 한다. 손자가 할머니가 던진 "미끼"를 제대로 문 것이다. 그 덕에 "아들"까지 보게 생겼으니 할머니 눈엔 "초승달이 보름달"로 보였을 것이다. 이 마지막 표현은 외롭고 쓸쓸했던 할머니의 빈 마음이 손자와 아들을 볼 생각에 이제야 꽉 찬 "보름달"처럼 기쁨으로 차올랐음을 의미한다.

이처럼 한국 현대 노년시는 조부모와 손자녀 관계가 소원해지는 원인을 다각도로 형상화하고 있는데, 조부모와 손자녀 간의 갈등을 조금은 코믹한 상황으로 형상화하고 있다는 특징을 보인다. 이 점은 앞에서 살펴본 노부모와 성인 자녀와의 관계에서 근본적인 원인 제시 없이 노부모가 소외되는 양상을 연민의 시선으로만 그리고 있던 노년시와는 비교되는 지점이다. 이는 대부분 손자녀가 10대 사춘기를 보낼 때 조부모와 손자녀의 관계가 소원해지기 때문에 조부모가 소외되는 원인을 찾기 쉽고, 대부분 조부모가 무조건적인 사랑으로 손자녀를 이해하고 기다리기 때문에 연민의 감정보다는 코믹한 상황으로 그들의 관계가 형상화되는 것이라고 여겨진다. 그러나 분명 지리적으로 멀리 떨어져 있어도, 10대 이후에 사춘기를 겪고, 학업에 열중하면서도 조부모와 친밀한 관계를 유지하고 있는 손자녀들이 있다. 그런 측면에서 한국 현대 노년시가 조부모와 손자녀 관계가 소원해지는 원인을 다각도로 형상화하는 것은 조부모가 어떤 상황에서 손자녀들에게 소외감을 느끼는지를 손자녀들이 조금이라도 알아주길 바라고, 하루빨리 관계를 회복하고 싶은 조부모의 마음을 전달하기 위한 것이라고 볼 수 있겠다.

그 외 가족 관계에서의 소외

노년기의 가족 관계는 앞에서 살펴본 관계 외에 형제자매 관계, 고부 관계 – 장모 · 사위 관계, 친인척 관계 등을 들 수 있다. 특히, 형제자매 관계는 비슷한 시기에 태어나 같은 가정의 울타리 안에서 가정적·사회적 경험을 공유하며 친구같이 자라난 동년배 집단이기 때문에 노년기에 서로를 이해하고 심리적인 지지 기반이 될 수 있는 중요한 가족 관계로 여겨지고 있다. 노년기에 형제자매는 과거의 유대 관계를 새롭게 정립하고, 과거의 갈등 및 경쟁 관계를 용서하며, 공유된 경험 및 회상을 통해 더욱더 가까운 사이로 변해 간다. 또한 결혼 후 맺어진 형제자매(시누, 올케, 매형, 처형 등)도 상호 관계는 가구끼리 교류되므로 새롭게 형제자매 관계에 포함된다. 형제자매는 특히 한 번도 결혼하지 않았거나 자녀가 없는 노인에게 중요한 심리적 지지 기반이 될 수 있다. 배우자를 상실한 후에는 도움이 증가하면서 서로가 정신적으로 의지하고 같은 집에서 생활하며 심리적 안녕에 도움이 되기도 한다.[13]

한국 현대 노년시에도 형제자매와의 관계가 다양하게 발화되고 있다. 박영배의 〈형님〉이라는 노년시에는 "일 년 한두 번 뵐 때마다" "성치도 않는 손길로/지난 여름내 일군/쌀, 고구마, 참깨, 콩, 녹두 등/차에 가득 실어"주시고, "고구마도 쪄놓으시고/석화 젓도 만드시고/김치도 담아/새 쌀밥을 지어주"시는 형님과 형수에 대한 고마움과 두 분의 건강을 걱정하는 동생 내외의 마음이 절절하게 표현되어 있고, 문인수의 〈봄날은 간다, 가〉에는 "60대 중후반이거나 70대 중후반"이 된 "누님 셋, 그리고 사촌 형 내외, 우리 내외"가 "사촌

동생 내외가 들어와 사는 전원주택"에 모여 "봄날은 간다"라는 노래
를 부르며 함께 어울려 지내는 풍경이 그려지고 있다. 노년의 화자
는 이 노래의 "제4절을 쓰겠다고" 형제자매들 앞에서 "불쑥 말"하고
는 "등 굽은 그 적막에 봄날은 간다."라는 마지막 구절로 가사를 완
성하고, 그들의 노년기가 "등이 더 굽"어서 가고 있음을 애처롭게 노
래하고 있다.

　이처럼 한국 현대 노년시는 노년의 형제자매들이 함께 어울려 서
로 의지하는 친밀한 관계를 형상화하는가 하면, 그 형제자매 중에 누
군가 먼저 죽었을 때 느끼는 소외감과 슬픔을 발화하기도 한다.

　　대한 추위 매섭던 날
　　보훈병원 병실에서 만난
　　둘째 형님은
　　나를 알아보지도 못했다
　　올해 여든 세 살
　　평균수명 간신히 채운 형님은
　　눈만 동그랗게 뜨고
　　창밖을 바라보았다
　　마지막 이승의 정지화면 같았다
　　문병 다녀온 그날 저녁
　　형님은
　　이승을 버렸다

일장은 순간처럼 지나갔다
평생 고향을 지킨 형님은
제천 화장장에서
한 줌 재로 변했다
수골하는 모습을 보면서
나는 울었다
이천 호국원으로 모시면서
나는 또 울었다
삼우제 날 음복을 하면서
또 나는 울었다

입춘날 아침
거울을 보다가
앗!
나는 소리쳤다
형님!

　　　　　-오탁번, 〈형님〉 전문, 『알요강』, 현대시학사, 2019

　이 시는 노년의 화자가 "여든 세 살"의 나이로 돌아가신 "둘째 형님"을 보내드리며 느낀 감정을 발화하고 있는 노년시다. 화자의 형님은 "평균수명"을 간신히 채웠지만, "나를 알아보지도 못"한 채, "마지막 이승의 정지화면"같이 "눈만 동그랗게 뜨고/창밖을 바라"보다 화자가 다녀간 그날 밤 돌아가셨는데, 화자는 이를 형님이 "이승을 버렸다."라고 표현하고 있다. 그것은 형님의 죽음에 자발성을 부여하고 있는 것이다. 즉, 형님은 죽음에 끌려간 것이 아니라 죽음을 스스로 끌어와 이승을 버리고 저승으로 향하셨다는 의미다. 이는 화자가 형님의 죽음에 자발성을 부여함으로써 형님이 해탈하고 이승에서의 해방감을 느끼길 바라는 마음에서 비롯한 발화인 것으로 보인다. 이에 장례 또한 "순간처럼 지나"가고, 형님의 주검은 "한 줌 재로 변"한다. 노년의 화자는 "수골하는 모습을 보면서", 형님을 "호국원으로 모시면서", "삼우제 날 음복을 하면서" 계속 "울었다."라고 한다. 형님을 떠나보내는 매 순간 울었다는 표현은 형님에 대한 애도의 마음이 컸다는 것이고, 형님이 떠난 후 홀로 남겨졌다는 슬픔과 화자 또한 그렇게 죽음을 향하고 있다는 두려움이 겹쳐졌다는 의미일 것이다. 화자는 형님의 죽음으로 장례를 치르면서 사람의 몸이 재가 되고 수골되어 매장되는 모습을 보면서 죽음이라는 것의 실체를 보았을 테고, 노년의 자신 또한 죽음에 가까이 와 있다는 것을 깨닫게 되었을 것이다. 그것은 다음 연에서 화자가 거울 속에 비친 자신의 모습을 "형님"이라고 "소리쳤다"라는 대목에서 알 수 있다. 이처럼 오탁번의 〈형님〉은 노년기 형제자매 관계에서 동기간의 죽음이 남겨진 형제자매에게 어떤 의미와 두려움으로 다가오는지를 잘 보여 준 노년시라 할 수 있다.

한편, 노년기에는 이 외 다른 가족 관계 외에 친구와 이웃 관계가 가족 못지않게 중요한 역할을 한다. 노년기에 친구는 비슷한 생활 주기를 경험한 정서적 이해와 교감을 할 수 있는 동년배 집단으로, 노인의 이웃과 친구는 중복되는 경우도 많다. 특히 지리적으로 자녀와 멀리 떨어져 사는 노인에게 이웃과 친구는 기능 면에서 가족 이상의 주요한 지원망으로 일상생활에서의 도구적 도움, 정서적 말벗뿐 아니라 긴급한 일이 생겼을 경우 가족의 역할을 대행하기도 한다.[14] 그런 측면에서 친구와 이웃은 노년에게 중요한 대안 가족이 된다고 할 수 있다.

한국 현대 노년시는 이처럼 노년기 다양한 가족 관계의 양상을 보여 주고 있는데, 이 글은 노년기 가족 관계로부터 소외되고 있는 노년의 모습을 중심으로 살펴보았다. 그것은 노년기에 접어들면 신체적 · 정신적 건강이 약화하면서 의존도가 높아지고 심리적 · 사회적으로 위축되어 어느 시기보다도 가족과의 관계가 중요하기 때문에 소원한 관계로 지내고 있는 노년의 가족 관계가 노년시를 통해 조금이라도 회복되기를 바라는 마음에서 비롯된 것이다. 그러나 그 회복은 전통적인 가족 관념으로의 회귀가 아니다. 가부장적이고 '효'를 중시하며 가족 중심주의를 강요하는 전통적 가족 관념으로의 회복이 아니라 노부부가 동반자로서 평등하게 서로가 서로를 배려하고 돌보며, 가족 간에 상호 존중과 교류, 관심과 대화가 오가고, 사회의 돌봄과 대안 가족이 확대되면서 고령화 시대 노인이 가족의 따뜻함을 느낄 수 있는 세상이 되기를 바라는 마음이다. 따라서, 고령화 시대 가족으로부터 소외된 노년의 양상을 다양하게 보여 주는 한국 현대 노년시는 노년을 둘러싼 가족 관계의 문제점을 문학적인 성찰로 발견할 수 있노록 노모하고, 더 나은 관계 회복을 위한 인문학적 대안을 마련하는 데 일조하고 있다는 측면에서 그 의의를 찾을 수 있을 것이다.

3. 노년시를 통한 문학적 성찰과 방향

지금까지 한국 현대 노년시 중에서 고령화 시대 가족으로부터 소외되는 노년을 형상화한 작품을 중심으로 노년을 둘러싼 가족에 대한 사유가 어떻게 형상화되어 있고, 그것이 무엇을 의도한 것인지를 살펴보았다.

한국 현대 노년시는 고령화 시대 노년을 둘러싼 가족 관계에서의 여러 문제점과 갈등을 다양하게 형상화하고 있는데, 우선 노부부 관계에서 한쪽의 배우자가 소외되는 모습을 형상화한 노년시의 경우 대부분 남편이 부인에게 소외되는 것으로 그려지고 있었다. 이는 노년의 남성에게 연민의 정을 느끼게 함으로써 노년의 여성에게 여전히 내조와 부양을 바라는 남성 시인들의 여망이 내재한 것은 아닌지 생각해 볼 문제였고, 노부부의 관계가 노년기를 함께 보내는 동반자 관계로서 서로에 대한 배려 및 보살핌, 친밀감, 상호 존중, 공통의 취미와 활동, 즐거움의 공유, 상호 교류와 대화 등으로 회복될 때만이 고령화 시대 노부부의 관계가 노년의 심리적 안녕과 건강에 긍정적 영향을 미칠 수 있음을 지적하였다.

다음으로 노부모와 성인 자녀 관계에서 노부모가 소외되는 모습을 형상화한 노년시의 경우는 주로 노부모가 자식들로부터 일방적으로 소외되어 비참한 노후나 죽음을 맞이하는 모습이 그려지고 있었는데, 그것이 제삼자의 시선으로 발화되고 있다는 공통점이 있었다. 노인인지 아닌지 알 수 없는 화자는 제3의 위치에서 자식과 떨어져 홀로 지내는 노년의 모습을 연민의 시선으로 그리고 있고, 노년을 소외시킨 자녀들의 비정함과 무례함을 폭로하고 있었다. 이는 자식들로부터 소외되어 노년기를 외롭고 비참하게 보내고 있는 노부모들을 안타깝게 여기고 성인 자녀들이 노부모를 조금 더 공경하고 그들에게 관심과 애정을 가져주길 바라는 시인의 마음이 객관적인 위치에서 반영된 것이라고 할 수 있다. 그러나 노부모와 성인 자녀 관계에서 노인이 자식들로부터 소외되는 근본적인 이유가 발화되지 않고 있어서 단순한 연민과 반성에 그칠 수 있음을 지적하였다. 노부모가 소외되는 근본적인 이유가 세대 간의 갈등 때문인지, 성인 자녀들의 경제적인 능력 때문인지, 아니면 자식과 떨어져 독립적인 생활을 하고 싶어 한 노부모의 고집 때문인지 등등의 원인이 소외의 양상과 아울러 발화된다면, 우리는 노부모와 성인 자녀 관계에서의 문제점을 직시하고 성찰하면서 구체적인 해결방안을 찾기 위한 노력을 보다 적극적으로 할 수 있을 것이다. 아울러 어떤 이유로 노부모를 돌볼 수 없는 자녀들을 위해 사회복지 제도가 확충되어 돌봄의 관계가 확대되면, 노부모와 자녀의 관계가 부양의 의무에서 벗어나 보다 편안한 관계가 될 수 있을 것이다. 따라서 21세기 고령화 시대의 재난을 극복하기 위해서는 사회의 적극적인 개입과 복지가 필요하다.

한편, 조부모와 손자녀 관계에서 조부모가 소외되는 양상을 그리고 있는 노년시의 경우 조부모와 손자녀 관계가 소원해지는 원인을 다각도로 형상화하고 있었는데, 조부모와 손자녀 간의 갈등 상황이 조금은 코믹하게 표현되고 있다는 특징이 있었다. 그것은 대부분 손자녀가 10대 사춘기를 보낼 때 조부모와 손자녀의 관계가 소원해지기 쉽다는 일반적인 경향을 익히 알고 있고, 조부모가 무조건적인 사랑으로 손자녀를 이해하고 기다리기 때문에 연민의 감정보다는 코믹한 상황으로 그들의 관계가 형상화되고 있는 것이라고 보았다. 그런데도 한국 현대 노년시에서 조부모와 손자녀 관계가 소원해지는 원인을 다각도로 형상화하고 있는 것은 조부모가 어떤 상황에서 손자녀에게 소외감을 느끼는지를 손자녀들이 조금이라도 알아주길 바라고, 하루빨리 손자녀와 관계를 회복하고 싶은 조부모의 마음을 전달하기 위한 것이라고 볼 수 있었다.

그 외 가족 관계는 형제자매 관계, 고부 관계-장모 · 사위 관계, 친인척 관계 등을 들 수 있는데, 특히 형제자매 관계에서 소외되는 노년의 모습을 형상화한 노년시는 대부분 형제자매 중에 누군가 먼저 죽었을 때 느끼는 소외감과 슬픔이 발화되고 있었다.

물론, 더 다양한 가족 관계에 대해 발화하고 있는 노년시가 존재하고, 앞으로 계속 창작될 것이므로, 이 글에서 살펴본 고령화 시대 한국 현대 노년시에서 노년이 가족 관계로부터 소외되는 양상의 형상화 방식과 그 의미가 일반적이고 보편적인 특징이라고 간주할 수는 없을 것이다. 그러나 고령화 시대 가족으로부터 소외된 노년의 양상을 다양하게 보여 주는 한국 현대 노년시의 한 단면을 통해서도 노년시가 고령화 시대 노년을 둘러싼 가족 관계의 문제점을 문학적인 성찰로 발견할 수 있는 계기를 마련하고, 더 나은 가족 관계의 회복을 위한 인문학적 대안을 마련하는 데 일조하고 있다는 사실을 발견할 수 있었다. 그런 측면에서 앞으로 노년시가 더욱 활발하게 창작되고, 더 다양한 측면에서 연구되길 바란다.

미주

1) 필자는 한국 시단의 이러한 변화를 눈여겨보면서 '노년시'라는 장르적 개념을 설정하고, '21세기 한국 노년시 연구'의 필요성을 느끼며 이 연구를 진행해 오고 있다. 필자가 지금까지 발표한 노년시 관련 논문 및 평론은 다음과 같다.「한국 현대 노년시 연구 시론」(『한국시학연구』 제45호, 한국시학회, 2016.2),「한국 현대 노년시에 나타난 노화된 몸에 대한 인식 및 형상화 방식 연구」(『한국문학논총』 제78집, 한국문학회, 2018.4),「한국 현대 노년시에 나타난 죽음의식」(『한국시학연구』 제64호, 한국시학회, 2020.11),「고령화 시대의 든든한 배후」(『작가들』 통권 76호, 2021년 봄호),「고령화 시대 가족으로부터 소외되는 노년들」(『한국어와 문화』 제30집, 숙명여자대학교 한국어문화연구소, 2021.7). 이 글은 최근 논문을 수정·보완한 것임을 밝혀둔다.

2) 한림대학교 고령사회연구소 편,『노인과 가족』, 소화, 2014, 5쪽 참고.

3) 유영주 외,『가족 관계학』, 교문사, 2000, 319쪽.

4) 한국가족상담교육연구소 편,『변화하는 사회의 가족학』, 교문사, 2010, 170쪽.

5) 김형수 외,『현대노인복지론』, 학지사, 2009.

6) 통계청,「사회통계조사보고서」(2002),「사회조사」(2014),「2016년 고령자통계」(2016).

7) 김수영 외,『노년 사회학』, 학지사, 2017, 156-157쪽 참고.

8) 김수영 외, 앞의 책, 159-161쪽 참고.

9) 임채준,「새로운 노인층의 등장, 달라지는 노인 세대-2020년 노인실태조사 결과 발표」, 보건복지부 노인정책과, 2021.6.7.
   http://www.mohw.go.kr/react/al/sal0301vw.jsp?PAR_MENU_ID=04&MENU_

ID=0403&CONT_SEQ=365977

10) 김수영 외, 앞의 책, 162쪽.

11) 김태현, 『노년학』, 교문사, 2007, 138-140쪽 참고.

12) 김수영 외, 앞의 책, 165-167쪽 참고.

13) 김수영 외, 앞의 책, 167-169쪽 참고.

14) 김수영 외, 앞의 책, 158-159쪽.

제3장

가족 판타지의 그늘과 그 바깥: 재난서사와 겹쳐보는 가족 서사

- 윤대녕의『피에로들의 집』, 정유정의『28』을 중심으로 -

김지윤

1. 가족 판타지의 그늘과 그 바깥:
재난 서사와 겹쳐보는 가족 서사

크리스토퍼 래시는 1979년 『나르시시즘의 문화』[1]에서 이 시대를 지배하는 것은 시니컬한 "자기 보호와 정신적 생존의 윤리"라고 했다. 파편화된 개인들은 변혁의 가능성을 더 이상 믿지 않으며 정부와 사회에게서 버림받은 느낌 속에 각자도생에 골몰했다. 한국의 경우는 소위 '포스트 IMF 시대'에 접어들며 이와 같은 인식이 더 보편화되었다. 이러한 상황이 수십 년 동안 지속된 이후, 최근 일어난 코로나19사태는 시대의 깊은 우울을 소위 '코로나 블루' 속에서 마주하게 했다. 이 사태를 계기로 가려졌던 문제들이 속속 가시화되었고 사회 곳곳에 은폐되어 있던 문제들과 구조적 모순들이 드러났다. 많은 사람들이 삶의 기반이 무너져 생존의 문제에 직면하게 되었으며 혐오, 차별, 이기심 등 부정적 감정이 강화되었다.

그러나 코로나 사태를 통해 우리는 집단 감정의 구조와 관계의 본질에 대해 성찰해볼 기회를 얻을 수 있었다. 전염병 국면에서 바이러스는 '옮긴다'라는 특성상 관계에 대해 다시 성찰하게 했고 삶과 인간에 대해 재고찰하는 계기를 마련해주었다. 역설적으로 이 위기 상황은 포스트-코로나 시대에 대한 전망을 형성하는 계기를 만들고, 공생을 모색해야 한다는 공통의 문제의식에 도달하게 했다. 이 국면에서 가족 서사를 다시 생각해보는 것은 시의적 의미를 지닌다.

이 글은 재난 서사에 가족 서사를 겹쳐보려고 하는데, 여기서 재난의 정의는 반드시 자연재해나 전쟁, 전염병 등을 의미하는 것만은 아니다. 사전적 정의로는 "뜻밖에 일어난 재앙과 고난"을 의미하는 것이니만큼 갑자기 닥쳐와 삶을 위기에 빠지게 하는 고난의 상황은 모두 해당될 수 있다.

재난 서사가 가족 서사와 겹쳐지는 지점들은 흥미로운데, 재난 서사는 재난에 대한 공동체의 대응, 가상적 문제해결을 동반하며 이 과정에서 공동체가 지향해야 하는 내부의 가치, 그러나 '평가절하'되어 버린 과거의 가치들을 재검토[2]하려 하기 때문이다. 박인성은 재난 서사가 마스터 플롯으로서의 기능을 하며, 문제해결이나 구체화를 위한 시뮬레이션을 수행하는 이야기 스키마 내부에 보충적 판타지가

각인되어 있다고 지적했다.[3]

한국의 가족은 각 구성원에게 생애주기의 각 단계마다 기대되는 역할을 부여하곤 하며 근대가족의 개념을 바탕으로 구축된 가족주의의 균열을 이것에 대한 배반으로 보곤 한다. 가족 서사에서 가족의 위기는 종종 재난처럼 묘사된다. 특히 한국에서 위기 상황마다 가족은 생존을 위한 안전망으로 인식되고 그렇게 재현되곤 했으며 이 과정에서 한국의 문화적 특성이라고 할 수 있는 '가족주의' 이데올로기가 투영된다. 재난 서사에서 재난에 맞서는 주체들이 "공동체적 연결성을 회복"하는 것은 2000년대 이후 찢어진 사회의 파편화된 사람들을 "새로운 형태의 연대나 유사-가족으로 연결성을 복원하는 시도"라고 할 수 있다.[4]

가족의 탄생, 변모, 쇠퇴 과정은 인간사와 유사하며 사회의 가치관을 반영한다. 가족은 법률혼과 혈연으로 이어지고 생물학적인 동질성을 공유하는 고정불변의 절대적 실체라는 사고는 현재에 와서 여러 후기구조학자들을 중심으로 비판받고 해체되기 시작했다. 자끄 동즐로는 "The Policing of Families"(1977)에서 가족이라는 단일한 관념을 거부하고 가족 개념이 사실 국가, 사회로부터 구성된 관념이라고 지적하며 그것이 작동하는 방식을 규명하기도 했다.

일반적으로 근대가족의 기능은 다음과 같이 정리[5]될 수 있다. 먼저 법률혼으로 이어진 부부와 그 사이에서 출생한 자녀를 기본 구성원으로 하고 있고, 대내적 노동은 여성이, 대외적 노동은 남성이 맡는 식으로 가족 내 노동의 분업이 이루어져 있으며 혈연으로 이어진 지속적 관계이자 함께 사는 공동운명체라는 것이다. 가부장적이고 자녀의 사회화 교육을 하는 사회집단이라는 것도 중요 특징이다.

그러나 이는 현대에 와서 가족에 대한 개념과 인식이 변화함에 따라 더 이상 그대로 적용할 수 없게 된 점이 있다. 1인 가구가 증가하고 원 가족도 흩어져 살게 되며 공동운명체로의 인식도 약화된 까닭이다. 결혼으로 맺어져 일생 동안 유지된다는 개념도 동거의 확산, 이혼, 졸혼 증가 등의 현실 속에서 전통적 도덕 가치도 변화하며 유효하지 않게 되었고 가족 내 여성과 남성의 지위도 이전 시대와는 큰 차이가 있다. 또한 출산력 감소, 비혼과 만혼, 여성의 탈가족화 등도 가족에 대한 전통적 관념이나 가족 구성의 양태를 변화시킨 중요한 요소들이다. 또 가족의 형태도 다양해져서 결혼한 부부와 미성년 자녀로 구성된 가족이라는 개념을 벗어나는 경우가 증가했다.

한국의 가족주의 역시 변화했는데, 늘 지속하였던 것처럼 보이는 전통적인 가족 개념, 이에 따른 가족주의는 사실 한국 사회의 변화의 흐름에 따라 달라져 온 점이 있다.

권용혁은 『가족과 근대성』(이학사, 2121)에서 한국 가족주의의 변화를 정리했다. 우리나라에서 부계 혈족주의가 강화된 것은 조선 중후기에 해당하는 17세기 중후반부터로 해방 이후 호주제, 동성동본 혼인 금지 등으로 일부분이 변형, 왜곡되며 이어졌다. 전쟁 등 사회 불안을 겪으며 가족 단위로 생존을 도모하며 폐쇄적인 가족주의가 심화하기도 했다. 이후 산업화와 도시화로 인해 부부 중심의 핵가족 제도가 증가하면서 그 양상이 달라진 면이 있으나 빠른 경제성장을 위해 국가의 기초적 의무들이 가족에게 전가되는 등 산업화 중심으로 국가 정책이 추진되었고 가족은 성공을 위한 운명 공동체로 결속력을 가지게 되었다. 가정 내에서도 성 역할의 분리가 공고하여 가부장제가 유지되었으며 교육열, 부동산 투기 등의 요인이 한국 사회에서 폐쇄적인 가족주의를 강화하였다. 87 체제 이후 형식적으로나마 민주화가 이루어지고 1990년에 가족법이 개정되면서 양성평등과 여성의 법적 지위 제고에 긍정적인 역할을 했으며 여성운동과 여성학도 활성화되어 사회와 학계에서 자리를 잡게 되었다. 다문화 가정의 증가 등 사회 구성원의 다양화, 전 지구적인 세계화의 물결로 인해 가족과 가족주의의 경계는 확장된다. 디지털 사회로의 진입 또한 개인의 정체성의 변화를 가져오며 가족과 공동체의 폐쇄성, 배타성을 약화하고 가부장제의 근간이 되는 위계적 인간관계의 형태가 분권화되는 데 역할을 했다. 이 과정에서 부부의 역할 분담보다 역할 공유가 확장되었기 때문이다.

　가족 서사 역시 이에 바탕을 두고 있는데, 배타적 결속력에 바탕을 둔 친밀성을 강조하고 희생과 헌신을 요구하며 가부장제에 기반을 둔 낭만적 가족애를 보여 주는 전통적 가족 서사는 포스트 IMF와 신자유주의 하에서 고조된 각자도생의 분위기, 탈권위적으로 변화하는 시대적 흐름 속에서 달라지기 시작한다.

1980년대까지 부모에게 도리를 다하는 효의 의무, 가장의 희생이나 여성의 헌신 등이 가족주의의 주요 가치로 여겨져 가족 내에 위계성을 형성한 면이 있다면 이제 현재의 가족주의는 수평성이 권위주의보다 앞서며 자아실현을 중시하고 구성원의 개인화가 진행되었다. 이에 따라 '가족의 해체'라는 말이 자주 등장하게 되었는데, 대개 부정적 관점이 적용되는 경우가 많다. 산업화 시기 우리나라의 가족 형태가 대가족 중심에서 핵가족 중심으로 급격하게 재편되며 '가족의 해체'는 언급되기 시작했고 후기 산업시대에 접어들며 본격적으로 사회적 화두가 되었다.

이에 따라 이성애, 법률혼에 기반을 둔 가족제도가 변화하는 모습이 가족 서사에서 다양한 모습으로 드러났다. 정여랑의 『5년 후』(위키드위키, 2020)는 결혼 5년마다 갱신을 할 수 있는 결혼갱신제가 도입된 대한민국이라는 판타지를 그려내고 있는데, 이를 통해 가족이란 무엇인가를 질문한다. 『5년 후』는 결혼 5주년을 앞둔 부부가 혼인을 갱신할 것인지를 고민하는 에피소드로 시작하여 비혼 출산을 택한 사람, 학생 비혼 양육자가 되기를 택한 청소년들의 이야기, 결혼하지 않고 아이를 공동양육하며 생활 동반자로 지내는 커플 등 다양한 케이스를 보여 준다. 이 소설에서 제시하는 결혼갱신제는 정상 가족이라는 개념에 대해 의문을 갖게 하고 돌봄 노동 문제에 대해서도 화두를 던진다.

이 소설의 출판사인 위기드위키는 이 소실이 교육, 입법, 법률, 심리 상담, 장애, 복지 관련 전문가 및 당사자 20여 명의 사전 자문 및 프리뷰를 거쳐 출간된 것이라고 밝힌 바 있는데, 이로 인해 다소 자료가 남발되고 대화에 다소 부자연스러움이 발생하는 아쉬움이 있기는 하지만 사회학적 검토가 바탕이 되어 현실적 근거 제시나 날카로운 문제 제기가 이루어지고 있다. 임신한 혜나의 친구 민지와 혜나의 남자친구 서준과의 대화는 기존 근대가족 개념을 벗어나는 가족에 대한 인식을 엿볼 수 있게 한다.

> "서준이 네가 아빠 안 할 거면 내가 아빠 할 거야" "너 남자였어?" "세상에 여자랑 남자만 있는 줄 알지, 멍청아. 누가 무슨 역할을 하는지는 중요하지 않아. 나는 혜나에게 필요한 역할을 해줄 수 있는 자리에 있을 거라고."(99)

유사가족 서사는 한국의 문화적 특성이라고 할 수 있는 '가족주의' 이데올로기를 해체하는 역할을 하기도 한다. 위계적 가부장제가 더이상 권위를 발휘하지 못하게 되면서 근대가족의 개념은 해체된다. 가족 구성원의 역할은 고정되어 있지 않고, "누가 무슨 역할을 하는

지는 중요하지 않"으며 혈연이나 성별, 법률 제도와 무관하게 "필요한 역할을 해줄 수 있는 자리"가 가족의 자리라는 것이다.

'가족의 해체'라는 말이 사용될 때 이를 부정적으로 보는 관점에서는 개인주의의 확대나 사회의 이기주의 등을 일반적으로 언급한다. 그러나 가족해체의 가장 큰 원인은 더 이상 혈연을 가족의 필수 요소로 보는 시대가 아니라는 데 있다. 2000년대 이후 1인 가구, 2인 가구의 급증 및 가족 관계의 불안정성 증대로 인해 혈연공동체에 대한 의존도 자체가 낮아졌다.

우에노 치즈코는 『근대가족의 성립과 종언』(이미지문화연구소 옮김, 당대, 2009)에서 가족의 개별화 현상이 최종으로 완성된 것은 쌍방향 통신기기, 구체적으로 말하면 개인 무선전화가 각 방에 놓이면서부터라고 진단하기도 했다. 우에노에 따르면, 무선통신 보급으로 자녀들은 다른 가족들의 통제를 벗어나 외부와 직접 소통하고, 거실과 부엌 등 공동공간보다 자기 방에 머무는 시간이 길어져 가족보다는 외부와 더 많이 접촉하게 되었다. 가정의 기술혁명과 주택구조의 변화도 '거실'을 특별한 일이 있을 때만 가족들이 모이는 장소로 바꾸어놓았다. 가족문화의 쇠퇴, 부모의 권위 하락은 이처럼 시스템 자체의 변화에도 그 이유가 있다.

이러한 가족의 변화와 함께 유사가족 공동체가 등장했다. 유사가족은 가족과 유사한 형태의 공동체이며 법적 보호를 받는 제도적 집단이거나 지배 담론의 영향을 받아, 권력 구조하에서 사회적으로 주조된 가족의 모습은 아니다. 혈연, 혼인, 입양 등으로 맺어진 친밀한 관계에 한정되는 근대적 가족의 모습을 벗어나며 가족주의에 바탕을 둔 사회적 집단을 의미하기는 하지만 성적 욕구충족, 다음 세대를 위한 사회화 등의 기존 근대가족의 기능을 수행하지 못하는 경우도 많다.

개인이 스스로 선택하여 촉발된 유연한 가족 재구성과 해체 외에도, 재난과 위기 상황에서 일어나는 가족해체도 유사가족에 포함할 수 있다. 물론 이 역시도 혈연공동체에 대한 의존도가 낮아진 현실의 변화한 가족관에 바탕을 두고 있다는 점에서는 공통된다. 결혼이나 친족 관계를 통해 연결되지 않은 사람들이 가족을 이루는 것이기 때문이다.

푸코는 한 사회의 정치적 의도가 가족제도에 영향을 주며 가족의 의미와 기능이 가족 구성원 사이 관계에만 미치는 것이 아니고, 그보다 큰 담론의 영향 관계 속에서 작용한다고 보았다.[6] 그런 관점에서 보면 가족은 '구성물'이라고 할 수 있는데 유사가족 논의는 일단 가족이 구성물이라는 전제에서 출발하며 기본적으로 가족을 '혈연공동체'보다는 '생활공동체'로서 이해하고 있는 것이다.

그런데 앞에서 언급했듯 유사가족의 형성은 변화된 가족의 형태나 가족관뿐 아니라 재난에 의해 생겨나기도 한다. '가족'의 재구성과 연관하여 재난 서사를 살펴보는 것은 '재난'이라는 상황이 기존의 관계들로부터의 이탈, 기존의 인간관계의 재조정의 계기를 마련해줄 수 있기 때문이다. '재난'은 단절과 파국을 불러오며 강력한 파급력으로 인해 그 이전까지의 세상으로 돌아갈 수 없게 하는 전면적인 변화를 초래하여 삶과 사회의 재건을 요구한다.

　유사가족은 우에노 치즈코가 말한 '선택연選擇緣'으로 구성된 가족이라고 할 수 있다. 우에노는 앞에서 언급한 책 『근대가족의 성립과 종언』에서 '선택연'의 개념을 제시했는데, 이는 '사연'社緣과 연관이 있다. '사연'은 요네마나 도시나오가 만든 용어로, 혈연, 지연 관계가 해체되면서 출현한 인간관계이다. 이소무라 에이치는 사연 개념을 세분화하여 '도심형 커뮤니케이션'인 '제3공간론'을 제창하기도 했다. 이로부터 우에노 치즈코는 "선택연"이라는 개념을 만들어냈다. 그러나 직장을 다니지 않는 여성이나 프리랜서 등의 경우 '사연'을 가질 수 없고 '혈연', '지연' 역시 입양, 잦은 이주 등 다양한 이유로 해당하지 않는 사람들을 배제하게 된다. 그리고 혈연, 지연, 사연은 모두 '선택할 수 없는 관계'이므로 자유로운 선택과 의지를 인정하지 않는다. 이에 반해 선택연은 선택을 인정하며 다원적 인간관계의 다양한 역할을 확대하고 강조하는 개념이다.

2. 쉐어하우스와 이념화된 가족 판타지의 그림자

선택연으로 이루어진 관계는 개방적이며 새로운 정체성 형성의 가능성을 열어줄 수 있다. 혈연, 지연, 사연 등 선택할 수 없는 관계일수록 배타성이 높아지고 그 바깥의 관계들은 힘을 잃게 되며 정해진 정체성을 강요받게 된다. 자유로운 선택으로 이루어지는 인연과 이를 바탕으로 구성된 유사가족은 개인에게 할당되거나 강요되곤 하는 사회적 역할에서 이탈할 수 있게 해준다.

그런데 재난 상황에서의 유사가족을 그려내는 경우 앞에서 박인성이 지적했듯 "보충적 판타지"가 각인된 공동체로 나타나기도 한다. 이는 한국 국가 건설 과정의 공동체가 이념화된 가족의 확장체였던 점에서 한 원인을 찾아볼 수 있을 것이다.[7]

선택연에 기반을 둔 유사가족 공동체는 기존 근대가족의 문제를 극복할 수 있는 대안적 가능성을 탐색한다. 그러나 이러한 가능성의 탐색이 "보충적 판타지"의 성격을 벗어나지 못하고 전통적 가족 이데올로기를 내면화시키고 있거나, 신화화된 가족 판타지와 혼재되며 나타날 경우 유사가족은 대안적 가족 서사로서의 기능을 온전하게 수행할 수 없게 된다.

이를 보여 주는 것이 윤대녕의 장편 소설『피에로들의 집』(문학동네, 2016)이다. 자아와 타인 간의 미묘한 관계, 존재의 의미와 구원의 가능성에 대한 끊임없는 성찰을 보여 준 윤대녕이 유사가족 서사를 그려내겠다는 분명한 목적을 밝히고 창작한 소설이다. 「작가의 말」을 빌어 말하면, 세월호 사고 이후 "말문이 막혀" "만성적인 우울과 불안에 시달리던" 그가 무력감을 딛고 "삶은 필연적으로 이야기를 통해 존속된다."라는 믿음을 회복하는 과정을 그려내려 한 것이다. 이 소설은 한집에 모여 살며 유사가족이 되는 사람들의 모습을 보여 준다. 그들은 각기 다른 개인적인 재난 상황에 처해 위기를 겪는 사람들이다. 그들이 삶을 위태롭게 만드는 재앙을 겪고 난 후 와서 살게 된 곳이 쉐어하우스인 '아몬드 하우스'이다. 고아가 되고 말을 잃은 고교생 정민, 애인 상희의 자살 이후 마음을 닫은 휴학생 윤태, 이혼한 사진작가 윤정, 방송국 작가이자 마마의 조카인 현주가 함께 거주한다.

이 소설의 서술자인 명우는 알코올 의존증인 전직 연극배우이자 극작가로, 애인 난희가 사라지고 절망 속에서 기획한 '누드 연극' 〈밤샘하는 사람들〉의 처참한 실패 이후 연극계에서 퇴출되다시피 하여 "'나'라는 존재를 방치한 채 무력하고 피폐한 날들을 보내고(8)" 있다가 영화 〈셜리에 관한 모든 것〉을 계기로 만난 노파 '마마'와의 인연으로 그녀 소유의 건물이자 여러 세입자가 함께 사는 공동주택인 아몬드나무 하우스의 관리인이 된다.

정기적인 모임을 갖고 점점 가까워지면서 명우는 분장한 피에로 같은 얼굴이 아닌, 민낯처럼 드러나는 사람들의 숨겨진 인생사와 속마음들을 알아가게 되고 그 과정에서 명우의 삶에는 큰 변화가 찾아든다. 이에 대해 명우는 "아몬드나무 하우스에 사는 사람들이 조금씩 저를 아프게 하는 것 같습니다(107)."라고 말한다. 무기력한 그의 흑백 일상에 천연색이 되살아나고, 생명력과 감각이 돌아오게 된 것은 '아몬드나무 하우스 식구들'에 그 자신이 편입되었기 때문이다.

뒤르케임은 『자살론』(1897)에서 인간이라는 공통점에서 출발하여 유대를 이루어내려면 의식적 차원만이 아니라 감각적 차원에서 타자의 윤리학이 구현되어야 한다[8]고 했다. 삶의 과정을 공감하고 인정하는 감각을 레이먼드 윌리엄스는 "성찰적 의식"이라고 부르기도 했다. 명우는 "생살이 돋는 것처럼 이따금 벅찬 느낌(107)"이 든다고 표현한다. 그러나 감각의 회복은 아픔도 가져다준다. 그래서 그는 "조금은 늘 마음이 아픈 상태로 지내(107)"야만 하는 것이다. 상대의 어둠과 나의 어둠을 겹쳐보며 아픔을 공유하면서 사람들은 서로의 감정에 이입하게 된다. 막스 쉘러가 말한 '공감'은 절망과 무기력에 빠져 있는 사람들이 점차 회복할 수 있는 감정의 전환을 가져온다. 감정이입은 자신을 다른 사람의 입장에 놓고 생각하는 과정이므로 타인의 처지를 이해하고 그 감정을 자신의 것처럼 느낄 수 있어야한다. 다른 사람의 고통을 순수하게 아파하면서, 명우의 삶의 죽어있던 부분들이 서서히 재생된다. 타자를 인식하고 감각을 공유하는 과정에서 나와 타자의 경계는 흐려지고, 그는 점점 현재를 살아가고 미래를 바라볼 수 있게 된다. 마마는 명우에게 말한다. "절대적인 타인이 존재하지 않듯이, 절대적인 자아라는 것도 존재하지 않아. 다만 관계라는 게 존재할 뿐이지.(108)"

귀갓길에 윤간을 당한 후 자살한 상희의 기운을 명우가 서늘하게 느끼며 밤마다 그녀의 고통스러운 신음과 흐느낌을 듣는 것이, 그의 인생이 흔들리게 된 시작이라는 것도 명우의 인생에 타인의 삶이 흘러들어왔음을 상징한다. "혼자라는 건 결국 허상일 뿐(172)"이라는 깨달음을 얻으며 명우는 같은 입주민인 사진작가 윤정과 사랑에 빠진다. 그러다 우연히 실종되었던 난희의 행방을 알게 되고, 그녀와 다시 연락을 시도한다.

윤태는 명우에게 속마음을 열어 보이며 매일 반복되는 자신의 꿈을 이야기한다. 기울어진 배처럼, "차갑고 낯선", "금속으로 만들어진 어둡고 거대한 공간(151)" 속에 갇혀있는 '좀비와 같은' 사람들이 침몰의 공포 속에 위태롭게 살아가는 것에 대한 악몽. "밤마다 익사 당하는 심정"이라는 윤태의 고통을 "가슴이 짓눌려오는" 느낌으로 공유해준 명우는 여행을 떠나는 윤태에게 다시 돌아오겠다는 약속을 받아낸다. 어디를 갔더라도 다시 귀환하게 되는 곳은 곧 '집'이다. '집'은 돌아올 곳이 있는 모든 사람에게 존재한다. 윤대녕은 초기작 『은어 낚시 통신』에서 "삶의 사막에서, 존재의 외곽에서 지금부터,

돌아가고 싶다"(108)라는 구절을 적어놓기도 했었다. 윤대녕의 소설 속에서 '돌아갈 곳'은 삶의 수원水原, 존재의 중심이 된다.

마마의 장례식 후, 목포로 여행을 떠난 명우는 부전역으로 가는 경전선 열차에서 오랜만에 다시 글을 쓰겠다고 결심하고 자신이 "아몬드나무 하우스로 돌아가기 위해 떠나왔다는 사실"을 깨닫게 된다. 이제 명우에게도 그곳은 되돌아가야 할 '집'이 된 것이다. 이 소설의 마지막은 "먼 바다로 나갔던 배들이 등대의 불빛을 보고 항구로 돌아오는(245)" 광경으로 끝난다. 결국 이 '아몬드나무 하우스'는 집으로 인식되고 연대 속에서 가능한 치유의 힘을 발견하게 하는 공간이 된다. 구성원들은 개개인의 개성과 존엄에 기초한 "가치공동체"(호네트, 1996)가 되며 상호인정을 바탕으로 유사가족으로 살아간다.

윤정은 명우에게 아몬드나무 하우스 사람들을 "가족"이라 칭한다. 그녀는 '식구'들의 일상을 사진으로 찍는다면서 "멀리 떠나 있을 때면 밤마다 이들의 안식과 평화를 위해 늘 기도하고 나서 잠자리에 들어요. 그러면 저 자신도 한없이 마음이 고요해지죠.(101)"라고 한다.

그들은 서로 익숙해지고 그것은 그들의 삶에 평안을 제공한다. '익숙한familiar'이라는 말은 '가족의familial'라는 말과 거의 유사한데 형제자매라고 해도 두 사람이 함께 오래 살수록 더 많이 서로를 이타적으로 대하는 경향이 높아진다는 연구 결과(Lieberman & Loble, 2012)처럼 익숙함은 친사회적 행동, 이타성을 높이는 원천이 된다.[9]

윤대녕은 작가의 말에서 "삶이 필연적으로 이야기를 통해 존속"되는 것이라고 쓰고 있다. 폴 리쾨르 식으로 말해 '삶은 이야기된 것'이라고 할 때 이야기성은 실존적 함의를 가지고 있다. 누군가가 흘려보낸 시간은 이야기를 통해 '삶'이 된다. 한국 현대사의 질곡을 그대로 담아내는 마마의 지난날에 대한 '이야기'는 마마라는 사람의 본질을 이해하게 하고 현주의 정체성 찾기에 결정적인 역할을 해주며, 임종을 지키는 현주의 눈물로 암시되는 찢어진 관계의 회복으로 이어진다. 이야기를 통해 누군가의 '시간'이 '삶'이 되고 곧 그것이 정체성이 되는 과정을 작가는 직조해내고 있는데, 이 과정에서 이것들이 공동체의 성찰적 감정을 촉발한다는 점이 흥미롭다. 그들이 함께 슬픔을 느끼고 현대사라는 큰 맥락의 이야기 속에서 감정을 공유하며 정체성을 찾는 데 이를 수 있었던 것처럼, 공유된 이야기 속에서 감정은 의미체계이자 상징체계가 되기도 한다.

이야기는 필연적으로 화자와 청자를 요한다. 즉 '관계'가 필요한 것이다. "살아가기 위해서는 언제나 타인의 존재가 필요(149)"함을 작가는 주인공의 입을 빌려 말하고 있다. "타인과의 유대가 붕괴하면서 심각하게 정체성의 혼란을 겪는(247)" 소위 '도시 난민'들을 소재로 하는 소설을 수년 간 구상했다는 작가는 자신의 다른 소설들에서처럼 부유하는 유목민적 인간상을 보여 주면서도, 돌아올 곳을 마련해놓는 것으로 희망을 확보한다. 귀환이 가능한 것은, 기다리는 사람들이 있기 때문이다. 생성과 유대를 뜻하는 고흐의 그림 〈꽃 핀 아몬드나무〉의 서로 연결된 꽃가지들은 이 소설의 중요한 상징으로 기능한다.

『피에로들의 집』은 유사가족의 가능성을 보여 주고 있는 소실이지만, "자유로운 선택으로 이루어진 인연"으로 기존 가족 이데올로기를 새롭게 재구성하는 유사가족의 기능을 온전하게 수행한 것인지는 의문이 든다. 현주와 정민은 마마와 혈연으로 얽힌 관계이니 제외하더라도 나머지 입주자들은 '마마'라는 대모의 선택과 시혜로 모여 살게 되었다고 할 수 있다. '마마'는 그 이름에서 드러나듯 모성적인 존재이며 어머니를 연상시킨다. '마마'라는 존재에 기대는 관계라는 사실 자체가 한계를 가진 설정이라고 할 수 있다.

주인공인 명우가 이 집에 입주하기 전부터 이 집은 마마를 중심으로 한 가족 관계가 형성되어 있었다. 즉 이 이야기는 명우가 이 집에서 가족으로 받아들여지는 이야기이자, 나아가 마마에 의해 선택된 명우와 윤정이 마마가 죽고 나서 이 집의 중심으로 자리하게 되는 이야기처럼 보인다. 마마가 죽으면서 아몬드하우스 사람들에게 집을 유산으로 상속한 것도 그들을 묶어주는 현실적 요인이 된 것이 사실이다. 결국 가족주의를 벗어나는 상상을 하겠다고 선언한 작품이 오히려 가족 이데올로기를 내면화하고 있다는 점에서, '유사가족'의 재현이 반드시 가족주의 이데올로기 해체로 이어지지는 않는다는 사실을 알 수 있다.

　그런데도 이 소설이 보여 준, 감각적 차원에서 타자의 윤리학을 구성하는 '공감'에는 의미가 있다. 감정이 인간의 취약성을 보여 준다는 일부 편견과는 다르게, 감정은 성찰의 계기가 되어 주거나 주체적 행위를 촉발하는 내적 에너지가 된다. 미래에 대한 전망을 만들고 실천하는 주체를 형성하기도 한다.

　레베카 솔닛은 『멀고도 가까운』(반비, 2016)에서 사람은 타인에게 공감함으로써 자아는 확대되지만 그 다음에는 자아도 위험과 고통을 분담하게 된다고 했다.[10] 공감이란 자신의 범위를 확장하는 동시에 타인의 현실적 존재를 알아보고 인정하는 일이다. 이는 위험과 고통을 나누는 일이기 때문에 어렵고, 느리게 성취된다. 이창일은 『수치-인간과 괴물의 마음』(추수밭, 2021)에서 공감은 '교감'과는 다르며 타인의 감정을 느낄 뿐 아니라 그 감정을 마음속에서 재생하여 그 감정을 느낄 수 있어야 한다고 말했다. 이 과정이 자발적이며 선택적이라는 데 그 의미가 있다.

　유사가족은 공감을 '자발적으로 선택'한 이들이 타자에게 자리를 마련해주며 이루어지는 연대라고 할 수 있다. 물론 공감은 시작일 뿐 해결책은 아니다. 김현경이 『사람, 장소, 환대』(문학과지성사, 2015)에서 한 말처럼 "타자의 영토에 유폐되어 자신의 존재를 부인당하는 이들에게 도움의 손길을 뻗치는 일, 그들을 인정하고 인지하는 일,

그들에게 절대적으로 자리를 주는 일, 즉 무차별적이고 무조건적으로 사회 내에 빼앗길 수 없는 자리, 장소를 마련해주는 일"[11]이 실현될 때 해결의 실마리가 보일 수 있다.

3. 정유정의 『28』과 인간-동물-인간의 연대

세계적 사회심리학자 프랭크 푸레디는 『우리는 왜 공포에 빠지는가』(이학사, 2011)에서 "21세기의 문화 상상력을 자극하고 틀 짓는 것"[12]이 바로 '공포'라고 지적했다. 그는 인간의 공포가 미래로부터 오는 불확실성에 기인한다고 보았다. 그는 현대인은 두려움에 짓눌려 있으며 공포의 유령은 불신을 먹고 자란다고 했다. 과학과 기술의 발전은 이 불확실성을 줄이는 데 뚜렷하게 기여해 왔으나 이제 과학기술이 인간의 통제를 벗어나 관리의 실패가 가져온 참사를 목격하면서 기술뿐 아니라 인간에 대한 신뢰까지도 추락해버렸다는 것이다.

사스, 신종플루, 메르스, 코로나 19에 이르기까지 이어지며 발발했던 전염병들 사태들은 잠재적인 위협에 대한 공포를 자극하는 존재인 '바이러스'로 인해 쉽게 집단공황에 빠지게 만들었다. 2009년에 있었던 신종플루 사태의 경험을 바탕으로 썼던 정유정의 『28』(은행

나무, 2013)은 공포 속에서의 가족의 파국을 포함한 공동체가 분열하는 모습을 잘 보여 준다.

폭력성과 공포가 높아지는 상황에서 가족은 종종 위기에 처한다. 코로나 19 사태와 관련해서도 세계 각국에서 자가격리, 이동제한령을 시행한 후, 가정폭력의 피해사례가 증가했다는 보도[13]도 있었다. 이처럼 내 안전을 보장해주어야 하는 존재들이 오히려 나에게 적대적 위험요소가 되는 것은 가장 큰 공포를 주는 상황이다.

『28』은 29만 명의 인구가 사는 위성도시 화양火陽이 인수공통전염병 발생으로 아비규환이 되는 상황과 그 안에서 28일간 벌어지는 생존의 사투를 암울하게 그려낸 재난소설이다. 이 소설 속에서 화양시가 무법천지의 지옥이 된 것은 전염병이 서울 및 타 지역으로 확산하지 않도록 국가가 군대를 동원해 도시 봉쇄에 들어갔기 때문이다. 전염병 국면에서 자기 삶과 생명의 통제권을 상실한 사람들이 광기에 빠져드는 모습을 『28』은 생생하게 그려낸다. 이 소설은 극한 상황에서 인간이 어떻게 행동하는지를 통해 인간의 신성함과 악함을 동시에 말한다.

그런데 이 소설에서 눈에 띄는 것은 인간과 동물의 동거다. 반려동물은 '애완동물'을 대신하는 용어로 최근 권장되며 '반려'라는 이름에서 보듯 사람들이 키우는 동물을 가족으로 인식하고 있음을 알수 있다. 이러한 경향을 반영하여 '펫팸족'이라는 용어가 생겨나기도 했다.

유사가족의 논의를 굳이 인간-인간으로만 한정할 필요는 없으며 인간-동물-인간의 관계를 유사가족 논의와 겹쳐놓고 생각해볼 수 있다.

『28』에서 알래스카 개 썰매 경주에 참가했다가 커다란 트라우마를 지니고 돌아온 서재형은 따로 가족이 없이 반려 개 '쿠키', '스타' 및 다른 동물과 같이 생활한다. 동물들은 그에게 인간보다 더 나은 가족의 역할을 해준다.

이 소설은 동물을 인간처럼 생각하는 서재형과 동물을 인간으로 보지 않는 사회를 대조적으로 설정해서 보여 준다. 그리고 "만약 소나 돼지가 아닌 반려동물, 이를테면 개와 인간 사이에 구제역보다 더 치명적인 인수공통전염병이 돈다면 어떤 일이 일어날까?"(494)라는 질문을 던지며 인간의 시각에서 동물의 삶과 죽음을 결정한다는 것의 문제점을 깊이 파고든다.

치료법과 발병 원인을 알 수 없는 인수공통전염병은 잠복기가 짧고 전염 속도가 빠르다. "개가 개한테, 개가 사람한테, 사람이 사람한테, 사람이 개한테 전염시키는 게"(171) 다 가능한 질병이기에 가장 먼저 '죽어도 되는' 존재로 분류된 것은 인간과 함께 사는 반려동물들이다.

반려동물, 특히 개와 인간 사이에 서로 전염되고, 발병하면 눈이 시뻘게지면서 온몸에서 피를 흘리며 죽는 이 병이 창궐하게 되면서 사람들은 가족처럼 키우던 개들을 버리고, 개들은 생매장당하거나 죽임을 당한다. 버려진 배고픈 개들이 사람들을 공격하기도 한다.

이 과정에서 일어나는 일들은 재난 상황에서 '가족'이라는 이름을 가졌던 연대가 비참하게 파국을 맞는 모습을 보여 준다. 동물들을 살처분하는 장면은 끔찍하게 느껴지지만, 소설이 더 진행되며 나중에는 감염된 인간들도 동물과 마찬가지로 취급된다.

"소방서 차고만 한 공간을 시신들이 꽉 채우고 있었다. 얼굴을 수건으로 덮고 반듯하게 누운 사람, 가슴을 움켜쥐고 엎어진 사람, 홀로 벽 모서리에 기대앉은 사람, 눈을 부릅뜨고 천장을 노려보는 사람. 시신들의 자세로 봤을 때 죽어서 버려진 이들은 아니었다. 이곳에 갇혀서 죽어간 사람들이었다. 짐작대로 감염자를 외딴곳에 격리 감금한 후 죽도록 내버려 둔 것이었다."(413)라는 구절처럼 사람들도 감염되어 타인에게 전염병을 옮길 수 있는 존재로 규정되는 순간 비인간의 존재로 전락하고 만다.

이 소설은 다중 시점을 채택하고 있다. 유기견 구조센터 '드림랜드'를 운영하는 수의사 재형과 기자인 윤주, 어릴 때 아버지로부터 받은 폭력의 상처 때문에 사이코패스가 된 동해, 간호사 수진과 119 구조대원 기준, 늑대개 링고 등 6개의 다중 시점으로 서술되고 있다.

그 중 가장 특이한 점은 '개의 시점'이 존재한다는 사실이다. "사람과 개는 결국 같은 운명을 맞고 있는 셈"(352)이라는 통찰처럼 개의 시점으로 본 전염병 사태는 사실 인간이 바라보는 것과 크게 다르지 않다. 그들이 느끼는 극단적 공포와 불안, 아끼는 존재를 잃은 참담함 등은 인간보다 결코 얕지 않다.

"아침이 되어 거실로 나온 남자는 검은 안개의 포로였다. 전날보다 짙고 선명한 검은 안개가 누런 눈구멍과 콧구멍과 입속에서 혓바닥처럼 날름거렸다. 속셔츠만 입은 남자의 살갗을 뚫고 수만 마리 실뱀처럼 기어 나왔다. 기어 나온 자리마다 땀구멍 같은 검은 자국들이 남았다."(50)라는 서술에서 볼 수 있듯 개는 사람보다 전염병을 빨리 알아본다. 그들의 입장에서 인간은 그저 다른 종의 생명체일 뿐이다. "태어나고, 싸우고, 사고치고, 병들어 죽어가는 털 없는 원숭이들"(236~237)인 것이다. 사람들이 포크레인으로 개들을 암매장시키는 광경을 본 늑대개 링고와 스타가 흙을 파서 개들을 구하려는 장면에서 인간보다 개들이 더 이타적이며 친사회적 행동을 실현하는 것으로 보인다. 링고와 스타의 유대, 서로를 향한 진실한 애착은 인간-인간 사이의 결혼으로 맺어진 가족 관계보다 더 깊고 끈끈하다. 이 소설은 이러한 관계를 실현하기 위해 필요한 것이 사회의 '제도'가 아니라는 점을 우회적으로 드러내고 있다.

재형과 스타의 관계 역시 '반려'라는 말에 걸맞게 매우 중요한 정신적 역할을 서로에게 해주는 관계다. 재형은 알래스카에서 자신의 이기적인 판단으로 쉬차를 늑대의 먹이로 주며 자신만 살아남게 된다. 그 뒤로 쉬차의 구성원인 16마리의 썰매견의 어미이자 할미인 마야가 "대장, 내 아이들을 어쨌어?"라고 물어오는 눈빛을 잊지 못하고 죄책감에 시달린다. 이런 그에게 스타는 의지와 평안을 주는 존재다. 그러나 결국 소설 중에서 서재형은 스타를 잃고 스타의 연인이었던 링고를 지키기 위해 스스로를 희생하기에 이른다.

이 소설에서의 폭력 장면들은 극적인 과장으로 여겨지기도 하지만, 사실 전염병이 폭력성을 강화한다는 것은 사실이다. 이 소설에서도 잘 드러나고 있지만 봉쇄조치가 내려지면 공권력은 그 내부의 구성원에 대한 보호 의무보다는 봉쇄 지역 바깥의 거주자들의 안전을 지키는 데 집중한다. 폭력이 전염병처럼 창궐하게 되는 이유는 감염의 위험으로 인해 경찰력과 폭력 피해자 지원 서비스의 접근성 등이 떨어지기 때문이다. 폭력으로부터의 안전장치가 끊어지자 각종 약탈과 범죄가 벌어진다. 소설 속 인물인 동해가 정신병원에서 탈출해 살인을 저지르듯 평소라면 사회적 제지를 받았을 악행들을 자유롭게 행할 수 있게 된다.

김현경은 앞의 책에서 '환대'란 "타자에게 자리를 주는 것 또는 그의 자리를 인정하는 것, 그가 편안하게 '사람'을 연기할 수 있도록 돕는 것, 그리하여 그를 다시 한번 사람으로 만들어주는 것"이라고 했다. "자리를 준다/인정한다는 것은 그 자리에 딸린 권리들을 준다/

인정한다는 뜻이다. 또는 권리들을 주장할 권리를 인정한다는 것이다. 환대받음에 의해 우리는 사회의 구성원이 되고, 권리들에 대한 권리를 갖게” 되는 것이며 사회에서 배제된 존재인 그는 권리 또한 갖지 못한다. 즉, "사람이 된다는 것은 사회 안에 자리를 갖는다는 것”을 의미한다.

　수진이 바리케이드를 넘으려다 무장군인에게 사살 당하는 장면은 그녀가 국가권력 앞에서 사회의 성원권을 상실하고, '사람으로의 자격' 또한 잃었음을 여실히 보여 준다. 이 소설에서 표현한 '700미터 구간'의 학살은 사실 언제든지 일어날 수 있고 정도의 차이만 있을 뿐 현실에서도 벌어진 바 있는 일이기 때문이다. 전염병으로 인해 고립된 화양 시민들은 거리에 나와 외친다. "화양 시민은 개가 아닙니다. 인간입니다. 그런데 정부는 우리를 개처럼 대하고 있습니다. 멀쩡하게 살아 있는 우리를 병든 땅에 가둬 생매장시키고, 자기들만 살겠다고 총을 쏘고 있는 것입니다.”

　그러나 이미 그들은 총을 쏘는 이들의 관점에서 볼 때 '사람으로서의 권리'를 갖지 못한다는 점에서 '개'와 구분되지 않는다. 그러나 개와 인간의 구분이 사라졌다는 점에서 오히려 이 위기 국면은 생명의 무게가 동일하다는 것을 환기하게 만든다.

　개를 학대하고 죽이기를 일삼는 동해의 악행이 가족 안에서 자신의 자리가 없다는 실의와 절망감, 가족의 오랫동안 지속한 냉대, 몰

이해로 인한 것임을 고려하면 결국 가족이 가장 큰 고통의 근원일 수 있고 혈연으로 이어진 관계가 더 폭력적일 수도 있음이 여실히 드러난다.

내과 의사 아버지와 무용과 교수 어머니 사이에서 태어나 명문대 의대생인 형과 발레리나 동생을 둔 동해는 어려서부터 가족의 구성원으로 인정받지 못한다. 아버지는 한 번도 동해의 형과 동생과는 달리 그를 "아들로서 불러주지 않았"(82)고 심지어 개에게도 "내 새끼"라고 하면서 동해에게는 "박동해"라는 이름만 부른 것이다. "번번이 무시당하면서도 그는 양친을 향한 구애를 포기하지 않"(82)았는데 부모는 끝내 그를 이해하려 들지 않았다. 그를 지하실에 가두는 등 학대하는 부친과 방임하는 모친에 대한 분노를 그는 기르던 개에게 풀며 성인으로 자라난다.

동해의 가족 내의 문제는 이렇게 아이에 대한 몰이해를 바탕으로 체벌을 가하는 그의 아버지가 그를 인정하지 않고 마음대로 규정하려 했으며 같은 자녀들 사이에서도 그를 차별했기 때문에 생겨난 일이었다. 그의 아버지가 어렸을 때는 동해를 지하실에 가두고, 성장한 다음에는 마음대로 군대에 가게 하거나 병원에 강제 입원시키는 등 통제하려 든 것은 아이를 소유물로 보는 시각을 드러낸다. 학대와 방임 모두 아이를 독립적으로 보지 않기 때문에 일어난다.

점점 폭력성이 높아지는 동해의 병든 마음을 강압적으로 제어하기 위해 아버지가 그를 정신요양병원에 강제로 보내려 하자 그는 아버지를 구타하고 도주한다. 결국 동해는 경찰에 쫓기다 잡혀서 부모에 의해 정신병원에 끌려가게 되고, 전염병 와중에 탈출해서 아비규환이 된 화양 시내에서 악행을 저지르다 집으로 와 자기 어머니를 살해한다.

가족 내에서 잔인하고 비극적인 일이 일어나는 반면, 오히려 혈연관계가 아닌 사람들 사이에서 이타적인 행동들이 발견된다. 작가는 수의사 재형, 환자들에게 헌신적인 간호사 수진, 구급대원들 같은 존재들을 보여 주며 인간성을 지키는 인물들을 그려내고 있다.

같이 살던 할아버지인 손 노인의 사망으로 고아가 된 시각장애인 소녀 승아를 재형이 자기 집에 데리고 오면서 그들은 유사가족의 상황에 놓인다. 재형이 윤주에게 승아를 돌봐달라고 부탁한 후 셋은 함께 살고 생활하는 공동체가 된다. 재형은 승아에게 윤주를 소개하며 "승아를 돌봐주려고 오신 거야. 목욕도 시켜주고 옷도 갈아입혀 주고, 머리도 말려주고, 맛있는 저녁도 먹게 해주고, 잠들 때까지 무섭지 않게 함께 있어 주고."(164)라고 말한다. 재형의 집인 드림랜드로 와서 승아가 "선생님, 저 이제 여기서 살아요?"(215)라고 말했을 때 재형은 "응"이라고 대답하고 재형, 승아, 윤주는 함께 지내게 된다.

이후 이야기가 전개되며 동해가 서재형을 향한 복수로 드림랜드에 불을 질러 승아는 목숨을 잃게 되지만, 그들의 유사가족 관계는 윤주와 재형이 서로 이해하고 가까워지는 중요한 계기가 되며 승아의 죽음으로 인한 슬픔을 나누며 서로를 보듬다 결국 둘은 사랑에 빠진다.

결국 끝까지 상대를 이해하지 못했기 때문에 비극과 끔찍한 파국을 맞은 동해의 원 가족과 비교해볼 때 오히려 혈연관계인 동해의 가족보다도 비혈연 관계인 재형, 승아, 윤주가 더 서로를 이해하고 받아들이며 필요한 순간에 정서적 충족을 해주었다고 할 수 있다. 혈연 기반에서 유대감이 기반이 된 공동체로 이행하는 새로운 시대의 가족에 대해 생각하게 하는 부분이다.

전염병 재난 사태에서의 유사가족 설정은 전통적인, 혹은 근대적인 가족에 대한 일반적이고 매우 굳건한 관념들을 흔들어놓는 면이 있다. 김희경은 『이상한 정상 가족』(동아시아, 2017)에서 이러한 관념에 대해 해방, 전쟁, 산업화 등 여러 질곡을 겪으며 사회가 급격히 변화했던 우리나라와 같은 사회에서 "사회적 안전망이라곤 찾으려야 찾을 수 없는 상태에서 개인을 보호하는 유일한 안전망은 혈연 및 직계가족뿐"이라는 생각이 깊게 자리 잡은 것을 하나의 원인으로 보았다.[14] 그러니 재난 상황에서 가족이 오히려 안전망이 되어주지 못하고 비혈연 관계 속에서 진정한 유대와 돌봄이 가능해지는 설정은 기존의 가족관을 재성찰하고, 근대가족에 기반을 둔 가족 이데올로기에 균열을 내는 효과를 가진다.

이 소설에서도 전염병 국면에서 이동이 제한된 가운데 수진이 자기 방에서 윤간을 당하고 동해의 어머니가 집에서 아들에게 죽임을 당하는 장면 등은 가장 사적인 장소에서 당하는 폭력이기 때문에 공포감을 최대치로 높이고, 가족과 자신의 집이 안전을 보장해주지 않으며 오히려 더 끔찍한 위협이 될 수도 있음을 보여 준다.

물론 이 소설 역시 남성과 여성의 사랑을 중심제재로 다루며 승아를 돌보는 역할을 윤주가 담당한다는 점에서, 이성애에 바탕을 두고 부모와 자녀로 구성되는 기존 근대가족의 역할 배분과 유사한 모습을 보인다고 할 수 있다. 재형과 윤주가 결혼하게 되어 법률혼으로 맺어진 혈연 가족을 만들 가능성이 있음을 고려할 때 대안적 가족 서사로의 한계가 존재한다는 것도 사실이다.

그럼에도 이 소설에서 눈에 띄는 점은, 소설 속에서 긍정적으로 묘사되는 승아, 재형 등이 모두 죽음을 맞이한다는 것이다. 비록 가족의 환상을 보여 주기는 하지만 그것을 불가능하게 하면서, 이 소설은 쉽게 위로와 봉합을 말하지 않는다. 이를 통해 기존 가족의 문제를 환기시키고 상실을 통해 진정으로 필요한 것이 무엇인지를 다시 한번 생각하게 한다.

이 소설에서 또 주목되는 부분은 동물과 인간의 연대 문제를 다루는 데 있어 다른 소설과 차이를 보인다는 것이다. 재형(인간)이 링고(개)를 지키기 위해 희생하는 장면은 동물-인간의 연대로 이루어진 유사가족이라는 차원에서 의미를 형성한다. '반려 관계'는 최근 많은 소설에서 등장하고 있는 주제, 소재이지만 인간 중심적으로 재현되는 문제가 있다. '반려'가 '애완'을 대체하는 진정으로 'PC'politically correct한 용어가 되기 위해서는 인간과 펫-동물 간의 바람직한 관계를 위한 윤리적 명령에서 좀 더 나아갈 필요[15]가 있다.

『28』의 결말에서 작가는 인간과 개뿐 아니라 지구의 모든 생명체는 삶과 죽음 사이에서 같은 존재라는 사실을 환기시키며 동등한 입장에서 공존해야 한다는 메시지를 남긴다. 디스토피아적 상상력을 통해 "쑬루세Chthulucene"에 대한 비전을 보여 주고 있다고 하겠다. 이 용어는 그리스어 크톤과 카이노스의 합성어로 "수많은 문제와 의미의 무한 연쇄에 얽혀있는, 유한한 크리터critter"로서의 운명을 공유하며 "손상된 땅 위에서 응답-능력을 키워 살기와 죽기라는 트러블과 함께하기를 배우는 일종의 시공간을 가리킨다." 도나 해러웨이는 "이 쑬루세에서 강력한 연대를 통한 함께 살기와 죽기는 인간과 자본의 명령에 대한 치열한 대응일 수 있다."[16]라고 강조한다. 억압과 차별, 혐오를 넘어 평등한 입장에서 교류하고 관계를 맺을 수 있다는 전제에서 유사가족 논의는 시작된다.

4. 관계에 대한 재성찰-'가족을 필요로 하는 사회' 를 변혁시키기

미치코 가쿠타니는 『진실 따위는 중요하지 않다』(돌베개, 2019)[17] 에서 매체 환경이 극도로 분열된 상황에서 SNS와 많은 포털 사이트 들이 알고리즘을 이용해 우리가 보는 정보를 개별화하고 있고 사람 들은 점점 "협소한 콘텐츠 저장탑과 이에 상응하게 벽으로 둘러싸인 더 작은 생각 정원"에서 살게 되었다고 했다. 이 책의 표현대로 "사 실에 대한 무관심, 이성을 대신한 감성, 그리고 좀먹은 언어"가 진실 을 깎아내리는 시대에 거짓과 혐오는 쉽게 뿌리내린다. 최근의 코로 나 사태에서도 느낄 수 있었던 바이지만, 우리가 겪은 '사회적 거리' 는 불신과 내재해 있던 혐오를 표출하는 계기가 되었다.

이 글에서 가족과 관계에 대해 재성찰하기 위해 재난 서사를 살펴 본 것은 "재난 서사들은 모든 관계가 파멸하는 지점에서 발생하는 정동의 파동을 예민하게 포착하고 언어화하고 있"[18]으며, 파국 이후 새롭게 재편성되는 관계를 보여 줄 수 있기 때문이었다. 이에 변화하 는 가족과 인간관계에 대해 고찰하기 위한 하나의 방법으로 재난 서 사를 참조하기로 한 것이었다.

미셸 바렛과 메리 매킨토시는 『반사회적 가족』(나름북스, 2019)에 서 나, 가족, 사회 간에 작용하는 억압적 기제를 비판적으로 검토하면서도 가족이 제공하는 "필요와 만족감 ‒ 애정, 안정감, 친밀성"[19] 등이 허위가 아니며 그들이 반대하는 것은 그것이 충족되는 방식의 반사회성일 뿐 가족에서 우리가 추구하는 이러한 가치들은 인간적 욕구라는 점을 강조한다.

유사가족에 대한 논의는 가족의 파괴를 조장하고자 하는 것이 아니다. 오히려 우리가 가족에서 바라는 본질적인 가치가 무엇인지를 재성찰하게 하며 가족이 어떤 모습이어야 하는가에 대한 근본적인 질문을 던지게 한다고 할 수 있다. 그리고 이러한 가치를 실현할 수 있다면 혈연이나 특정한 가족 배치를 넘어서서 다양한 구성원을 가족이라고 인정할 수 있어야 한다는 주장이다.

그러나 가족과 개인의 정체성을 규정하는 과정에서 윤리적 정당성이 개입되며 가족 서사는 종종 '변화'라는 이름 아래 판타지적으로 재구성되곤 한다. 마치 변화가 이루어진 듯한 환상이 현실의 결핍을 상상적으로 충족해버리는 것이다.

『한국의 가족과 여성 혐오, 1950-2020』에서 박찬효는 "외환위기 이후 가족 질서를 재편하는 과정에서 그동안 여성의 적으로 여겨져 온 가부장제가 미디어상에서 사라"지고 "갑자기 아버지의 권위가 약화되고 여성의 사회 활동이 왕성해지는 것처럼 언급"된 것이 여성 혐오를 증대시켰다고 분석했다. 저자는 신자유주의 시대에 미디어가 유포하는 젠더 평등이라는 환상이 여전히 존재하는 문제들을 은폐하고 성별갈등을 심화시키는 효과를 가져올 수 있다고 지적한다.

'가족'에 있어서도 마찬가지다. 여전히 배타적이고 폐쇄적인 가족주의의 문제에서 벗어나지 못한 채로 마치 가족이 변화한 것처럼 그려내는 판타지적 재현은 문제해결을 오히려 저해할 수 있다. 실제로 본질적인 변화나 근본적 부분에 대한 개선이 이루어지지 않았는데도 달라졌거나 나아졌다는 착각을 촉발하여 문제해결을 지연시키기 때문이다.

인간-동물의 관계에 있어서도 마찬가지다. 펫팸족의 등장과 반려동물의 가족화 현상, 그리고 이를 재현한 서사들은 인간·이성 중심주의를 전복, 해체하며 재구성할 가능성을 보여 주지만 소위 '객체들의 민주주의'가 반려동물과의 관계에서 어떻게 성취될 수 있을 것인지는 보다 많은 고민을 해야 한다. 자본, 미디어를 통해 형성되는 반려동물 담론과 결합하며 가볍게 소비되는 반려동물에 대한 재현이 인간-동물 연대에 대한 진지한 사유를 누락하고 있는 경우 오히려 인간중심주의를 강화하기도 한다. 반려동물을 자식과 같이 인식하고 자신들을 부모로 인지하는 등 가족 서사처럼 그려지는 동물-인간의 동거는 가족주의적 환상을 내포하기도 한다.

유사가족 논의의 핵심은 공동체성을 협소한 전통가족의 내부에서 찾는 것이 아니라 사회 전체의 공동성으로 확장하고 가족의 정의를 확대하려는 것이다. 혈연과 법률혼에 기반을 둔 가족 구성원 사이에서만 작동되었던 폐쇄적이고 배타적인 결속이 약화하면서 고정된 관계와 역할에서 벗어나 새롭게 정체성을 형성하고 성찰하며 타인과 상호 이해하고 연대할 가능성 또한 확대될 수 있다.

『반사회적 가족』의 표현을 빌자면 "가족이라는 개인주의로 후퇴하지 않고 더 나은 집단주의를 확보"하기 위한 노력을 계속하여 결국 "가족을 필요로 하는 사회를 변혁"시키는 데 궁극적인 목표를 두는 것이다. 이렇게 재정의된 '가족'은 특정한 가정 배치를 벗어나서 인간과 인간 사이의 친밀하고 사적이고 가까운 관계와 유대를 통해 현재 사회의 문제들을 타개할 대안적 가능성을 향해 열려 있게 된다.

미주

*이 글은 『우리문학연구』 72집(2022.1)에 게재한 논문을 수정하여 실었음을 밝혀 둔다.

1) 번역본은 크리스토퍼 라쉬, 최경도 역, 『나르시시즘의 문화』, 문학과지성사, 1989.

이 글이 인용한 부분은 Christopher Lasch, "The culture of narcissism,"*Bulletin of the Menninger Clinic*, 44(5), 1980, p. 436이다.

2) 박인성, 「이번엔 진짜 망할 줄 알았지 1 - 재난 서사 마스터 플롯」, 말과활 아카데미, 2021. 1. 28, http://wordnbow.net/2021/01/28/%ec%9d%b4%eb%b 2%88%ec%97%94-%ec%a7%84%ec%a7%9c-%eb%a7%9d%ed%95%a0- %ec%a4%84-%ec%95%8c%ec%95%98%ec%a7%80-1 (2021. 9. 25 접속)

3) 위의 글.

4) 박인성, 위의 글.

5) 송성자, 『가족 관계와 가족치료』, 홍익재, 1987, 13~14쪽; 이효재, 『가족과 사회』, 경문사, 1976, 7쪽에서 재인용.

6) 김민경, 「프랑스의 '근대적 가족' 형성과 미셸푸코의 권력이론」, 서울대학교 석사학위논문, 1998 참조.

7) 권헌익, 『전쟁과 가족』, 창비, 2020 참조.

8) Durkheim, E, *Suicide*, New York: The Free Press, 1951, p.336.

9) Lieberman, Debra; Lobel, Thalma. "Kinship on the Kibbutz: Coresidence duration predicts altruism, personal sexual aversions and moral attitudes among communally reared peers.", *Evolution and Human Behavior*, 2012.

10) 레베카 솔닛, 『멀고도 가까운』, 반비, 2016, 김희경, 『이상한 정상가족』, 2020, 동아시아, 252쪽에서 재인용.

11) 김현경, 『사람, 장소, 환대』, 문학과지성사, 2015, 204쪽.

12) 박찬효, 『한국의 가족과 여성 혐오, 1950-2020』, 책과 함께, 2020.
    프랭크 푸레디, 박형신,박형진 역, 『우리는 왜 공포에 빠지는가』, 이학사, 2011, 8쪽.

13) 김향미, 「코로나로 '이동제한령' 내린 나라들, 가정폭력 늘었다」, 『경향신문』 국제면, 2020. 04. 01.

14) 김희경, 『이상한 정상가족』, 동아시아, 2017, 182쪽.

15) 전의령, 「나만 없어, 반려동물」, 『한편 4호- 동물』, 민음사, 2021. 1, 63쪽.

16) 도나 해러웨이, 『트러블과 함께 하기』, 마농지, 2021, 8-9쪽. 이하 관련 인용 같은 책, 같은 부분.

17) 미치코 가쿠타니, 『진실 따위는 중요하지 않다』, 돌베게, 2019, 71쪽. 관련 인용 모두 같은 글, 같은 쪽.

18) 김영삼, 「구원 없는 재난 서사와 혐오의 정서 – 김애란의 〈물속 골리앗〉과 손홍규의 《서울》을 대상으로」, 『현대소설연구』 제78권, 한국현대소설학회, 2020.

19) 미셸 바렛, 메리 맥킨토시, 김혜경, 배은경 역, 『반사회적 가족』, 나름북스, 2019, 16쪽.

제4장

가족, 반려동물과 함께
자기 회복을 이야기하다

- 윤이형의 소설
「그들의 첫 번째와 두 번째 고양이」를 중심으로 -

송경란

1. 고양이가 소설계의 반려동물이 된 까닭

2010년부터 디지털산업과 도시화의 결합이 급속도로 진행되었다. 이에 따라 1인 가구가 늘어나고 반려동물의 수요 증가도 급증했다. '반려동물'이란 동물학자 K. 로렌츠K. Lorentz가 애완 동물pet 대신에 함께 살아가는 동물companion animal로 재인식하기를 희망하며 제안한 용어로, 우리나라에서도 2007년 동물보호법이 일부 개정되면서 공식 사용되고 있다. KB경영연구소의『2021 한국 반려동물 보고서』(2021.3.21.)에 따르면 우리나라에서 반려동물과 함께 사는 반려 가구가 604만으로 전체 가구의 29.7%를 차지할 정도다.

반려 가구 중 반려견 가구가 80.7%, 반려묘 가구는 25.7%를 차지한다. 그러나 개보다 돌봄 노동이 덜하고 독립적인 성향이 강한 고양이를 반려동물로 선호하는 추세다. 고양이는 오래전부터 도도하고 새침한 매력으로 대중매체에서 인기를 끌었고, 이제는 온라인상에서 이를 즐기는 사람들이 스스로 '랜선 집사'라고 부를 정도로 사회 · 문화적 반향을 일으키고 있다. 이것이 고양이 관련 출간물의 증가로 이어져, 에른스트 페터 피셔Ernst Peter Fischer의 『슈뢰딩거의 고양이(과학의 아포리즘이 세계를 바꾸다)』(박규호 역, 들녘, 2009)와 같은 과학 서적들과 윤이형 외 여러 작가가 쓴 에세이집 『작가와 고양이』(폭스코너, 2016), 김중미의 장편 소설 『그날, 고양이가 내게로 왔다』(낮은산, 2016), 진중권의 인문 책 『고로 나는 존재하는 고양이』(천년의 상상, 2017), haha ha의 『인간을 키우는 고양이』(다독임북스, 2020), 신승철의 『묘한 철학(네 마리 고양이와 함께하는 18가지 마음 수업)』(흐름출판, 2021) 등이 인기를 끌고 있다. 각종 고양이 카페와 고양이 전문서점인 '슈뢰딩거[1]'가 혜화동에 문을 열기도 했다.

고양이는 반려동물이 되기 전부터 애완동물로 부르기에는 독특한 존재로 인식되었다. 그래서일까? 유럽 동화 「장화 신은 고양이」에는 인간과 소통할 줄 아는 캐릭터로 등장하기도 했다. 물론 포Edgar Allan Poe의 「검은 고양이」와 같은 추리소설에서 공포의 대상이 되기도 했지만, 소세키夏目漱石의 『나는 고양이로소이다』와 황정은의 「묘씨생」에서 시크한 화자로 등장하여 인간 세상을 비판하거나 풍자하기도 했다. 급기야 베르베르 소설 『문명』(전미연 역, 열린책들, 2021)에서는 고양이가 인간을 대신하여 파괴된 지구에 새로운 문명을 건설하려 한다. 지구에는 인간이 자연을 이용하여 만든 문명도 있지만, 동물이 형성하거나 따르는 질서도 엄연히 존재한다. 그러기에 생명 존중과 환경문제를 다룰 때 인간과 함께 동물의 문제를 논의하는 것이다.

인간과 동물의 공존이라는 관점에서 볼 때, 고양이는 쉽게 길들지 않는 야생성과 이기적이면서도 여리고 내성적인 애완성으로 말미암아 인간의 호기심을 더욱 자극한다. 소설에서 도시의 변두리를 방황하거나 현실과 타협하지 못한 채 여기서 탈출하려는 욕망을 대면[2]하며 고양이는 문학적으로 친숙한 존재가 되었다.

작가 윤이형은 중편소설 「그들의 첫 번째와 두 번째 고양이」(『2019 제43회 이상문학상 작품집』, 문학사상, 2019)에서 반려묘伴侶猫로 살다가 최후를 맞이한 뒤에도 가족의 애도를 받는 고양이 두 마리를 등장시켰다. 이 소설에 '이상문학상 대상'을 수여한 평자들은 한결같이 수작秀作이라고 칭찬했다. 권영민은 "두 마리의 고양이를 서사의 전면에 내세우면서 각각의 인물이 공유하게 되는 삶의 문제를 각자의 시선으로 파고든"[3] 작품, 권택영은 "직업, 결혼, 이혼 등의 어려움을 겪는 개인의 심리를 섬세하게 그린"[4] 작품이라고 했다. 김성곤은 "두 반려 고양이의 삶과 죽음을 통해 현대 사회의 삭막함과 현대인의 뼈저린 고독을 유려한 문장과 빼어난 감수성으로 그려낸 수작"[5]이라고 했고, 정과리는 "'1인 대 만인의 싸움'이라는 심리적 도식"[6]

을 잘 다룬 작품이라고 했다. 채호석은 "윤이형의 소설이 갖는 힘은 긴장, 이미 존재하는 세계에 대한 부정성"[7]이라고, 소영현은 "일상 전체를 뒤흔든 고양이의 죽음을 통해 소설은 죽음의 실감과 영향을 둘러싼 정상성"[8]에 질문을 던져 공감도를 높인 작품이라고 평했다.

윤이형의 「그들의 첫 번째와 두 번째 고양이」는 '그들'과 함께한 고양이 '첫 번째'와 '두 번째'의 이야기다. 이때 '그들'은 부부였던 희은과 정민, 둘의 아이인 초록을 가리키고, 첫 번째 고양이는 치커리, 두 번째 고양이는 순무를 가리킨다. '한 가족'과 두 마리 반려묘가 등장하는 이 소설에서, 두 가지 양상의 가족 서사가 전개된다. 하나는 '결혼-육아-이혼'이라는 전형적 가족 구성과 해체-독립 이야기이고, 다른 하나는 '입양-탁묘-죽음'을 통한 반려 가족의 형성과 해체-애도 이야기이다.

한 가족이었던 그들이 두 반려묘의 죽음을 애도하면서 자신의 삶을 반추한다. 그들은 '결혼을 통한 가족'으로 현실과 타협하려다가 결국 여기서 탈출하여 변화를 시도해 나간다. 이런 점에서 성장소설이라고 볼 수 있다. 한편으로는 그들의 반려묘 두 마리를 통해서 동물권을 생각할 수 있다. 첫 번째 고양이 '치커리'는 길고양이에서 집고양이로 살다가 죽어서는 돌이 되고, 두 번째 고양이 '순무'는 집고양이로 탁묘와 입양을 거쳐 자기 본성을 알지 못한 채 죽어서 재가 된다. '동물을 보호한다', '반려동물과 함께한다'라는 명목으로 우리

인간은 동물을 집 안에 가두어 길들이고, 병든 동물을 돌본다며 동물병원에 방치한다. 또 그 반려동물이 죽으면 슬퍼서 장례식을 하고 사후 처리한다. 사실 그 모든 것이 얼마나 인간 중심적인가. 과연 인간으로서 동물을 '반려'로 생각하고 존중하는 행위인가?

이 글에서는 인간과 동물의 관계를 중심으로 한 윤이형의 「그들의 첫 번째와 두 번째 고양이」를 대상으로 하여 동물의 반려화, 가족화가 어떻게 형상화되는가에 주목하고자 한다. 2010년 이후 부부-자녀 중심의 가족이 감소하고 1인 가구, 한부모가족, 반려 가구가 증가하는 사회현상과 관련지어 고찰할 것이다.

그동안 윤이형[9]은 SF 문학을 적극적으로 활용한 작가로 알려져 왔다. 그런데 이번 소설에서는 반려동물의 죽음을 모티프로 고양이들과 함께한 사람들의 이야기를 썼다. 윤이형은 「나의 문학적 자서전」[10]에서 이 소설을 왜 썼는지 밝힌다. "지금 여기에" 필요한 이야기를 고민했고, "시대와 타인의 고통"에 어떻게 접근할지 고민하며 "하나밖에 없는 내 사랑하는 고양이(레일라)의 몸이 소각로에서 타버릴 때 같이 타버린 것 같"은데도 "가장 개인적인 것이 가장 정치적인 것"이라는 믿음으로 써나갔다고 말한다.

사실 우리는 동물이 지닌 취약한 생물학적 존재 조건에서 태어난다. 그래서 누군가 돌봐주지 않으면 죽을 수도 있다. 그래서 인간은 상호 의존하며 살아간다. 이런 이유로 인간의 사회성이 생물학적 안

위보다 더 가치 있게 보일 수 있다. 공동체의 윤리는 인간이 근본적으로 '상처 입을 가능성vulnerablité'이 있다는 것을 전제로 탄생했다. 레비나스Emmanuel Levinas(1906~1995)에 따르면 '상처받을 가능성'은 자기 살갗으로 타자의 고통을 능동적으로 받아들이는 사랑이다. 그래서 인간은 타인이 상처를 입거나 취약하면 괴로워할 줄 안다. 주체의 이기적이고 자기 존재 안에 머무르려는 속성이 타자의 헐벗음과 고통, 상처를 대면하면 윤리적 주체로 탄생한다[11]는 것이다. 즉, 인간이 동물적 취약성과 상처 입을 가능성을 지닌 만큼, 타자의 고통에 공감하며 윤리적이고 사회적인 존재로 살아가는 것은 당연하다는 말이다.

이런 개념과 관련지어 윤이형 소설 「그들의 첫 번째와 두 번째 고양이」의 서사에서 인간의 공동체적 윤리와 반려동물의 가족화를 살펴보고자 한다. 이를 위하여 '그들의 두 고양이'에 초점을 둔 서사에서 반려인과 반려동물의 관계 의미를 살펴보고, 다음으로 '그들'에 초점을 둔 서사에서 사회와 가족의 의미를 해석하고자 한다.

2. 그들과 반려묘의 관계 서사, 죽음을 통한 만남과 이별의 연습

소설은 "그들의 두 번째 고양이가 죽던 날, 그들은 오랜만에 함께 있었다."라는 문장으로 시작한다. 소설의 처음과 끝을 연결해 보면 서술하는 시간은 두 번째 고양이가 죽던 날부터 그 고양이의 장례를 치른 다음 날까지다. 그 사이에 두 고양이와 함께하며 가족이 겪은 일 —희은과 정민의 일과 육아, 갈등—과, 첫 번째 고양이가 죽은 뒤 이혼하고 7년간 겪은 일, 그리고 두 번째 고양이의 장례와 애도 이야기가 주로 두 인물—희은과 정민—의 기억과 생각에 의존하여 서술된다. 그중 두 반려묘의 죽음이 주요 모티프가 되는 소설인 만큼, 그들과 반려묘의 관계 서사를 중심으로 먼저 살펴볼 필요가 있다.

1. 그들의 두 번째 고양이 순무가 죽었다.
2. 그 소식을 듣고 희은이 초록을 위로하고, 정민과 7년 만에 만나서 함께 장례식장에 참석한다.
3. 순무에게 미안해하며 각자의 방식으로 눈물을 흘린다.
4. 7년 전에 첫 번째 고양이 치커리가 죽던 날과 장례식을 희은은 지금도 뚜렷이 기억하지만, 정민은 별로 기억하지 못한다.
5. 그들의 두 번째 고양이가 죽던 날, 그들은 장례를 치르고 돌아와 희은의 집에서 고양이들과의 즐거웠던 추억을 이야기하며 웃는다.
6. 그날 밤 각자의 집에서 잠들기 전에 한동안 눈물을 흘린다.
7. 희은은 순무를, 정민은 치커리를 생각하며 마음껏 운다.
8. 초록은 다음 날 학교에 가는 길에 만난 친구들에게 순무와 치커리 이야기를 한다.

위와 같이 서사를 정리해 보면, 그들—희은과 정민, 초록—에게 첫 번째 고양이와 두 번째 고양이가 있었으나 둘 다 죽고 없다는 사실을 알 수 있다. 그래서 얼핏 보면 반려묘 두 마리를 잃은 '펫로스' 가족의 이야기로 읽힐 수 있다. 두 번째 고양이가 죽던 날, 가족이었던 세 사람이 반려묘의 장례를 치르고 그 죽음을 애도하는 이야기가 표층을 이루기 때문이다. 그런데 그 표층에는 두 번째 고양이 순무가 복막염으로 일주일간 입원했다가 죽었다는 정도로만 죽음이 서술된다.

이와 달리 7년 전에 죽었다는 첫 번째 고양이 치커리가 왜, 어떻게 죽었는지는 희은의 기억을 통해 생생하게 재현된다. 희은은 '급성신부전'이라는 치커리 상태를 설명해주는 의사를 신뢰하기보다 신장질환을 앓는 고양이들을 위한 카페에서 정보를 얻으며 치커리가 퇴원할 거라고 기대한다. '오직 같은 고통을 아는 사람들만이 할 수 있는 방식으로 서로를 단단하게 붙들고'자 한다. 그런 기대와 다르게 입원실 환경—적대로 가득한 개들의 끔찍한 소리들 한가운데 고양이가 무방비하게 혼자 버려진 상황—의 문제를 뒤늦게 깨닫고 후회한다. 입을 댄 흔적이 없는 사료를 보고 "이건 우리 애가 먹는 사료가 아닌데요"라면서도 화를 내지 못하고 간호사의 말대로 사료를 먹여보기도 한다. 치커리는 쓰다듬어도 반응이 없고 희은을 외면한 채 공간 안쪽으로만 파고든다. 그러자 희은이 치커리 상태를 알게 된다. 이때 치커리는 '고양이'로 객체화되어 지칭된다. '고양이가 더 이상

자기 힘으로 안구에 붙은 털 몇 가닥을 떼어낼 수 없는 상태이며, 눈이 보이지 않는' 상태라고.

희은은 치커리가 죽어간다는 사실을 실감하자, 고양이가 아닌 자신에게 더 관심을 둔다. 자기가 '다른 누군가를 탓할 권리를 영원히 빼앗겼고', '자신을 미워하는 것 외에 할 수 있는 게 없'는 상황에 당황해한다. 그러다가 '반려인과 동물의 영원한 작별을 위해 마련된 공간'에서 치커리의 마지막 숨을 올곧이 느낀다. "9년간 품어 키운 흔해 빠진 생김새를 지닌 한 마리 고양이의 죽음"이 "진심이라 생각하며 애도한 수많은 사회적 죽음"들과 다르다는 사실도 깨닫는다.

> (가) 치커리는 시장 한복판에서 태어나 형제들 틈에서 가게 주인이 주는 눈칫밥을 먹던 고양이였다. 3개월이 된 녀석을 집으로 데려와 처음으로 통조림이라는 것을 맛보게 해준 사람이 희은이었다. 첫 통조림과 마지막 숨. 희은은 치커리의 삶에서 그 두 가지를 함께한 유일한 사람이 자신이라는 사실이 기뻤다. 고양이는 희은의 무릎 위에서 마지막으로 한번 울음소리를 냈고, 몸을 떨면서 천천히 숨을 내쉬더니 조용해졌다. (26쪽)
>
> (나) 원래 반려인 부부는 아내가 임신을 하자 품종 묘 두 마리를 각각 다른 집에 탁묘 보냈다. (중략) 윌리엄은 다섯 살 때 희은의 집으로 왔다. 약속했던 1년이 지나고 2년이 지나도 (중략) 그건 탁묘가 아니라 입양이었던 모양이었다. (중략) 희은은 곰곰 생각하다가 고양이 이름을 바꾸기로 했다. 윌리엄은 그날 순무가 되었다. (13~14쪽)

위의 인용에서 (가)에는 첫 번째 고양이 '치커리'의 출신과 첫 만남, 죽음의 순간이 한 문단으로 요약되어 있다. 이와 달리, (나)에는 두 번째 고양이 '순무'의 이름과 얽힌 사연이 서술되어 있다. 특별히 순무의 이름 유래나 치커리의 성향과 이미지를 통해 그 이름이 지닌 의미를 생각해 볼 수 있다. 이름은 자기 정체성을 드러내는 표식이지만, 스스로 지어 붙이기 어렵다. 그래서 가족이나 나를 보호하는 사람이 지어주기 마련이다. 그들의 첫 번째 고양이는 3개월부터 희은을 만나 치커리라는 이름으로 불리게 되었고, 두 번째 고양이는 보호자가 바뀌면서 윌리엄에서 순무로 이름이 바뀌었다. 돌봄 제공자의 생각에 따라 반려묘의 이름이 달라진 것이다. 그렇게 두 고양이는 치커리와 순무라는 이름으로 이미지화된다.

두 고양이 모두 희은과 우연히 만났으나, 첫째 치커리는 새끼 길고양이였을 때 희은이 자발적으로 입양했고, 둘째 순무는 5살일 때 탁묘하다가 엉겁결에 입양하게 되었다는 차이를 보인다. 이런 차이에서 비롯되었는지, 둘은 성격도 달라 집 안에서 잘 지내지 못한다. 이를 "여자 중학생과 아저씨에게 함께 산책을 하라고 한 것" 같다며 한쪽(치커리)은 도망 다녔고 다른 한쪽(순무)은 따라다녔다고 표현한다. '여자 중학생'에 비유된 치커리는 "샐러드 속에서 톡 쏘는 알싸한 채소의 맛처럼 예민하던 성격"이었고, '아저씨'에 비유된 순무는 "순하고 무르고 둥글둥글한 성격"이었다. 이렇게 달라도 너무 다른 두 고양이가 자기 반려인을 선택한다. 치커리는 희은을, 순무는 정민을 선택한 것이다. 치커리는 희은을 만나 산책 대신 집 안 거주로 삶의 방식이 바뀌었고, 순무는 원래 살던 집에서 희은 집으로 입양되어 평생 집 안에서만 살았다.

첫 번째 고양이 치커리는 "흔하디흔한 데다 다 똑같이 생긴 갈색 망토를 입은 코리안쇼트헤어종"이었다. 그래도 희은은 비슷한 고양이 천 마리를 섞어놓아도 치커리를 찾아낼 수 있다고 확신한다. '연어를 좋아하고 닭가슴살을 싫어하는' 취향, '라디오 헤드의 톰 요크를 연상시키는 시니컬한 분위기', '자기 무릎에만 올라가고 간식을 달라고 비비고 애정을 표현'하던 모습을 지닌, 치커리를 9년간 돌봐온 반려인으로서 가질 수 있는 당연한 자부심이다. 그러나 치커리는 여느 고양이처럼 '아픈 것을 드러내지 않는 동물'이었다. 급성신부전으로 병원에 들어간 저녁 다음 날, 치커리는 눈도 보이지 않는 상태로 아무런 반응도 하지 않다가 죽기 전에 희은의 무릎 위에서 마지막으로 한번 울음소리를 내고는, '몸을 떨면서 천천히 숨을 내쉬더니 조용해졌다.' 그렇게 치커리가 죽었고, 그날 안으로 그들은 치커리 장례를 치렀다.

치커리의 장례식에 정민, 초록이 같이해 주었지만, 희은에게 위로가 되지는 못했다. 희은은 '펫로스pet loss' 상태에 놓인다. 반려동물이 곁을 떠났을 때 느끼는 상실감이 바로 그것이다. 누구든 소중한 존재를 잃어 그 관계를 끊어야 한다면 상심傷心할 수밖에 없다. 함께 살던 반려동물이 갑자기 죽는다면, 평생 느껴보지 못한 감정의 고통을 느낄 수 있다. 가족이나 친족의 죽음은 장례 기간과 절차가 있지만, 반려동물에게는 그런 유예가 허락되지 않는다. 희은은 '어떤 죽음도 그토록 가깝고 강렬하게 겪어본 적'이 없었기에 '휘저어졌다.' 슬픔에 집착한 나머지 '설탕 덩어리에 달라붙어 옴짝달싹할 수 없게 된 개미처럼' 고통스러워하다가 분노마저 느낀다. 그 이유는 모든 사람이 치커리의 죽음에 애도를 보내주지 않는다는 것에 있다. 그나마 신장 질환 고양이 카페와 SNS 계정에서는 낯선 이들이 애도의 댓글을 보내준다. 이를 희은은 '꿀처럼' 빨아먹는다. 자신의 슬픔에 공감하며 그 감정을 인정해 주는 사람이 필요했던 것이다.

평생을 집 안에서만 살았으니, 희은의 가족, 지인, 동물병원 사람들만이 치커리를 알았을 것이다. 그런데도 희은은 '그 죽음'을 객관화할 수 없었다. 의사가 말했듯이 "절대로 보호자 분의 잘못이 아니라"라고 해도 반려동물이 숨을 거두기 전을 곱씹어보며 죄책감에 휩싸일 수밖에 없다. 모든 것이 무너져 내리는 듯한데 어떻게 치커리의 죽음을 현실로 받아들일 수 있겠는가. 오히려 그런 감정에 휩싸이는 동안 떠올린 단어는 '부질없다'일 뿐이다. 죽음을 자기와 직결시키는 순간, '그 모든 성취와 삶의 기쁨들이 일관적으로 무의미하게 느껴'져 '생존을 경멸해본 적이 없던 과거의 자신이 기이하고 생경하게 느껴'질 정도가 된다. 사람이 아닌 동물을 잃었다는 이유로 애도나 슬품을 빨리 떨쳐야 하기에, 충분히 애도할 겨를이 없어서 더욱 그런 감정에 빠졌는지도 모른다. 이런 상심을 떨치지 못한다면 그는 '유별난' 사람이 될 수 있다.

다행스럽게도 희은에게는 정민과 초록이 있다. 물론 첫 번째 고양이의 장례를 치를 때는 희은에게 두 사람이 깊이 공감하지 못했다.

> (다) 정민은 한동안 대답이 없더니 치커리의 모습을 보내달라고 했다. 희은은 사진을 찍어 보냈고 치커리의 귀에 입을 바짝 대고 속삭였다. 아빠가 너를 안고 베란다로 자꾸만 데려가려고 한 거, 너를 미워해서 그런 게 아니라 네가 너무 좋아서 장난을 치려고 했던 거란다. 아빠가 미안하다고 전해달래 치커리. (26쪽)
>
> (라) 집에 도착해 상자를 열어본 정민은 눈물을 흘렸다. 일곱 살배기 초록은 아직 죽음을 이해하지 못했고 그래서 치커리를 보자마자 이게 뭐야, 죽었어? 정말? 쳇! 시시하다! 하며 웃음을 터뜨렸다. 순무는 마치 치커리가 어디 있느냐고 묻는 것처럼 집 안 구석구석 걸어 다니고 냄새 맡으며 울어댔다. (27쪽)

위 인용 중 (다)에서 희은이 치커리가 죽기 전에 정민에게 문자를 보낸다. 이때 정민과 치커리, 자신과 정민 사이에 얽혀 있던 감정을 풀고 싶어 하는 희은의 마음이 나타난다. 희은이 치커리에 속삭이는 말을 보면, 치커리와 정민의 관계가 마치 아이와 아빠의 관계로 설정되어 있다. 정민은 치커리의 선택을 받지 못하고, 순무에 선택받은 반려인으로, 이혼한 뒤 순무를 데리고 살았다. 그러나 순무의 장례식 날 밤, 정민은 귀가해서 잠들기 전까지 순무보다는 치커리를 생각하며 마음껏 운다. 사실, 정민은 치커리 장례식을 거의 기억하지 못한다. 하지만 정민은 순무를 스톤으로 만들고 싶지 않다면서 '유골 가루라는 형상이나 감정에 압도되지 않고 거리를 둔 상태로' 순무를 기억하려 한다. 이런 점에서 정민 또한 치커리의 죽음에 압도되었지만, 이를 표현하지 못했던 것으로 보인다.

(라)는 정민과 달리, 어린 나이라서 반려묘의 죽음을 이해하지 못하는 초록의 모습이 나온다. 초록이 '시시하다'라고 했듯이, 희은도 치커리의 죽음을 경험하며 '부질없다'라는 단어를 떠올린다. 사람이나 동물이나 살다가 어느 날 죽는 것은 주어진 운명인데, 그것을 어떻게 하겠는가. 그러니 죽음이 피할 수 없는 인간의 실존 가능성이라는 사실을 생각하면 허무할 수밖에 없다.[12]

희은은 '유별난' 사람이 되고 만다. '치커리의 죽음이 희은 안에 있던 것들을 무서운 기세로 태워버렸기' 때문이다. 그는 '울고, 화내고, 허공에 혼잣말을 하고, 잠을 자다 깨어나 가슴을 치며' 지내다가 텅 빈 상태가 된다. 그 상태에서 '정민과의 일'을 잊기로 하면서 '자신이 묘지의 일부가 되었다'라고 느낀다.

육아와 경제문제로 힘들었지만, 그런대로 희은과 정민은 잘해왔다. 그러나 희은이 목격한 사건으로 느꼈던 공포와 불안, 치커리의 죽음이 주는 슬픔과 분노가 부부의 소통 부재와 감정조절 실패의 기폭제가 되어버린다. 그렇게 치커리의 죽음이 모든 것을 바꿔 놓았다. 죽음을 인간 실존의 가능성으로 수용하면서 희은은 '그 일은 일어날 것이고, 되돌릴 수 없고, 저항해봤자 아무런 의미도 소용도 없었다'라고 느낀다. 정민과의 관계도 마찬가지라고 생각한다. 희은은 자신이 "정말 완전히 죽어 나무로 만들어진 마리오네트가, 무감각한 기계가 되어버린 것"이라고 여긴다. 그리고 다시 치커리의 죽기 전 모습을 떠올린다. 반응이 없던 치커리의 눈동자, 아무것도 보지 못해 어둠 속에 놓여 있었을 치커리. 그 치커리가 느끼거나 알 수 있었을지를 희은이 궁금해한다. 치커리는 여태까지 희은의 생각과 감정에 따라 존재했으나, 이 부분에서는 치커리를 주체로 인식한다.

> 소리는 들렸을까? 냄새는? 촉각은 남아 있었을까? 정확히 언제 시력을 잃었을까? 대체 몇 시간 동안이나 아무것도 보이지 않는 캄캄한 어둠 속에 있었던 걸까? 자신을 버려두고 간 희은이 돌아왔다는 것을, 너무 늦게 왔다는 사실을 깨닫고 울며 후회하고 있다는 것을 알았을까? 느낄 수는 있었을까? (67쪽)

위 인용처럼 치커리가 죽기 전에 감각하거나 인지했을 것들을 희은이 비로소 생각한다. '치커리는 아는 것 같았다. 느낀 것처럼 보였다. 그래서 내가 도착하고 한 시간 만에 죽을 수 있었어, 오래 참고 있던 그 어둠을 놓아버릴 수 있었을 거야.'(67쪽) 자기감정에 빠져 치커리 감정에 무심했던 자신을 발견하고 비로소 자기 문제로 시선을 돌린다. 치커리가 죽기 직전과 자기가 겪었던 일을 연결 짓는다. 치커리가 어둠 속에 있었던 것처럼 자신도 '현실을 바꿀 수 있는 판단을 선택하는 문제' 앞에서 '몹시 두렵고, 어렵고, 버거울 뿐'이었다는 사실을 깨닫는다. 그렇다고 치커리처럼 죽음을 기다리듯 어둠 속에만 있을 수는 없다. '희은은 불을 켜서 빛을 비춰 모든 것을 다시금 드러내는 일이 두려'웠다는 것을 알기에 결단할 수 있다. 그 결단의 결과로, 두 번째 고양이 장례식에서 달라진 모습으로 그들 즉 희은과 정민은 초록과 함께 재회한다. (3장 참조)

그들은 첫 번째 고양이 때와 달리 두 번째 고양이 장례식에서 '평온하고 고요한 애도'를 할 수 있게 된다. 그들은 순무 장례식을 치르고 함께 모여서 순무와 치커리 이야기를 나눈다. 즐거웠던 추억을 꺼내며 두 고양이의 특성을 기억하고 각자 울고 싶은 만큼 울기도 한다.[13] 그들의 이런 애도를 '펫로스 증후군' 극복과정으로 볼 수 있다. 펫로스로 인한 고통은 결국 가족이나 지인이 이해하고 인정해 줄 때 극복 가능하다. 가족이 반려동물에 관한 추억을 공유하며 좋은 감정으로 그 기억을 소중히 간직한다면 펫로스에서 벗어나기 훨씬 쉽다.

희은과 정민, 초록으로 구성된 이 가족은 희은이 입양한 첫 번째와 두 번째 고양이 죽음을 경험하며 관계가 달라진다. 그동안 반려동물이 사람들의 정서적 결핍을 완화하는 친밀한 감정적·정서적 교류의 대상이 되었다면, 이제는 가족의 일원으로 여생을 함께하며 반려와 돌봄의 대상이 되어간다. 이를 '반려동물의 가족화 현상'으로 볼수 있다. '펫팸족'이라는 말도 여기서 비롯되었다. 반려동물에게 자식이나 동생의 역할을 부여하며 새로운 인간-동물의 관계를 만들어가고 있기 때문이다. 언제나 인간은 동물보다 우위에 있다던 인간 중심의 세계관에서 벗어나 인간과 동물이 가족처럼 정을 나누고 가족의 지위를 부여하며 소통하고 공존[14]하는 생태학적 포스트휴먼 시대를 열어가고 있다는 증후로 볼 수도 있겠다.

3. 그들의 가족 서사, 반려화에서 자기 회복으로

소설 「그들의 첫 번째와 두 번째 고양이」에서 표층 이야기가 두 번째 고양이가 죽던 날 그들—희은과 정민, 초록—이 모여 장례를 함께 치르고 고양이 죽음을 애도하는 것이라면, 그 심층 이야기는 두 고양이의 죽음을 거치는 동안 그들, 특히 희은과 정민이 겪은 결혼생활과 이혼 뒤의 변화에 관한 것이다. 서술된 내용을 29개의 단락으로 구분할 수 있는데, 이를 다시 서술된 시간을 중심으로 구분하면, 표층 이야기는 Ⅰ과 Ⅴ, 심층 이야기가 Ⅱ~Ⅳ에 해당한다.

Ⅰ. 두 번째 고양이가 죽던 날

　1~5-1. 그들은 두 번째 고양이 장례를 치르며, 첫 번째 고양이가 죽던 날을 기억한다.

Ⅱ. 희은과 정민이 결혼할 무렵

　6~7. 찬란하던 날에 희은과 정민은 처음 만나 매료된다.

　8~9. 초록이 생기자 책임지려고 문제 제기와 질문도 없이 결혼한다.

Ⅲ. 희은과 정민의 결혼생활

　10~13. 그들은 초록을 사랑하며 헌신적인 부모가 된다.

　14. 희은은 행사 초청을 받고 고민하다가 정민을 생각하여 포기한다.

　15~17. 희은이 이별폭력 사건 목격 이후 불안 속에서 정민과 싸운다.

　18~19. 그들은 좋은 사람이 되고자 했고, 피해자로 인정받고자 한다. 정민은 화내는 희은을 참는다.

　20~21. 정민의 문장을 계기로 희은은 정민에게 폭언과 욕설을 하고, 정민은 마음에 상처를 입는다.

　22, 5-2, 23. 치커리가 죽고 6개월 뒤 희은은 정민에게 이혼하자는 편지를 건넨다.

Ⅳ. 희은과 정민이 이혼한 뒤

24. 희은과 정민은 거의 6년 만에 양육권과 친권을 반씩 나누는 데 합의하여 이혼한다.
25. 정민은 교사와 시인이 되며 자기를 회복해가며 희은을 뒤늦게 이해한다.
26. 이혼을 준비하며 희은은 여러 직업을 시도하다가 친구의 도움을 받는다.
27. 희은은 아기 돌봄 실험을 관찰하고 대표-동료와 이야기를 나누며 자기로 살기로 마음먹는다.

V. 두 번째 고양이 장례식을 한 뒤
28. 장례식을 마치고 셋이 모여서 고양이들 이야기를 나누고 귀가해 각자 마음껏 운다.
29. 초록은 등굣길에 친구들을 만나고, 방 탈출 카페의 무서움과 순무 생각에서 벗어난다.

I 과 V는 앞 장에서 살펴보았듯이, 희은-정민-초록으로 구성된 가족에게 두 고양이가 어떤 존재였는지를 보여 준다. 서술자는 첫 번째 고양이가 죽던 날을 희은과 정민의 시각으로 각각 재현하지만, 두 번째 고양이 죽던 날은 희은의 시각에서 출발하여 장례식을 할 때는 정민의 시각으로, 장례식 직후에는 세 사람을 객관적으로 서술하고, 소설의 결말은 장례식 다음 날 초록 시각에서 마무리한다. 이렇게 반려인 가족이 반려동물의 죽음에 어떻게 반응하고, 애도하는지

를 그린다. 두 번째 고양이가 죽던 날을 계기로 '그들'이 모일 때만 해도 이들은 '가족'으로 보인다. 그러나 장례식장으로 가면서 운전하는 희은을 바라보는 정민의 시각에서 둘이 이혼한 사이임을 알 수 있다. 그들이 왜 이혼했는지 궁금할 시점에서, 서술자는 '우리'였던 가족—희은과 정민, 초록—이 어떤 절차로 '그들'이 되었는지를 Ⅱ~Ⅳ에서 밝힌다.

Ⅰ을 보면서 독자는 궁금할 수밖에 없다. 희은이 두 번째 고양이를 돌보지 못해 미안해하는데, 서술자는 첫 번째 고양이 이야기를 왜 더 자세히 전하는지. 희은은 첫 번째 고양이가 죽던 날을 구체적으로 기억하는데, 정민이는 그날 눈물을 흘린 것도 왜 기억하지 못하는지. 더욱이 Ⅴ의 28에서 장례식을 마치고 귀가해서 왜 희은은 순무를 생각하며 울고, 정민은 치커리를 생각하며 울었는지. 그밖에 소설에서 세 사람이 반려동물과 함께하는 반려인 생활보다 두 반려묘의 죽음을 애도하는 모습이 강조되는지를 살펴볼 필요가 있다.

우선 첫 번째 고양이가 죽던 날, 희은과 정민이 보이는 기억의 차이가 왜 생겼는지를 알려면, 그들이 어떤 상황이었는지부터 알아야 한다.

희은과 정민이 '그들'로 각자 살아갈 때만 해도 Ⅱ-6~7처럼 '태양처럼 찬란한 날들'을 보냈다. 그래서 '늙는다'라거나 '갈색으로 변한다'라는 것을 알지 못했다. 그래서 결혼생활을 하며 육아와 경제적 어려움으로 '그렇게 막 대해지리라는 것'도 몰랐다. 왜냐하면 '둘 다 젊었고 혼자'였기 때문이다. 다만, 희은은 '열정이 소진되는 것'을 두려워했고, 정민은 '꿈을 이룰 수 없게 되는 것'이 무서웠다. 그들은 처음 만나서 매료되었고 서로에게 그런 두려움을 고백하면서 더 사랑을 느꼈다. 그런 그들을 서술자는 "단지 조금 더 짙은 초록빛으로 변해 있었을 뿐"이라고 표현한다. 그런 그들 사이에 '초록이 생겼다'. 결혼을 피해 다녀야 한다고 여겼던 그들이었지만, 정민은 도망치지 않았고 희은은 책임지려 한다. 이유는 무엇일까?

정민은 '평생 사이가 좋은, 가족의 성실한 사랑이라는 도그마'에서 벗어나고자 평생 독신으로 살 생각이었다. 이와 달리 희은은 어린 시절, 어머니를 '동거인'으로 만들고 딸을 버렸으면서도 세상의 추앙을 받는 아버지에게 상처를 받고, '자신이 어딘가에 잘못 끼워 넣어진 존재'라고 생각했다. 그래서 '아버지에게 복수하기 위해 제대로 된 어른', '제대로 된 부모'가 되고 싶다는 욕망을 지닌 채 성장했다. 서술자는 희은의 그런 욕망이 '무의식 속에 안전하게 숨겨진 채 때를 기다리고' 있었다고 표현한다. 희은은 번역 일을 시작하면서 자유로운 생활을 최상의 가치로 받아들였다. '결혼'과 '제도'에서 느껴온 실망과는 달리, '가족'과 '부모'에 대한 양가감정이 남아서 모르는 사이에 희은 안에서 '모종의 환상'으로 자라났던 것이다.

희은은 정민을 처음 보고 '흥미로운 여행자와 같은 이미지'로 받아들여 호기심과 매혹을 느낀다. 그들은 마주 본다는 것만 신경 썼지, 둘이 앉아 있는 방향이 '순방향', '역방향'인지를 생각하지 못했다. 정민은 초록이 생겼다는 사실로, 멀어지고자 했던 부모와 가까워져야 했고 타협해야 했다. '빈손'이었던 그들은 '부모 됨'이라는 고난의 본질'을 짐작하고, '제도'에 속해야 아이에게 필요한 자원을 얻을 수 있다는 것을 인정한다. 젊고 자유로운 자신을 죽이고 개종에 가까운 변화, 즉 결혼이라는 '그 제의의 결과'를 받아들인다. '무너진 자존감'이 제 기능을 못 하던 삼십 대 중반에 희은은 정민이 책임을 질 거라는 '낯선 욕망'에 사로잡힌다. '아버지와 다른 사람이 되고 싶'은 욕망에서 아이로 인한 몸의 감각을 '아이에 대한 사랑'으로 번역하여 기쁘게 받아들이고 저항하지 않기로 한다. 희은은 어머니처럼 되지 않을까 하는 두려움 때문에 어머니의 헌신적인 사랑을 기억하지 못했다. 그때는 '책임지는 부모'가 되라는 명령이 자기 안에 들어 있음을 희은은 몰랐다.

서술자는 지인들이 희은의 그런 신호를 알아보고도 침묵했다고 꼬집는다. 눈에 띄게 달랐던 치커리와 순무에게 쏟는 희은의 애정과 근심의 양이 눈에 띄게 달라서 '모성의 이상한 과잉과 다소 비슷해' 보였다는 것이다. 물론 이것을 여성의 모성이나 헌신적인 엄마로 예측하는 것은 자칫 '무례한 유추'가 될 수 있다. 서술자는 '헌신적인 엄마'나 '책임지는 부모'가 되기는 지극히 어렵고 여성 개인에게 '몹시 위험한 목표'라는 점을 지적한다. 그러면서 괜히 이를 일깨워주지 않은 지인들을 원망하는 듯이 서술한다.

　서술자는 둘의 선택을 이렇게 비유한다. "희은과 정민은 사랑이라는 스케치북에 연필로 서툴게 우주선의 모양을 그려 넣은 다음 거기에 오르기로 결정했다"라고. '신뢰라는 이름하에 엄격해야 하는 대인관계와 위기 대처 시뮬레이션 과정을 모두 생략했다'라는 점도 지적한다. 그리고 항공우주국, 즉 국가에서 '부모 되기에 관한 정보를 교육'을 하지 않는 문제를 제기한다. '아이를 위해서라는 종교적 대의에 맞춰' 고난을 초래하고 '부모만의 책임'으로 돌리는 것이 문제라고 비판한다. 그것도 서술자가 먼저 나서서 문제를 제기한 다음, 희은과 정민이 오랜 시간이 지난 후에 의문을 갖게 되었다는 점을 언급한다.

　Ⅲ. 15~21에서는 희은과 정민이 결혼 후 겪은 일과 감정의 변화, 갈등을 이야기한다.

　희은과 정민은 쉽게 말하면 혼전임신으로 결혼을 선택한 사이다. 그러나 서로를 신뢰했기에 '결혼'이라는 '제도'를 피하겠다던 금기를 깨고 가족이 되어 '축복 같은 아이'를 낳았다. 그 이름을 '초록'이라 한 것도 젊은 두 사람이 책임지기로 한 생명이기에 '초록빛' 같은 희망이 될 거라고 믿었기 때문일 것이다. 서술자는 희은과 정민이 초록을 처음부터 사랑했고 영원히 사랑할 부모라고 확신하듯 강조한다.

그래서 희은은 양가 부모와 주변의 타박을 감내하며 육아에 힘을 다한다. 물론 정민도 생계를 위해 아르바이트하며 희은이 육아와 일을 병행하도록 돕는다. 겉보기에 그들은 좋은 부모이자 사이 좋은 부부다. 그러나 경제적 불안감 때문에 그들이 결혼 전에 두렵다거나 무섭다고 했던 것을 실제로 경험하기 시작한다. 희은은 '열정'이 소진되어 가고, 정민은 '꿈'을 이루려고 준비하는 임용고시에 매번 실패한다. 정민은 자존감을 잃어가면서도 자신을 설득하고, 희은은 생활이 어려워지자 정민이 가장으로서 정규직 일자리를 구했으면 한다. 희은은 정민을 망치거나 그의 꿈을 포기하게 만든 것 같다는 '시대착오적인 죄의식'을 갖는 자신이 보기 싫다. 이런 갈등이 육아에서도 차이를 드러낸다. 희은은 '자신의 기억에는 없는 유년의 기쁨'을 '아이 버전의 소확행'으로 표현하려 하고, 정민은 '어린 가부장을 키워내게' 된다며 규칙과 패배를 받아들이는 법을 가르친다. 어느새 그들도 엄마와 아빠 역할놀이에 빠져 건강하고 그늘 없는 아이의 얼굴을 보면, 행복한 '헌신적인 부모'가 되어간다.

희은과 정민은 '부모' 이전에 각자 '자기 자신'으로 존재해야 한다는 사실을 놓치지 말았어야 했다. 번역 일로 커리어를 얻었다면 그 일을 계속하려는 열정을 지녀야 했고, 꿈을 이루려고 임용고시를 준비한다면 그 꿈이 무엇인지 분명히 하며 포기하지 말아야 했다. 그러나 두 사람은 아이를 위해 책임지는 부모가 될 수만 있다면 '나'는 없어도 된다는 착각에 빠지고 말았다. 그런 그들에게 '그 일'이 터지지 않았다면, 그들은 '자기감정'을 드러내거나 '내면'을 들여다보지 못한 채 자신을 설득하며 '전쟁터에 함께 던져진 전우'로 그럭저럭 살아갔을지 모른다. 왜냐하면 그들은 '서로 더 좋은 사람이 되려고' 했기 때문이다. 배려하고 양보하며 짐을 들어주려고 노력하면서 마음 상하게 하지 않으려고 할 말도 하지 않았다. 서술자는 이런 그들의 행동을 냉정하게 비판한다. 그것은 사랑이 연민이 된 것이고, 고단하고 힘겨운 상황에서 '악역=나쁜 사람=가해자' 역할을 감당하기 싫어서였다고. 마치 "그들은 침묵 속에서 은밀하게 고통의 경쟁을 시작"하듯이.

희은은 주 생계부양자로 지내는 일이 버겁다. 사회는 희은에게 3인 가족의 생존에 필요한 물적 대가를 주기보다는 '명예'만 주는데, 정민은 자기 시간을 양보해 주니 희은으로서는 자기 자신이 '가해자'가 된 듯할 수밖에 없다. 반면에 정민은 희은에게 안정감을 주지 못해 괴롭다. 준비 없이 아버지가 된 일이 착오였다고 느낀다. 희은과의 사회적 격차를 따라잡아야 한다는 사실을 알면서도 '자기가 고갈되는 것'을 막을 줄 몰라 외롭다. 그런데도 자신이 희은에게 '가해자'가 된 듯하다.

'그 일'이 터지면서, 둘의 감정이 드러나기 시작한다. 때는 정민이 여섯 번째 임용고시를 한 달 앞두고 있을 무렵이었다. 저녁 무렵, 희은은 이웃에서 일어난 '전형적인 이별폭력' 사건을 일부 목격하고 신고한 뒤부터 불안장애를 겪는다. 그 사건이 일어난 뒤 동네는 조용하기만 하고, 사건의 결말은 알 수도 없어서 무서웠다. 그래서 희은이 이사 얘기를 꺼냈는데, 정민은 현실적인 문제—이사 절차, 어린이집 TO나 초록의 적응—를 들어 동의하지 않는다. 희은은 '유난을 떤다는 말'을 들을까 봐 정신과에 가서 항불안제를 처방받고 자기를 설득하며 견뎌내려 한다. '가족과 함께 여러 가지를 나름대로 견디며 지내는 것'이라며. 그럴수록 자취 시절이나 친구들의 기억, 그날의 정황이 떠올라 두렵기만 하다.

그런데 희은과 정민의 갈등을 고조시키는 두 가지 사건이 벌어진다. 그 첫 번째는 정민이 임용고시를 보기 전날 터진다. 희은이 보이스 피싱에 당할 뻔한 것을 정민이 막았는데, 그때 정민의 화난 감정이 분출된 것이다. 이로 인해 둘이 싸우기는 하지만, 정민은 참으려 애쓴다. 희은은 '결혼을 고발하고 싶다', '남자들, 남자들은'이라는 입버릇을 나타낸다. 정민으로서는 '그들이 함께했던 그 모든 역사, 초록이 엄마와 아빠로 지내온 시간'이 없는 것처럼 치부되는 것 같아 불쾌하다. 그런 감정을 정민은 카톡 앱을 지우는 것으로 표현한다.

두 번째에 이르러 두 사람의 관계는 골이 깊어진다. 정민이 아이패드 일기 앱에 남긴 문장을 희은이 발견하고 최악의 상태에 빠졌기 때문이다. 정민은 일기 앱에 "죽고 싶다고, 꿈도, 사랑도, 미래도, 아무것도 없다고. 의무뿐이라고. 죽고 싶은데 죽을 수도 없으니 자신을 못 죽게 하는 모두를 없애고 자신도 죽고 싶다고."(63쪽) 써놓았다.

'건너편 건물의 사건'을 겪은 희은에게 정민의 문장은 '실제적 살해 위협'으로 다가온다. 정민은 괜찮다고 했지만, '가끔' 주먹을 꽉 쥐고 '조금씩' 떨면서 이를 악물기도 했다. 희은은 그런 정민이 '낯선 사람' 같아 무섭고, 자신이 그렇게 만들었다고 생각하기 싫어 모른 척 해왔다. 그러나 정민의 그 문장이 자신과 초록에게 위협으로 느껴지기에, 희은으로서는 그냥 넘길 수 없었다. 왜냐하면 '누군가가 이해하기 때문에 또 다른 사건이 일어난다'라는 점을 깨달았기 때문이다. 그런데 가해자가 되어 버린 정민은 왜 그런 문장을 썼는지, '기억이 나지 않는다'. "잠깐 미쳐서 혼잣말을 끄적여놓은 것뿐이라고" 엎드려 빌었지만, 희은은 두려움과 분노에 사로잡혀 울며 소리친다. "여자들은 실제로 없어져! 남자들의 스트레스 때문에 실제로 없어진다고!"(64쪽)

첫 번째 사건에서 촉발된 두 사람의 감정이 두 번째 사건에 이르러 최고조에 이른다. 정민은 자신의 '큰 실수'를 알면서도 서러울 뿐, 희은이 느끼는 불신과 공포의 크기를 알지 못한다. 희은은 그렇게 자신이 초록과 '정민의 세계'에서 분리되어 이물異物이 되었고, 그 문장이 '거절, 거부, 모욕이면서 동시에 위협'이라 여긴다. 정민도 자신이 버려졌다고 생각한다. 자신이 '희은과 정민과 초록의 집'이라는 작은 공간을 지키려고 했으나, 희은이 '건너편 건물의 세계' 즉, '우주선 외부의 세계'에 속해 버린 것만 같다. 정민은 '굴욕감'을 느낀다. 희은의 '너무 심한 말들' 때문에 상처를 받는다.

> 그 모든 해소되지 않은 감정들과 분노와 적대가 구름처럼 뭉쳐 집 안 허공에 떠 있다가 치커리의 몸 위로 천천히 내려앉아 스며드는 동안 두 사람은 서로 전혀 다른 곳에 서 있었다. 그들이 서로의 눈에 여전히 보였다는 사실이 오히려 이상한 일이었다. (65쪽)

가족이라는 테두리에서 벗어나기 시작한 희은과 정민 부부의 상태가 올곧이 첫 번째 고양이에게 전염이 되었는지, 치커리는 그로부터 석 달 뒤에 그들 곁을 떠나버린다. 부부 중심의 가족에서 감정의 골이 깊어지자 그들의 돌봄을 받던 초록이나 고양이 두 마리도 위기를 맞게 된다. 그중에서 치커리가 먼저 반응을 보였고, 치커리의 죽음은 희은의 삶에 죽음을 깊이 관여하게 만든다. Ⅰ의 4에서 친족의 죽음이나 사회적 죽음과 달리 치커리의 죽음에 예민하게 반응하던 희은이 Ⅲ의 23에서 6개월 만에 가족의 해체를 결심한다.

정민에게 보낸 편지에서 희은은 '우리 사이에 신뢰의 시간은 끝난 것 같다'라며 그래도 '사회의 잣대'로 서로를 평가하거나 비교하지 않던 '우리도 그렇게 되었어'라고 고백한다. 그러면서 서로가 아니라 '제도' 즉 결혼을 미워해야 한다며 '잘못된 틀'에서 자신들을 떼어내자고 제안한다. 그리고 직접적인 이유로 정민이 쓴 문장이 무서웠고 거기에 상처를 받았다고 말한다. 신뢰를 회복하려고 부당하다는 생각을 누르고 자신을 부정하며 살 수는 없다고. 각자 '최선'을 다했고 잘 해냈으니, 이제는 '서로를 놓아주는' 것이 "우리의 마지막에도 존엄을 지켜주는 것"(69쪽)이라고 단언한다.

희은의 일방적인 이혼 선언이었지만, Ⅳ에서 서술된 대로, 초록이 초등학교 입학하기 전부터 초등학교 마지막 겨울방학을 맞았을 때까지 6년여에 걸쳐 이혼 절차를 밟아 '그들은' 분리된다.

이혼 절차에서 겪은 고통을 서술자는 '그들의 첫 번째 고양이의 몸이 변해서 된 스톤처럼 예쁘고 무해해 보이는 마지막은 없었다'라고 표현한다. 물론 희은이 생각했듯이 사람들은 '죽음 앞에서 생을 움켜쥐게 될 자신을 두려워하고, 깨끗하고 단정한 죽음을 열망'하지만 모든 것이 수월하지 않다. 이혼 절차가 길어진 이유도 희은의 어머니와 정민의 부모가 두 사람의 이혼을 이해하지 못한 영향도 있다. 그러나 서술에 따르면 희은이 지닌 '아이를 키움으로써 책임을 지는 사람이 되고 싶은 욕망'도 만만치 않았고, 정민도 초록을 책임지고자 했기 때문이었다. 그러다가 정민의 부모가 손주를 욕심내며 법적 절차를 밟겠다고 하는 바람에 정민의 태도가 달라진다. 정민이 부모에게 '처음으로' 저항하고 부모와 절연하면서까지 희은의 편을 든다. 서술자는 이런 정민을 두고 '어른이 되었다'라고 표현한다. 젠더적으로 '남자'로서 부모의 뜻을 거역하고 자기주장을 실현하고 독립하는 것이 바로 '어른 되기'라는 것이다. 그리고 '자신의 부모로서의 자질을 냉정히 평가받고, 양육권과 친권을 유지할지 변경할지 결정하자'라는 것으로 '부모 되기'의 어려움을 표현한다. 이혼 합의가 초록에게는 최선이냐는 정민의 질문에, 희은은 초록이 '우리보다 나은 세상에서 살 것'이며 다른 선택지들이 있게 자신이 애쓸 거라고 답한다.

우연히 찾아온 사랑의 감정에 휩싸였던 두 사람은 '아이를 위해서'라는 목적이 생기자, 무조건 '신뢰'만을 따라서 '결혼제도'에 편입한다. 서술자는 부부가 만들어내는 관계와 일상이 그들이 그토록 두려워하던 '열정 소진'과 '꿈을 이루지 못하는 것'으로 향하고 있다고 암시한다. 그러나 두 사람은 '좋은 사람'과 '헌신적인 부모' 역할놀이에 빠져드는 자신들을 인지하지 못하고, 자신들의 부모와 반대 방향으로 가면 될 거라고 여긴다.

'가족'이라는 테두리 안에서 부부는 돌봄과 경제적 안전을 추구하지만, 때로는 '건너편 건물의 사건'이 내 집 안의 사건으로 연결되는 시대에 살고 있다는 것을 실감한다. 자기와 타인의 존재를 구별하려 하지만, 사회 안에서 자기와 타인은 연결되어 있다. 사회는 이를 관리하기 위해 사람들을 제도 안에 포섭하려 한다. 이에 민감하게 반응하거나 저항하면 '유별난 사람'이 될 수 있다. 희은은 그 '유별난 사람'이 되기로 한다.

그러나 정민으로서는 억울하다. 가족을 위해 자기 꿈을 저버리고 최선을 다해 일했건만, 이해할 수 없는 상황에서 부부관계가 악화하여 가족을 잃었기 때문이다. '이상한 꿈'을 꾼 듯한 결혼생활에서 벗어나자마자 임용고시에 합격하여 중학교 국어교사가 되고 시인까지 된다. '다시 혼자가 되자마자 너무도 쉽게 가능해졌고' '자신으로 돌아갈' 수 있었다. 그리고 '희은이 전에 느꼈을 공포감과 불안의 실체'를 객관적으로 바라보며 이해하게 된다.

이와 달리 희은은 새 직업을 알아보고 할 수 있는 일들을 모두 시도해 보지만, 자신의 한계를 느낄 뿐이다. 나이가 많아 몸이 예전만큼 좋지 않지만, 한편으로 세상을 채우는 많은 일들이 새롭고 흥미롭게 느껴진다. 그리고 학부모로서 '사회적 인정보다는 경제적 인정이 더 중요하다'라는 사실도 실감한다. 그래서 자존심도 버리고 친구에게 도움을 요청하여 연구소 일을 한다. 서술자는 그 일 중에서 흥미로운 프로젝트 하나를 구체적으로 소개한다. 3개월 된 아기를 8명의 지원자가 3시간씩 돌아가며 24시간 돌보는 실험이다. '공동 양육 모형 개발 프로젝트'라 할 수 있다. 대표의 강연 비슷한 언변을 통해 가족을 이루는 요소로 '돌봄과 경제적 부양, 친밀감'을 들고, 양육자 개념에서 '부모'를 떼어내는 문제의 중요성을 제기한다. 더욱이 기혼여성, 돌싱, 비혼 여성들로 구성된 연구원들 대다수가 결혼과 출산, 육아에 단호한 태도로 비판적이라는 사실을 든다. 소설적 문제 제기로서는 가장 시사적인 대목이라 할 수 있다. 그런데 여기서 보이는 희은의 생각이나 태도가 낯설다. 이혼 전, 정민과 갈등하면서 결혼을 고발하고 싶어 하던 희은의 모습이 사라진 듯하기 때문이다. 육아로 '달라진 몸 상태'를 크게 생각하지 않다가, 이혼하여 직업을 찾으며 자신의 한계를 느꼈기 때문일지도 모른다. 그리고 '자신이 낡은 사람이라는 사실', 어쩌면 '아버지와 그다지 다를 게 없는 사람', 즉 "자신이 곁에 있는 사람의 체온과 표정보다는 대의에 더 크게 이끌리고 영향을 받으며, 그래서 종종 가장 가까운 사람들에게 상처를 주기도 하는 사람"을 쉽게 인정한다. 희은은 정민과 마찬가지로 '나와 타자의 상처받을 가능성'을 잘 알았기에, 이를 해결하려면 좋은 사람이 되어야 한다고 생각했다. 그러나 일련의 사건을 겪으며 그 한계를 느낀다. '좋은 사람'이 되려고 하다가 더 상처를 주고받지 말고, 살아남기 위해 자신이 원하는 것을 하며 '자신'이 되기 위해 사는 게 '자신이 원하는 것'임을 깨닫는다.

자기를 주체화하려면 '존재하고자 하는 욕망의 틀'을 규정하고 그 욕망을 가능하게 하는 권력(사회나 제도)에 굴복해야 한다. 권력이 사람들 사이에서 자신이 어떤 위치를 차지할 수 있느냐의 문제라면, 사회 속에서 살아가는 인간에게 권력을 나누며 자기가 된다는 것은 생존과 직결된 문제이다. 버틀러Judith Butler(1956~)는 '그를 예속시키는 권력에 의해 주체가 되기에 주체는 권력과 동시에 예속을 욕망하는 자'[15]라고 말한다. 그러나 주체가 반복적으로 생산된다면, 생산된 주체는 이런 정상화에서 벗어나려 할 수 있다. 예속화를 가능하게 한 권력이 다시금 그 권력에 저항하고 반대하는 자원이 되기 때문이다.

희은과 정민은 부모에게서 독립하여 주체 즉 '제대로 된 어른'이 되려는 욕망을 가졌다. 그러나 '아이'를 선택하면서 결혼(제도=권력)에 편입되어 가족을 이루고 사회적 인정을 받는 부모가 되고자 한다. 주체화와 예속화를 동시에 경험하자, 그들은 자기 존재를 잃었다는 자각을 하고, 결혼에 저항하기로 한다. 게다가 반려묘의 '죽음'을 통해 인간과 동물이 공통으로 지닌 '생물학적 존재의 취약성'을 깨닫고 자기 존재의 욕망을 일깨운다.

희은과 정민은 초록을 위해 자기 부모보다 더 나은 부모가 되고 싶어 하지만 그러지 못하고 결국 헤어진다. 그들의 모습은 자신들만의 삶의 공간을 갖고 싶지만 그러지 못하여 갈등하는 요즘 젊은 부부의 갈등[16]과 겹쳐진다. 두 마리의 각기 다른 반려 고양이가 이러한 부부의 모습에 심리적 불안과 방황을 중층으로 그려내어 가족 문제의 근본적인 원인을 생각하게 한다. 축복 같은 아이를 잘 양육하며 좋은 사이로 행복한 가족을 꾸리려던 부부는, 사소하지만 중요한 것들을 놓침으로써 이혼에 이른다. 이렇게 보면 이 소설은 '불행한 결말'을 보여준 작품이라 할 수 있다. 그런데도, 이 소설을 '해피엔딩'이라고 보는 이유는 이혼 뒤에 희은과 정민, 초록이 보여 주는 가능성 때문이다.

4. 가족은 어른 되는 통과의례

윤이형의 중편소설 「그들의 첫 번째와 두 번째 고양이」는 '그들'과 '그들의 첫 번째와 두 번째 고양이'가 한 가족이 된 사연, 그리고 1인 가족과 한부모가족으로 분리 독립해 가는 과정을 그린 작품이다. 앞서 언급했듯이 소설 제목 때문에 '그들'보다는 '첫 번째와 두 번째 고양이'에 끌려 읽게 된다. 작가는 의도한 듯이 고양이를 중심 화제에 둔다. 그것도 '두 번째 고양이'가 죽었다는 사실로 '그들'에게 고양이가 어떤 존재였는지 궁금하게 만든다. 그래서 서술자는 이 궁금증을 앞에서 풀어준다. 두 번째 순무의 죽음에 '그들'이 함께 슬퍼하고 있으며, 7년 전에는 '첫 번째 치커리'가 죽어서 희은이 충격을 받았다고. 그러나 독자는 그게 중요한 게 아님을 감지할 수 있다. 두 사람이 '아이'를 위해 결혼하고 힘들게 관계를 지키려 하다가 어떻게 헤어졌는지, 그 뒤에 그들은 어떻게 살아가는지가 더 중요하다는 사실을 알게 된다. '그들'이라는 대명사에 속하는 인물―희은과 정민, 초록―이 각자 어떻게 주체가 되어가는가, 그리고 그들의 반려묘였던 '첫 번째'와 '두 번째' 고양이가 '그들'과 어떤 영향을 주고받았는가에 주목하며 읽게 된다.

일반적으로 '가족'은 부부를 중심으로 자녀를 포함하여 구성되지만, '반려 가구 600만 시대'라는 표현처럼 반려인과 반려동물의 관계로 형성된 가족도 늘어나고 있다. 물론 한부모가족, 다문화가족, 조손 가족 등의 혈연 중심 가족과 1인 가구, 대안 가족[17]도 늘고 있다. 이와 관련하여 이 소설이 주목하는 것 중의 하나가 '돌봄 서비스' 실험이다. 앞서 언급했듯이 희은이 공동육아실험을 관찰하고 논의하는 과정에서 실현 가능성이 불투명하게 처리되는 이유는 사회현실과 일맥상통하기 때문이다. 가족 구성의 주목적을 '사랑'으로 볼 수 있지만, 최근 결혼정보회사의 조사[18]에 따르면, 배우자 선택 조건에 경제적 안정과 사회적 지위가 선호된다. 결혼을 사랑의 결실이라고 여기는 낭만적 환상에 갇혀있지 않기 때문이다. 그렇다고 '사랑'과 '돌봄'이 결혼의 조건에서 밀려난 것은 아니다. 여전히 결혼한 부부에게는 사랑과 돌봄의 책임이 있다. 정부나 지자체에서 저출산 정책을 마련해 난임·불임부부나 출산을 앞둔 부부에게 출산 지원을 해주고, 혼전임신으로 결혼하는 부부에게 흔히들 '혼숫감' 운운하며 축하하기도 한다. 물론 육아에 필요한 돌봄 서비스와 경제적 지원을 정책적으로 내세우기도 하지만, 여전히 실효성이 의심을 받는다. 이유는 무엇일까. 그것은 결혼을 전제로 해야 '육아'와 '돌봄' 지원을 받을 수 있는데, 실상 2030 세대는 당장 일자리 문제로 힘들기에 결혼할 엄두도 내지 못한다는 데 문제가 있다. 소설 속에서 희은과 정민은 혼전임신으로 결혼한 맞벌이 부부다. 육아 부담을 덜어줄 '부모 찬스'도 얻지 못한 이들은 경제적 어려움으로 지쳐간다. 그럴 즈음 사소한 문제로 시작된 갈등이 그동안 키워왔던 고통스러운 감정을 건드려 헤어나올 수 없게 만든다. 서로를 이해할 마음의 여유가 없었기에 그들은 '이혼'으로 갈등을 해소하게 된다.

젊었던 '그들'은 아이를 낳고 기르는 동안, 현실 앞에서 열정이 사라지고 꿈과 거리가 멀어진다는 자신들을 애써 외면해 왔는지도 모른다. 그럴 수 있었던 것은, 그들에게 '축복 같은 아이'와 두 사람에게 각각 애정을 표현해주는 두 고양이가 있었기 때문이다. 이들의 만남 그리고 고통스러운 현실과 경제적 불안정이 '두 번째 고양이의 장례식'을 사이에 두고 각자의 관점에서 반추된다. 서술자는 '첫 번째 고양이의 죽음'을 전후에 두고 부부가 헤어지는 과정을 겪어냈음을 밝힌다. 그 과정을 '죽음'을 애도하는 방식과 연결하면서, '가족'의 분리가 반드시 이별의 서사로 끝나는 것이 아니라, '따로 또 같이' 할 수 있는 독립 가족의 형태를 띨 수 있음을 제시한다.

희은과 정민이 '결혼-이혼-사회생활'을 통해 '어른 되기'의 통과의례[19]를 치르는 과정을 재현했다고 볼 수 있다. 결혼이라는 제도에 들어가 '육아'와 소통의 문제로 갈등하고, 이를 해소하기 위해 '이혼'한 뒤, "원하지만 결코 하지 못했던 바로 그 일을 지금 당장 해야" 한다는 자기 회복의 명령[20]을 실현해 나간다. 희은과 정민은 첫 번째 고양이를 장례 치르면서 '분리의례'를 겪는다. 정민은 이혼 과정에서 부모와 절연하면서 비로소 '분리의례'를 완수하고, 이혼 뒤 교사와 시인이라는 사회적 지위를 얻으며 '통합의례'를 지내고 뒤늦게 사람들을 만나며 '과도의례'를 치른다. 이와 달리, 희은은 첫 번째 고양이 죽음을 통해서, 그리고 이혼 뒤 생계를 위해 일을 찾는 과정에서 '과도의례'를 치르며 '통합의례'까지 치르려 한다. 여전히 사회는 여성이 사회적 지위를 회복하는 데 버거운 조건을 내세운다.

윤이형은 이 소설에서 한 아이와 두 고양이를 돌보는 부모의 역할도 중요하지만, 각자의 삶을 잃고 방황하다가 '본래의 자아'를 잃어서는 안 된다고 일침을 가한다. 결혼해서 헌신적인 부모가 된다고 다 '어른'이 되는 것이 아니며, 자기 부모를 거부하고 '제대로 된 부모'가 되겠다고 외친다고 해서 '좋은 부모'가 되는 것이 아니다. 자신이 누구인지, 무엇을 두려워하는지 그 근본을 찾으려고 노력해야 어른도 되고, 가족에서 독립하여 '자기만의 가족'을 이룰 수 있다고 조언한다. 그럴 때 서로 마주 보든 같은 방향을 보든 각자의 자리에서 동등한 인간관계를 이루며 반려자가 될 수 있다. 인간과 동물의 관계도 마찬가지가 아닐까. 인간이나 동물 모두 '상처받을 가능성'이 있는 생물학적 존재다. 그러므로 각자의 본성을 인정하고 존중하며 공존해 나가야 한다.

포스트휴먼 시대를 열어가는 우리로서, 인간의 능력을 대체하거나 증강시키는 정보통신IT 기술을 활용하며, 인간의 생물학적 조건은 물론 능력의 한계를 넘어서려고 끊임없이 도전하고 있다. 이는 인간뿐 아니라 지구에 사는 모든 생명체를 위한 것이기도 하다. 이런 관점에서 1,500만 반려인과 반려동물의 관계를 긍정적으로 볼 수 있다. 그 관계를 통해 삶과 죽음의 경계를 인식하고 반응하는 통과의례를 거친다면, 우리의 감각과 감정, 그리고 철학적 깊이를 더할 수 있기 때문이다. 이로써 우리는 가족의 영역을 확장해 나가며, 가까이 다가온 포스트휴먼 시대를 지혜롭게 살아갈 무기를 하나 더 마련할 수 있을 듯싶다.

미주

*이 글은 『한국어와 문화』 제30집, 2021.에 수록된 논문을 수정, 보완하였다.

1) 이준영, 「"나만 고양이 없어", 펫코노미의 등장」, 인터비즈 · 북21, 2020.1.29.

2) 심진경, 「여성 폭력의 젠더 정치학」, 『젠더와 문화』 4(2), 계명대학교 여성학연구소, 2011.12, 109-110쪽 참조.

3) 권영민, 「2019년 43회 이상문학상 심사평: 서사의 중층성 혹은 고통의 현실 속에서 찾아낸 따스한 사랑」, 『2019 제43회 이상문학상 작품집』, 문학사상, 2019, 347쪽.

4) 권택영, 「작고 따뜻한 행복 앞에서 모습을 감춘 거대 서사」, 위의 책, 349쪽.

5) 김성곤, 「유려한 문장과 빼어난 감수성으로 그려낸 수작」, 위의 책, 355쪽.

6) 정과리, 「'1인 대 만인의 싸움'이라는 심리적 도식의 정글 속에서」, 위의 책, 357쪽.

7) 채호석, 「이미 존재하는 것과 아직 존재하지 않는 것 사이의 긴장」, 위의 책, 360쪽.

8) 소영현, 「더 나은 세계를 위한 사유: 〈그들의 첫 번째와 두 번째 고양이〉와 윤이형의 작품세계」, 위의 책, 158쪽.

9) 그는 1976년 서울에서 태어나 연세대학교 영어영문학과를 졸업했다. 본명은 이슬이며, 소설가 이제하의 딸이다. 대학 졸업 후 직장생활을 하다가 2005년 '중앙 신인문학상'에 단편소설 「검은 불가사리」가 당선되어 등단했다. 등단 때 '지하'라는 필명을 사용하다가, 다음 작품부터 '윤이형'이라는 필명을 사용하기 시작했다. 소설집 『셋을 위한 왈츠』, 『큰 늑대 파랑』(2008년 오늘의 소설 '올해의 선정작'), 『러브 레플리카』, 『작은 마음 동호회』, 중편소설 『개인적 기

억』, 『붕대 감기』, 청소년소설 『졸업』, 로맨스소설 『설랑』 등이 있다. 그는 첨단화된 사회에서 좀 더 미래적이고 혁신적인 것, 낯설고 규정되지 않은 것이 필요하다는 생각을 소설에 반영해 나갔다. 이를 인정받아 2014년과 2015년 젊은 작가상, 2015년 문지문학상, 2019년 이상문학상을 받았다. 그러다가 2020년 1월 31일 '이상문학상 사태'에 동참하며 절필 선언하고 작품 활동을 중단했다.

10) 윤이형, 「나의 문학적 자서전」, 앞의 책, 145쪽.

11) 서동욱, 「상처받을 수 있는 가능성」, 『차이와 타자』, 문학과지성사, 2001, 107~108쪽 참고.

12) 박서현, 「하이데거에 있어서 죽음의 의의」, 『철학』 제109호, 한국철학회, 2011.11, 186쪽.

13) 박정윤, 「박정윤의 으라차차 동물환자: 반려동물과 이별을 받아들이는 방법」, 〈한국일보〉 2021.06.29. 참고.

14) 장보람, 「펫팸족의 반려동물 양육 경험에 대한 현상학적 연구-반려견 양육 경험을 중심으로」, 경성대학교 교육대학원 석사학위 논문, 2019.8, 11쪽

15) 주디스 버틀러, 강경덕 · 김세서리아 역, 『권력의 정신적 삶』, 그린비, 2019, 154쪽.

16) 김성곤, 앞의 글, 356쪽.

17) 대안 가족이란 혈연 · 결혼 · 입양을 기반으로 한 전통적인 가족의 개념에서 벗어나 사회적 신뢰를 기반으로 한 사회적 가족을 말한다. 이미 동거 부부, 비혼 공동체, 동성 부부, 실버 가족(노인 가족), 안식년 가족 등이 존재한다. 대안 가족은 경제, 생활, 여가 등을 함께 하며 일상생활을 협동으로 해결해나간다는 의미를 품은 공동체라 할 수 있다. (이수현, 「다양한 가족의 형태, 인정을 넘어 이해로」, 『베이비뉴스』, 2020.12.16.; 양지혜, 「다양한 형태의 대안 가족」, 『고대신문』, 2003.09.01. 등 참고)

18) 결혼 정보회사 가연이 2021년 6월 8일부터 21일까지 선호하는 배우자의 직업을 주제로 미혼남녀 318명을 설문 조사했다. 그 결과 '선호하는 배우자의 직업'은 '전문직(36.2%)', '공무원·공기업(31.1%)', '대기업(11.9%)', '자영업(6.6%)', '상관없다(14.2%)'로 나타났다. 선택한 이유에는 '경제적 안정(51.6%)', '사회적 지위(29.6%)', '같은 직종이라(11.9%)', '여유 시간이 중요해서(6.9%)' 등을 꼽았다. (박정래, 「결혼 정보회사 가연, 미혼남녀 51.6% 결혼 통한 경제적 안정도 중요」, 〈문화뉴스〉, 2021.07.16., http://www.mhns.co.kr 참고)

19) A. 반 게넵(Arnold van Gennep)이 '통과의례'라는 말을 최초로 이용하고, 1909년에 『통과의례(Rites de passage)』라는 제목의 책을 출판하였다. 그에 따르면, 통과의례는 분리의례(rites de separation), 과도의례(rites demarge), 통합의례(rites de degregation)의 3단계로 구분할 수 있다. 분리의례는 기존의 지위나 상태에서 벗어나는 '이별'을 상징하는 형태로 행한다. 예를 들어 죽음을 상징하는 행위나 여행을 하거나, 마을에서 떨어진 집에 틀어박혀 있는 것이다. 2단계에 해당하는 과도의례는 자기가 이미 지금까지의 상태가 아니며, 아직 새로운 상태에도 들어가지 않은 중간적이고 무한정한 상태에 있다는 것을 나타낸다. 그래서 다가올 생활에 대처하기 위해 배우려고 해야 한다. 마지막 통합의례는 분리의례와 과도의례를 끝내고 새로운 지위나 역할을 부여받아서 사회로 복귀하는 의례이다. (터너 빅터, 『의례의 과정』, 박근원 역, 한국심리치료연구소, 2005. 참고)

20) 소영현, 앞의 글, 158쪽.

제5장

신자유주의 시대 중산층의 재난의식과 가족주의 이데올로기

- 웹툰 〈위대한 방옥숙〉과 〈쌉니다, 천리마 마트〉를 중심으로 -

최배은

1. 신자유주의 시대의 재난의식과 가족

최근 제5차 코로나 19 재난지원금 지급 기준에 대한 논란이 일면서 소득 수준별 계층에 대한 관심이 높아지고 있다. 마침내 소득 하위 88%에게 지급하기로 결정이 났는데, 이는 바꾸어 말하면 상위 12%를 제외한다는 뜻이다. 즉 재난지원금을 받지 못하는 개인이나 가구는 우리 사회에서 최상위 계층에 속한다. 하지만 그에 해당하는 사람들은 막상 그 결과를 받아들이지 못하는 경향이 있다. 소득뿐 아니라 자산 보유 현황도 고려하고 있지만, 소득이 같더라도 독신 가구에 기준이 불리하게 적용된다는 등의 불만을 제기한다. 이러한 마찰과 잡음은 주로 지급 기준의 형평성을 문제 삼지만, 다른 측면에선 소득을 기준으로 구분한 계층과 실제 사람들의 계층 의식이 일치하지 않음을 시사한다. 다시 말해, 재난지원금을 받지 못하는 사람들이 스스로를 최상위 계층이 아닌 중산층으로 여기는 경우가 많다.

중산층의 사전적 의미는 재산을 가진 정도가 유산계급과 무산계급의 중간에 놓이는 계층인데, 백과사전을 참고하면 그렇게 단순하지 않다. 다음 백과에서 중산층의 정의는 "우리 사회에서 교육의 기회가 많고 경제적으로 여유가 있는 계층"이다. 구체적으로 "OECD의 기준에 따르면 한 가구의 소득이, 전체 가구를 소득 순으로 나열했을 때 가운데 소득에 해당하는 중위소득의 50～150%인 가구가 중산층에 해당"한다. "이 기준으로 보면 중위소득의 50% 미만은 빈곤층이고, 150% 이상은 상류층"이다. 한편, 인적자원관리 용어사전에서는 "중산층은 아직 그 개념이 명확하지 않다"라고 전제한 뒤, 경제적 지표뿐 아니라 "중산층 사회에 스스로 속한다고 생각하는 '정신적 상태'도 중요한 지표가 된다"라고 한다. 이처럼 중산층의 개념은 분명치 않지만 자본주의 사회에선 그 근간을 이루는 계층으로 매우 중시하면서 중산층의 축소를 사회의 위험 신호로 간주한다. 그런데 1980년대 이후, 전 세계적으로 정부의 규제를 최소화하는 신자유주의 시대가 도래하면서 고용 불안정과 사회복지 예산의 급감으로 실직률이 높아지며 중산층이 붕괴하고 있다.

우리나라에서는 1997년 IMF 구제 금융을 계기로 신자유주의 체제가 본격화되면서[1] 대량 실업 사태가 발생하고 정규직의 비정규직화 등 고용 불안정이 심화하였다. 2007년에 글로벌 금융위기를 또 겪으면서 한국의 중산층은 심대한 타격을 입었다. 피해자들에게 일종의 재난인 이러한 위기는 중산층으로서 누리는 경제적, 사회적 지위가 견고하지 못하며, 언제든 박탈당할 수 있다는 불안감을 갖게 하였다. 이것은 일제 강점기나 한국전쟁기에 엄습했던 재난의식에 비해 모호하고 개인적인 측면이 있다. 외세의 침략과 전쟁 상황은 국민 모두의 생존을 위협하는 물리적 폭력이 눈앞에서 벌어지고 그 발생과 종식을 분명히 알 수 있다. 하지만 외환위기 등으로 인한 경제적 위기는 그 전개 상황이 국민에게 투명하게 공개되지 않고, 자본주의 체제를 벗어나지 않는 한 언제, 어느 곳에서든 발생할 수 있다. 그 피해의 정도도 균일하지 않다. 오히려 그러한 상황에서 큰 이익을 보는 계층도 있다. 그러다 보니 사회 구조적으로 발생한 위기임에도 그 책임은 오롯이 개인의 몫으로 남게 된다. 개인의 선택과 능력, 의지 등으로 해결할 수 없는 문제임을 알면서도 그에 대한 재난의식은 전 사회적으로 공감하고 연대하기가 어렵다. 사람들은 가족 단위로 재난을 겪거나 그에 대비할 수 있을 뿐이다.

김동춘에 따르면, 한국의 가족은 사회적 지위를 확보하기 위한 기반으로서 개인의 자기 보호, 지위 유지 전략으로 활용되었다. 주로 도시 중산층에서 나타난 한국의 교육열은 강력한 계층 상승의 열망이자 입신 출세주의의 발현으로서 능력주의와 거리가 멀다.[2] 한국 사회에서 재난은 가족주의를 강화해왔지만 신자유주의 시대 가족은 보다 개인적이고 기능적인 양상을 띤다. 개인의 경제활동에 대한 정부의 개입이 축소되고 계층 간 격차가 커지면서 가족은 일종의 경제 공동체 성격을 노골화하며 그 구성원은 계층 상승을 위해 각자에게 부여된 역할을 수행한다. 가족 구성원들이 자기 역할을 제대로 하지 못하면 가족의 결속은 약해지고 급기야 해체되는 결과에 이르기도 한다. 하지만 가족 및 가족주의는 오랜 세월 동안 사람들의 욕구를 만족시키며 대중들에게 가치 있는 것으로 여겨져 왔기 때문에[3] 가족의 해체 현상이 두드러질수록 대중매체를 중심으로 가족주의 이데올로기를 구현한 콘텐츠들이 생산, 유통된다. 이 콘텐츠들은 현실의 가족과 사회를 풍자하는 한편, 제기한 문제를 가족주의 이데올로기로 봉합하려는 양가적 성격을 띤다.

이 글에서는 네이버 웹툰 〈위대한 방옥숙〉과 〈쌉니다, 천리마 마트〉를 중심으로 대중 서사에서 확인할 수 있는 신자유주의 시대 중산층의 재난의식과 가족주의 이데올로기에 대해 살펴보고자 한다. 〈위대한 방옥숙〉은 2019년 5월 5일부터 2020년 9월 27일까지 연재하여 74화로 완결한 작품이고 〈쌉니다, 천리마 마트〉는 2017년 6월 15일부터 2018년 6월 19일까지 1부 105화, 2부 54화로 연재를 완료한 작품이다. 전자는 한강 조망권 아파트를 소유한 중산층 가족의 해체와 함께 아파트에 집착하는 주민(특히 여성)들의 소외와 불안, 광기를 나타낸 문제작이고, 후자는 양심적이고 능력 있는 남성 관리자가 비리의 온상이자 망해가는 대형 유통업체를 살려서 타락한 남성 경영인의 비행을 바로잡고, 유통업체를 사회적 약자들의 가족적 유토피아로 만들어가는 판타지이다. 〈쌉니다, 천리마 마트〉는 2019년 9월 20일부터 12월 6일까지 tvN 드라마로도 방영되었다. 두 작품은 여러 측면에서 대조적이다. 〈위대한 방옥숙〉의 작가는 여성이고, 사실주의 경향을 띠고 있으며 서울 도심의 한강 조망권 아파트가 주요 제재이자 공간이다. 반면에 〈쌉니다, 천리마 마트〉의 작가는 남성이고, 환상주의 경향을 띠고 있으며, 경기도 봉황시의 유통업체가 주요 제재이자 공간이다. 하지만 둘 다 21세기 대한민국의 중산층 현실에 문제를 제기하고 그 원인을 생각하게 한다.

21세기 대중들, 특히 10대와 20대에게 큰 사랑을 받는 웹툰에서 우리 사회의 문제를 본격적으로 다룬 작품이 창작되고 화제가 된다는 사실은 고무적이다. 그것은 비교적 젊은 작가들이 우리 사회의 문제에 대해 진지하게 탐구하고 있으며, 작가보다 더 어린 세대들이 그에 응답하는 현상이라고 볼 수 있기 때문이다. 즉 신자유주의 시대의 위기는 기성세대뿐 아니라 오늘을 살아가는 젊은이들에게도 절박한 문제를 야기하며 웹툰을 매개로 소통하게 한다. 자기 어머니가 아파트 부녀회장을 하면서 왜 그렇게 전사의 페르소나로 중무장했는지 이해하게 되고, 상품의 가격경쟁이 소비자에게 이롭기만 한 것이 아니라는 사실을 깨달을 수도 있다.

다시 말해 웹툰을 통해 세대 간 소통이 이루어지고 우리 사회의 문제를 공유할 수 있게 되었다. 그것도 이전의 종이책보다 훨씬 다양하고 많은 사람들 사이에서 자발적으로 말이다. 그래서 두 작품을 대상으로 우리 사회의 문제를 성찰하는 일은 과거와 현재의 대화이자, 미래를 여는 길이기도 하다.

2. 〈위대한 방옥숙〉: 중산층의 허위의식과 가족해체

물질적 보상을 위한 가족

〈위대한 방옥숙〉은 주인공 방옥숙을 비롯한 '노블 골드 캐슬 아파트' 주민들의 이야기이다. 여러 세대가 나오는 일종의 가족 드라마인데, 평범한 각 가정의 이야기가 섬뜩하다. "3화. 사라진 남편", "10화. 일가족 살인 사건"과 같이 각 화의 제목에서부터 가족의 해체 및 파괴가 암시된다. 방옥숙은 10년 전, 이 아파트에 입주할 때만 해도 남편, 아들, 딸과 함께 단란한 가정을 꾸리고 있었는데 현재는 고등학생 딸만 곁에 있다. 남편 이상철은 실직한 사실을 가족에게 알리지 않고, 가출하여 산에서 자연인으로 산다. 웹툰 지망생인 아들 이동훈은 방옥숙에게 그림 그릴 장비 등을 요구하더니 급기야 집을 나가 여자 친구와 살림을 차린다. 그리고 방옥숙에게 여전히 돈을 요구한다. 방옥숙이 그 요구를 들어주지 않을 땐 단절되었던 관계가 아파트를 팔아 돈을 해주겠다고 하자 회복된다.

이처럼 방옥숙 가족의 관계를 유지하는 중심축은 '돈'이다. 남편이 사라졌을 때 방옥숙이 가장 먼저 했던 말은 "아파트 중도금도 내가 다 빌려서 냈는데! 지가 한 게 뭐가 있다고 사라져!"였다. "애들은 어떻게 하라고"라는 걱정이 이어지지만 그것은 아버지 없이 자라날 아이들에 대한 걱정이라기보다 남편이 벌어다 주던 수입이 사라진 것에 대한 난감함의 표현이다. 남편에 대한 걱정이나 관계에 대한 성찰은 없다. 방옥숙의 욕망은 사람이 아닌 물질과 지위에 있기 때문에 남편의 부재보다 그로 인한 손실에 가장 큰 타격을 입는다. 그래서 그 부분부터 단속한다. "너희 절대로 어디 가서 아빠가 집 나갔다는 소리 하면 안 된다. 알았지? 아빠는 계속 회사에 다니고 있는 거야." 이성애 중심의 정상 가족 이데올로기가 지배적인 한국 사회에서 가장의 가출은 가족의 비정상성을 드러내는 것이기에 방옥숙은 그 사실을 철저히 숨긴다. 이렇게 남편의 부재는 봉합되고 방옥숙은 "남편의 빈자리를 메꾸기 위해" 보다 정확히 남편이 벌던 돈의 빈자리를 채우기 위해 닥치는 대로 일한다. 방옥숙은 이때부터 본격적으로 타락한다. 아파트 부녀회장을 하며 여러 공사비용을 횡령하고 업체들을 알선하는 대가도 적잖게 챙긴다.

방옥숙에게 이런 삶의 방식은 자식들을 양육하기 위한 어쩔 수 없는 선택이자 희생으로 합리화되지만 그보다 더 강렬한 욕망은 "겨우 이뤄낸 중산층 삶을 놓치고 싶지 않"은 것이다. 한국에서 아파트는 축재의 수단이면서 계층을 나타내는 지표이다. 방옥숙은 반지하 집에서 꿈꾸던 '노블 골드 캐슬 아파트'로 입주하고부터 이곳에서 낙오하지 않는 것을 삶의 절대적인 목표로 삼는다. 아파트의 인테리어를 위해 최신 고급 에어컨을 샀지만 가족들을 위해선 결코 틀지 않는 것처럼, 언젠가부터 가족들을 위한 아파트가 아니라 아파트를 위한 가족들이 존재하게 되었다. 그래서 방옥숙 남편처럼 중산층이라는 사회적 지위를 유지하는 데 쓸모없어진 구성원은 가족으로부터 떨어져 나간다. 하지만 하다스 바이스가 《중산층은 없다》에서 말한 것처럼, 경쟁적인 환경에서 안정을 추구하기 위해 투자한 재산이 도리어 안정을 이루게 하는 조건들을 불안정하게 만들 수 있다. 우리가 재산을 소유할 때 가지는 것은 우리가 모두 생산한 것의 극히 일부분으로서의 가치이다. 그것은 시장의 상황, 상품 교환과 노동 조건에 영향을 미치는 사회적, 정치적 힘의 변동에 따라 끊임없이 변화한다. 우리는 재산에 우리 자신이 부여한 가치가 저장되었다고 여기기 때문에 투자하지만, 재산에 함축된 가치는 우리의 예상 밖에 있으므로 이러한 믿음은 하나의 환상일 뿐이다.[4] 재산 가치의 불안정성에 대한 불안감은 사람들로 하여금 끊임없이 재산에 투자하게 만들어 결국 미래와 재산에 종속된 삶을 살게 한다.

다른 주민들에게도 물질적 보상이 가족을 이루고 유지하는 핵심 요소이다. 아파트 입주권을 받기 위해 아이를 입양하였다가 친자녀가 생기자 파양하는 가족도 있고, 남편에게 날마다 두들겨 맞고 살더라도 주부잡지사에서까지 취재하러 오는, 아름답게 꾸민 집을 포기할 수 없는 아내도 있다. 김예리는 방옥숙과 달리, 남편에게 매 맞는 여성이다. 방옥숙이 중산층의 삶을 위해 남편에게 경제적 압박을 가하며 가족의 해체 과정을 겪었다면, 그녀는 남편의 상습적 폭력과 외박으로 이미 파경에 이른 관계를 아파트 때문에 부여잡고 있다. 김예리에게 아파트는 남편에게 학대와 멸시를 당하면서도 결코 포기할 수 없는 절대적 가치를 지닌다. 가부장의 폭력 가정에서 자라난 김예리는 어린 시절부터 자기만의 평화롭고 아름다운 공간을 꿈꾸었고, 아파트는 바로 그 꿈을 이루어주는 곳이다. 따라서 김예리에게 중산층의 삶은 방옥숙처럼 경제적인 차원에만 머물지 않고, 폭력적인 현실을 잊게 해주는 스위트홈의 환상이 작동하는 삶이다. 그녀는 남들이 부러워할 분위기로 집을 꾸미고 그 사진을 SNS에 게시하며 환상의 성을 쌓아나간다. 하지만 남편은 아내 혼자만의 스위트홈을 허락하지 않고 이혼을 요구하며 아내가 모르게 집을 판다. 남편이 그녀를 지탱해주던 환상마저 앗아가자 김예리는 남편에게 가장 정직한 태도를 보인다. 바로 남편을 살해한 것이다. 김예리의 남편 살해 사건은 이 웹툰의 중심사건이면서 가족해체의 극단적 양상을 나타낸다.

한국의 중산층을 상징하는 노블 골드 캐슬 아파트 주민들은 가족이 사랑과 혈연으로 맺어진 절대적 관계라는 통념이 얼마나 현실과 다른지 적나라하게 보여 주고 있다. 특히 IMF 구제 금융 시대 이후, 실직자가 늘어나고 부동산 시장은 상승세를 보이는 한편, 금융시장은 세계 자본의 흐름에 따라 예측 불허의 불안정성을 나타내면서 사람들의 생계 강박증은 더 심화하였다. 하지만 중산층의 생계 걱정은 자연재해나 전쟁으로 인한 굶어 죽을 걱정과는 다른 것이다. 현재 누리고 있는 지위의 추락을 생물학적 죽음 못지않게 금기시하며, 사회적 신분을 공유하는 가족은 계층 유지 및 상승을 위해 이익집단화하고 있다. 이러한 현상은 독일의 페르디난트 퇴니스가 제안하여 사람들에게 널리 알려진 공동사회와 이익사회의 개념과 다르다. 그에 따르면 공동사회는 "취향, 습관, 신념에서 의지(욕구)에 의해 만들어진 형성체를 말한다. 그 원형을 말한다면 부모와 자식 간의 관계, 형제 간 관계, 촌락공동체 내에서의 이웃 간 관계, 신앙공동체 등을 들 수 있다."[5] 이익사회는 그와 반대 개념으로 "서로 결합해 있는 개인들이 단지 일정한 목적을 위한 수단으로 파악하는 실체를 말한다. 그러니까 그 목적 자체가 없어진다든지 변질할 때에는 이러한 사회적 실체도 따라서 없어지든지 변질하든지 한다."[6]

모성 신화로 무장한 이익집단, 아파트 부녀회

이 웹툰은 부동산 사업으로 수익을 창출하는 이익집단(재개발 조합, 아파트 건설사, 정치인)과 이웃 지역의 재개발로 인한 아파트 값 하락을 막으려는 아파트 부녀회원들의 대결 과정을 중심으로 전개된다. 그래서 부녀회원들의 각 가정 이야기 못지않게 중요한 사건이 부녀회원들의 활동이다. 퇴니스의 정의에 따르면, 아파트 부녀회도 본래 촌락공동체 내의 이웃 관계로서 공동사회에 해당한다. 하지만 현대 사회에서 아파트 부녀회는 관리사무소와 더불어 아파트 운영의 중요한 결정권을 행사하며 부녀회장이 관리사무소장과 비등한 권력을 쥐는 경우도 있다. 〈위대한 방옥숙〉의 '노블 골드 캐슬 아파트 부녀회'는 특히 아파트 값을 상승시키기 위해 수단과 방법을 가리지 않는 전력을 자랑한다.

한국 사회에서 기혼여성을 나타내는 '아줌마', '엄마', '부녀'는 가족을 위해 초인적인 힘을 발휘하는 모성 이미지를 연상시키는 용어로서 여성의 정체성을 개인이 아닌, 관계와 기능으로만 규정한 모성 이데올로기의 대표적 산물 중 하나이다. 여성들은 타인에게 그러한 호칭으로 불리기 싫어하면서도 그 용어가 환기시키는 강력한 힘을 이용하기도 한다. 박근혜 정권 때 등장한 주옥순의 '엄마 부대'는 그러한 대표적인 예라고 할 것이다. 엄마들이 자식과 나라를 걱정해 도시락 싸 들고 다니며 활동한다는 주옥순은 정치적이고 친일적인 주

장들을 내세우며 의견이 다른 사람들에게는 매우 폭력적인 행동을 하여 사회적 물의를 빚기도 하였다.[7]

'노블 골드 캐슬 부녀회'는 자기주장을 관철하기 위해 폭력적인 양상을 띠기도 한다는 점에서 '엄마 부대'와 비슷한 면이 있다. 그들은 아파트에서 일가족 살인 사건이 일어난 후, '매미 아파트'라는 이름을 귀족적 느낌이 나는 영어 이름으로 바꾸어 이미지 변신에 성공하였고, 인근 지역에서 추진 중이었던 구치소 건설 계획을 온몸으로 항거하여 철회시켰으며, 임대 아파트 쪽으로 난 출입구를 막아 자녀들이 임대 아파트 자녀들과 어울리는 것을 차단하였다. 거기에 유명 강남학원을 유치하여 집값의 고공 행진을 이루어 온 것이다. 윤지애 부녀회장은 '천하무적 부녀회'를 만든 일등공신으로서 모성 신화로 무장한 막무가내 투지를 단적으로 보여 주는 인물이다. 불리한 상황에서도 "불가능한 걸 가능하게 만들어 온 게 바로 우리 아닙니까!"라고 외치는 윤지애의 투쟁 의지는 아들을 위한 일그러진 모성에 기반을 두고 있다. 말기 암 환자인 윤지애는 그 사실을 알고서 더욱 재개발 반대 운동에 필사적으로 임한다. "집값은 지키고 죽는다"라는 윤지애의 비장한 각오는 "내가 집값을 지키지 못하면, 우리 아들은 끝이다."라는 위기감에 기인한다. 서울 한강 변에 위치한 고가의 아파트 소유자가 성인 아들을 두고 품는 걱정이기에 일반적으론 납득하기 어렵다. 결국 윤지애는 투쟁 현장에서 쓰러져 부녀회장은 방옥숙이 맡는다. 윤지애의 걱정은, 남편이 가출하고 나서 방옥숙이 느꼈던 위기감과 상통하는 부분이 있다. 방옥숙이 현재 누리는 물질적 삶을 더 이상 누릴 수 없게 되면 인생이 끝장났다고 여기는 것처럼 윤지애도 마찬가지이다. 그녀 역시 남편과 일찍이 헤어져 홀로 아들을 키웠기에 자기가 죽은 후, 아들이 중산층에서 낙오된 삶을 살까 봐 두려워한다.

이러한 중산층의 경제적 재난의식, 생계 강박은 재개발 반대를 외치는 투쟁 구호를 통해서도 선명히 드러난다. 다음은 〈제2화 천하무적 노블 골드 캐슬 부녀회〉에서 인용한 것이다.

주민 생존권 위협하는 희세 2지구 재개발 결사반대
- 노블 골드 캐슬 입주민 일동 -

위의 구호는 부녀회에서 재개발 반대 투쟁을 위해 만든 피켓에 쓴 표현이다. 여러 시위 현장에서 접했던 익숙한 표현들이다. 그런데 노블 골드 캐슬 아파트 상황에 비추어 보면, 잘 맞지 않는 단어가 있다. 바로 '생존권'이다. 생존권은 인간의 기본적인 자연권의 하나로, 각 개인이 완전한 사람으로서 생존하는 데에 필요한 모든 것을 국가에 요구할 수 있는 권리이다. 다시 말해 생존권에 위협당한다는 것은 의식주 및 인간으로서 보장받아야 할 교육권 등이 침해받는 경우라고 할 수 있다. 하지만 아파트 값이 하락한다고 해서 사람들이 생존할 수 없는 것은 아니다. 여기에 쓰인 '생존권'을 보다 적확하게 고친다면 '재산권'이 될 것이다. 그렇다면 위 구호에 쓰인 '생존권'은 주민들의 주장을 극단적으로 내세우는 수사적 표현으로 볼 수 있다. 그런데 윤지애를 비롯한 부녀회원들의 아파트 값 하락에 대한 위기의식과 그것을 막기 위한 투쟁 방식을 보면, '생존권 위협'이나 '결사반대' 어구는 결코 과장이나 수사가 아니다. 그동안 승승장구했던 부녀회가 정경 유착 건설사의 하수인인 재개발업자와 대결하면서 부녀회는 물리력, 조직력, 자금력 등에서 밀리며 만신창이가 된다. 그 과정에서 방옥숙을 비롯한 부녀회원들은 납치, 감금, 고문당하며 그야말로 죽을 위기에 처한다. 이렇게 〈위대한 방옥숙〉은 재개발업자와 아파트 부녀회의 갈등을 통해 신자유주의 사회에서 이익집단 간의 대결이 얼마나 치열한지, 또 한국 사회에서 희생적 모성으로 무장한 아파트 부녀회가 대표적 이익집단으로 기능한다는 사실을 풍자하고 있다.

〈위대한 방옥숙〉에서 신자유주의 시대 중산층을 재현하는 방식은 매우 신랄하다. 그 시선은 세대와 성별, 계층을 가리지 않고 모든 등장인물을 투과한다. 사회 권력층으로 부정부패를 저지르고, 비겁하고 나약하며 가정에서 폭력을 행사하는 남성들은 아내에게 살해당하거나 법의 심판을 받는다. 하지만 여성에 대한 시선은 남성과 달리, 복잡하다. 남편을 살해한 김예리는 부녀회원들의 적극적인 보호와 협력으로 그 사실을 숨기고 아파트를 떠나 자유로운 삶을 산다. 부녀회 회원들도 결국 재개발을 막고 평화로운 일상을 맞이한다. 마지막 부분의 그 과정은 이제까지 유지되던 핍진함이 사라지고 우연과 운에 근거하기에 마치 판타지처럼 느껴진다. 이러한 차이는 작가가 중산층 기혼여성들의 일그러진 삶에 문제를 제기하면서도 그들의 가정을 위한 희생적 삶, 특히 자식에 대한 절대적 모성은 의심하지 않으며, 동시에 그들을 가부장제의 희생양으로 보는 연민의 시선 때문인 듯하다. 그래서 제목 또한 중의적 의미를 띤다. 결국 목표한 바를 모두 이룬 방옥숙은 '위대한' 동시에, 그 떳떳하지 못한 과정을 생각하면 반어적 의미가 형성되는 것이다.

부모를 반복하는 자녀

〈위대한 방옥숙〉의 또 다른 중심사건은 방옥숙의 딸인 이재희의 사랑 이야기이다. 한국에서 중산층 자녀들의 관계는 그들의 환경과 부모의 가치관을 반영한다. "4화. 부녀회의 아이들"에서 그 관계를 단적으로 보여 주는데, 방옥숙의 딸 이재희는 같은 고등학교 임주리의 "꼬붕" 노릇을 하고, 임주리는 자기 외모와 재력을 과시하며 여자친구든 남자친구든 원하는 대로 부리고 이용한다. 그렇다고 일방적인 노예 관계는 아니다. 그보다 중세 시대의 영주와 기사, 영주와 농노처럼 계약관계를 형성하고 있다. 언제부터 어떻게 친구 관계를 '거래'로 학습했는지 나오지 않지만 그들의 또래문화에서 조건부 계약 친구는 생활의 논리이다. 아무도 그 논리에 문제를 제기하지 않으며 부당하다고 생각하지 않는다. 문제는 자신의 위치이며 그것을 어떻게 높이는가일 뿐이다. 갑과 을의 관계에서 갑이 계약의 주도권을 쥐고 불평등 계약을 할 수 있는 것처럼 위계화된 친구들 사이의 계약도 그렇기 때문이다. 연애도 비슷한 계층끼리 하지 않으면 비난의 대상이 된다. 이때 비난을 받는 것은 갑이 아닌 을의 몫이다.

이재희는 외모, 재력, 학력 등 어느 것 하나 뛰어나지 않아 을의 계층에 속한다. 그런데 학교에서 갑 중의 갑이자, 선망의 대상인 임하준이 재희에게 사귀자고 한다. 재희는 꿈꾸는 듯한 기분으로 하준과 사귀지만 그 사실을 알게 된 다른 여자아이들에게 SNS 테러를 당한다. 그 사건을 계기로 하준은 재희를 자기 여자 친구로 당당히 공개하고 둘의 관계는 역전된다. 남들이 보기엔 하준이 갑일지 모르나 둘의 마음을 기준으로 볼 때는 재희가 갑이기 때문이다. 재희는 하준과 사귀면서도 힘들고 불안할 땐 웅진을 먼저 찾는다. 웅진은 하준과 달리, 을에 속하는 아이이고 성격도 조심스럽고 세심하여 재희의 마음을 잘 알아준다. 자기 마음을 확신하게 된 재희는 하준과 이별하고 웅진과 사귄다. 그때 재희에게 SNS 테러를 했던 아이들은 재희가 하준에게 차이고 이제 찐따끼리 잘 사귄다고 쑥덕인다. 하지만 재희가 일부러 웅진의 안경을 벗기자, 놀리던 아이들은 웅진의 잘생긴 얼굴을 보고 기함을 토한다. 이런 장면은 아이들이 어른들을 따라 형성한 계층 의식이 얼마나 허술하고 즉흥적인지 시사한다. 그보다 견고하고 지속적인 것은 사람의 감정이나 의식 밖에 있다. 〈위대한 방옥숙〉에선 그 냉혹한 진실을 통해 이 웹툰이 결코 해피엔딩이 아니며, 그로테스크한 중산층 이야기는 세대를 이어 계속될 것임을 예고한다.

윤지애 장례식장에서 재희는 웅진과 아파트 광고를 보다가 웅진에게 나중에 커서 결혼하자고 한다. 웅진도 좋다고 한다. 그러면서 재희는 "난 우리 엄마와는 다르게 살 거야. 작은 행복에 감사하며 살 거야. 돈보다도 더 중요한 건 우리의 사랑이니까!"하고 결심한다. 그리고 27세 방옥숙이 29세 이상철과 결혼을 약속하는 장면이 이어진다. 그때 방옥숙과 이상철은 다음과 같은 대화를 나눈다.

> 방옥숙 : 난 절대 우리 엄마 아빠처럼 살지 않을 거예요. 우리 엄마 아
> 빠는 정말 지독한 구두쇠거든요. 돈이 인생의 전부인 줄 알아
> 요. 전 돈보다 더 중요한 게 있다고 믿어요.
> 이상철 : 나도 그렇게 생각해요. 결혼하면 정말 행복하게 해줄게요.

결혼 전, 부모처럼 돈만 보고 살지 않겠다고 결심한 방옥숙은 결국 돈의 노예가 되어 살았다. 방옥숙의 과거를 통해 재희의 미래도 다르지 않을 것임을 암시한다. 자본주의 사회에서 이상적인 가족 모델은 중산층에 근거하는데, 중산층의 개념 자체가 모호하고 광범위하기에

사람들은 실체로서의 중산층은 알기 어렵다. 각자가 생각하는 '중산층'이라는 허위의식을 좇다 보면 끊임없이 재산을 축적해야 해서 돈의 노예가 되지 않을 수 없다. 이렇게 부모를 반복하는 자녀의 삶을 보임으로써 중산층의 불안과 위기의식이 개인의 가치관이나 의지를 초월한 신자유주의 사회의 실존적 문제임을 환기시킨다.

3. 〈쌉니다, 천리마 마트〉 : 신자유주의 위기와 가부장 판타지

실직자들의 일자리 창출

〈위대한 방옥숙〉의 처절하고 지독한 세계에 몸서리친 독자라면, 〈쌉니다, 천리마 마트〉에서 큰 위안을 얻을 것이다. 이 작품은 〈위대한 방옥숙〉에서 직시한 현실을 환상적인 대안 서사로 보여 주고 있다. 이 웹툰의 중심 공간은 현대 사회의 주요 유통업체인 대형 할인 마트이다. 그런데 천리마 마트는 대마 그룹 회장의 아들이 자금을 횡령하는 수단으로 쓰이고 거의 방치되어 있다. 이곳에 대마 그룹의 창업 멤버이자 일등공신인 정복동 이사가 사장으로 부임하면서 큰 변화가 일어난다. 정복동은 손님도, 물건도 없는 마트에 먼저 직원부터 채용한다. 이때 직원을 뽑는 방식이 특이한데 학력도, 경력도, 시험도 보지 않는다. 각자 얼마나 절박한 사연으로 직장을 구하는지 들은 후, 전원 정직원으로 합격시킨다. 그래서 전직 조직폭력배, 라커, 명예 퇴직자, 아프리카 원주민 빠야족 등 다른 곳에서 취업하기 힘든 사람들에게 기회를 준다. 정복동 사장의 이러한 실직자 구제는 IMF 구제 금융 때 회장의 지시에 따라 명예 퇴직자 명단을 작성하여 수많은 사람을 해고한 일에 대한 부채의식과도 관련이 있다.

사람들이 피부로 느끼는, 규제 자본주의에서 신자유주의로의 가장 큰 변화는 일자리 환경이다. 세계 대공황을 계기로 케인스 경제학 이론에 기반을 두었던 규제 자본주의가 정부의 개입을 최소화하는 신자유주의 체제로 바뀌면서 노동조합은 약화하거나 붕괴하여 노동자들은 자본가와 협상할 수 있는 힘을 잃게 되었다.[8] 거기에 금융시장의 발달로 기업들의 생산 부문에 대한 투자가 줄어들고, 인공지능 로봇들이 인간의 일자리를 대신하면서 실직자들이 늘어나고 노동 조건은 더욱 열악해졌다. 〈싼니다, 천리마 마트〉에선 이러한 구직난을 풍자하고 있다. 그중 마트 직원들을 깊이 감동시킨 사연은 죽은 이의 채용 사건이다.

14화에서 어느 날, 한 소녀가 아버지의 영정 사진을 품에 안고 천리마 마트에 와서는 아버지를 취직시켜 달라고 한다. 소녀의 아버지는 사법고시에서 1차만 붙고 계속 떨어져 부인이 가출하자 고시를 포기한다. 그리고 직장을 구하러 다니다 그만 교통사고로 죽는다. 소녀는 아버지가 한이 맺혀 원귀가 될까 봐 아버지가 제출했던 30여 개의 이력서를 가지고 아버지의 직장을 구하러 온 것이다. 정복동 사장은 그 아버지의 취직을 허락하고 소녀도 함께 사원으로 채용한다. 소녀가 의지할 곳 없는 고아라는 사실을 알고 천리마 마트를 소녀의 집으로 마련해 준 것이다. 이쯤 되면 천리마 마트가 영리단체인지 구호단체인지 그 정체성이 모호해진다. 하지만 이러한 과감한 채용이 천리마 마트의 매출을 늘리는 데 결정적 요인으로 작용한다.

우선 저마다의 사정으로 정규직 취업을 못 하던 사람들은 자신들의 첫 직장에 대한 감사와 애정으로 성심껏 일하며 천리마 마트의 사활에 자기 인생을 건다. 또 독특한 이력을 지닌 사람들을 적재적소에 배치하여 업무의 효율을 높이는 데 성공한다. 가령, 위에서 말한 소녀가 담당한 곳은 도서판매 부스인데, 정복동은 처음부터 소녀를 노동자로서가 아닌 생계비를 주며 돌보기 위해 취업시켰다. 그래서 도서판매 부스 중앙에 마루와 공부상을 설치하여 소녀가 그곳에서 학교 숙제를 하게 하고, 점장인 문석구나 본사에서 파견 나온 조미란 대리에게 소녀의 공부를 돕게 한다. 그런데 소녀는 참고서나 문제집을 사러 나온 아주머니들에게 조언하며 책의 판매 실적을 올린다.

천리마 마트의 실직자 구제는 정직원 채용에만 그치지 않고, 상품 입점 업체의 선정 및 아르바이트생 모집으로 이어진다. 사업이 망해서 자살하려고 했던 사장의 제품을 입점시켜 사업을 부활시키고, 기회만 되면 아르바이트생을 모집한다. 대학수학능력시험이 끝나 다른 마트에서는 그들의 소비를 진작시키려고 여러 특별 할인 상품을 내놓는데, 천리마 마트는 정반대의 이벤트를 연다. 바로 그들을 아르바이트생으로 채용하는 것이다. 그뿐 아니다. 다른 마트들이 점포 수를 늘리며 매출 경쟁을 할 때 천리마 마트는 한 점포를 고수하며 온라인 배송 서비스 사업을 확대한다. 그리하여 또 배송 시장에서 수많은 일자리가 창출되어 경기도 봉황시의 인력 시장에서는 아르바이트생을 구하고 싶어도 그럴 수 없을 지경에 이른다.

지금까지 소개한 이야기만 들어도 행복하지 않은가. 이 비현실적이고 말도 안 되는 현실의 전복이 〈쌉니다, 천리마 마트〉의 발상이자, 매력이다. 특히 실직을 제재로 삼은 이야기가 많은데, 그만큼 작가가 21세기 한국 사회에서 가장 주목한 문제가 일자리임을 알 수 있다. 물론 실직의 문제는 〈위대한 방옥숙〉에서도 주요 제재이다. 방옥숙의 남편이 실직하여 가출하며 방옥숙을 더 아파트와 돈벌이에 집착하게 만들었다는 사실을 기억할 것이다. 하지만 〈쌉니다, 천리마 마트〉에서는 실직으로 인한 가정의 해체 및 가족의 붕괴에서 나아가 천리마 마트가 가정의 적극적인 지킴이 역할을 한다. 가장으로서 가족의 생계를 책임지지 못해 이혼 당할 위기에 놓인 사람을 정직원으로 채용하고, 사업이 망한 가장의 상품을 마트에 입점하여 재기케 하며 고아에게는 아예 천리마 마트와 직원들이 집과 가족이 되어준다.

이 웹툰에서는 신자유주의 사회의 가정 해체 원인을 가장이 경제력을 상실하는 것으로 보고 그 가장의 회복을 꾀한다. 그때 가족 간의 다른 문제는 전혀 고려되지 않는다. 사장실에 붙어 있는 '가족 같은 분위기의 우리 마트'라는 표어에서 단적으로 드러나듯이, 이 웹툰은 스토리 전개와 발상이 〈위대한 방옥숙〉과 정반대 지점에 놓여 있다. 천리마 마트는 퇴니스의 이론에 따르면 이익사회인데 그 이익사회가 사장 가부장을 중심으로 공동사회화되어가는 것이다.

직원의 권리와 복지 보장

천리마 마트에서는 채용만 파격적으로 하는 것이 아니다. 노동 시간과 환경 등 노동 조건도 한국에서 보기 드문 직장이다. 천리마 마트는 소비자가 왕이 아니라 직원이 왕이다. 그래서 직원들의 유니폼은 조선 시대 임금들이 입던 곤룡포를 차용하고 있으며, 고객들의 민원을 처리하는 고객 만족센터 직원은 높은 자리에 앉아 소비자의 요구가 온당한지를 판단한다. 빅 블로거, 블랙 컨슈머 등 직원들을 압박하고 괴롭히는 악의적 소비자는 사장이 나서서 발도 못 붙이게 한다. 96화에서는 바로 그 장면을 보여 주는데, 아파트 부녀회장이 등장하여 부당한 요구를 하면서 "너 내가 누군지 알아? 봉황 6차 푸르딩딩 아파트 부녀회장이야!!" 하고 마트 직원을 협박한다. 여기에서도 〈위대한 방옥숙〉처럼 아파트 부녀회장의 권력과 횡포를 풍자한 것이다.

그렇다고 소비자에게 불친절하거나 서비스가 부족한 것은 아니다. 직원들을 과잉 채용했기 때문에 고객 한 명당 서비스할 수 있는 직원이 많다. 게다가 파격적 대우를 받는 직원들은 직장에 대한 충성도가 높아서 성심을 다해 일한다. 그 대표적인 예로 빠야족을 들 수 있다.

빠야족은 아프리카 부족인데, 백인들에게 마을을 빼앗긴 난민이다. 일하지 않으면 한국에서 살 수 없다는 추장의 호소에 정복동 사장은 40명의 마을 주민 모두를 고용한다. 그들은 의식주도 천리마 마트에서 해결하며 마트를 그들의 소중한 직장이자 삶터로 여긴다. 즉 마트 밖에서는 혐오와 차별적 시선을 받으며 사회 구성원으로 온당한 역할을 하기 어려웠던 그들이 마트 안에서는 평등한 대우를 받으며 꼭 필요한 존재로 일하니 그들에게 천리마 마트는 제2의 고향과 같다. 그들 덕분에 천리마 마트에선 다른 마트에서 경험하기 어려운 서비스를 제공한다. 바로 인간 카트이다. 그들의 수가 워낙 많고 신체적으로 튼튼하여 그들이 손님과 함께 장을 보며 짐을 들어주는 것이다. 그 과정에서 그들은 손님의 말동무도 되어주고 더 좋은 상품을 권하거나 골라주기도 한다. 또 빠야족은 수영, 노래, 춤 등도 잘하여 소비자들을 위한 특별 공연도 하며 상품을 홍보하고 판매 실적을 올린다.

이러한 정복동 사장의 고용 전략은 신자유주의 체제의 고용 정책과 정반대이다. 신자유주의 기업 운영의 가장 큰 특징은 노조를 무력화하고 직원들의 복지에 투자하지 않는 것이다. 고용이 불안정하여 실직자가 많아지고 그 인력을 임시직이나 비정규직이 대체하면 노조에 가입하는 사람들이 줄어들 뿐 아니라, 언제 해고될지 모르는 노동자들은 복지 문제에 대해선 요구할 엄두도 내지 못한다. 하지만 정복동 사장은 직원을 채용하자마자 앞장서서 노조 위원장을 선출하게 한다. 회사 비용으로 루비 깃봉과 18K 도금의 깃대로 이루어진 노조 깃발을 만들고, 위원장 벨트도 제작한다. 직원들의 투표로 선출된 제1대 노조 위원장은 빠야족의 몰표를 받은 족장 피엘레꾸이다. 다년간의 은행 근무 경력과 정리해고 경험이 있는 최일남은 이러한 사장의 행동이 요주의 인물을 솎아내기 위한 함정이라고 생각하지만, 사장은 그 후에도 판매 전략을 고민하고 마케팅에 투자하기보다 역지사지한 자세로 직원들이 보다 편안하게 일할 수 있는 환경을 조성하기 위해 투자한다.

그 대표적인 것이 계산대에서 하루 일해본 사장이 직원들의 노고를 덜기 위해 온돌 카운터를 만든 것이다. 온돌 카운터는 예전 구멍가게 구조를 본뜬 것으로, 그 가게 주인들처럼 "소비자의 이웃이 되겠다"라는 취지로 만든 것이다. 문석구 점장은 시대에 맞지 않다고 노발대발하지만 그 미담이 소문이 나서 봉황공단 노동자들은 천리마 마트를 "노동자와 상생하는 착한 회사"로 보고 "천리마 마트에 대한 구매 운동"을 벌인다. 봉황공단 노동자들이 감동한 천리마 마트의 "차별 없는 채용, 높은 급여와 근로 환경"은 현실의 노동 조건을 완전히 전복시킨 것이다. 그 밖에 어린이날 같은 휴일과 명절 연휴에 마트를 열지 않아 직원들이 가족들과 즐겁게 시간을 보내도록 하고, 직원들의 생일 파티 때 회사 카드로 통 큰 회식을 하며, 직원용 휴식 공간으로 정자와 수영장도 만든다.

그야말로 이런 직장이 존재한다면 모든 사람들이 가고 싶고 떠나지 않는 직장으로 자리할 것이다. 이러한 정복동 사장의 파격적인 고용 방침은 과거의 사건과 미래의 계획에 기인한 것이다. 전자는 본사에서 명예 퇴직자 명단을 직접 작성한 데 따른 죄책감인데, 87~88화에선 그때 해고된 김 과장 이야기를 통해 명예 퇴직자의 삶을 사실적으로 보이며 주제를 제시한다. 〈천리마 마트〉에서 가장 진지하고 심각한 분위기의 이야기이다.

> 김 과장 : 전 왜 해고됐나요?
> 정복동 : 그 … 그건 … 회사를 살리기 위해서 … 공적 자금이 들어왔
>   고… 채권단이 ……
> 김 과장 : 네 그거겠죠. 살리기 위해서. 저도 해고되고 나서 그 문제로
>   많이 고민했어요. 그러다 요새 제 가정이 어려워지자 그 생각
>   이 나더라고요. 제가 한 번 더 해고당하면 가정을 경제적으로
>   살릴 수 있다는 생각을요. 자살이라기보다는 인생에서 해고
>   되는 거라고 생각하면 되더라고요.
> 정복동 : 가족은 그런 게 아니잖아! 어려울수록 가족끼리 의지하고 힘
>   을 합쳐서 살 생각을 해야지. 왜 스스로 떠날 생각을 해?

김 과장 : 그 말이 맞는다면 왜 회사는 그러지 못했죠? 어려울수록 사원끼리 합쳐서 살 생각보단 적당히 잘라낼 부분을 찾아서 잘라내지 않았나요?

위의 인용은 명예퇴직 후 재기에 실패한 김 과장이 보험금을 가족들에게 남기기 위해 자살을 결심하고 정복동 사장을 찾아와 나눈 대화이다. 그 누구에게도 지지 않던 정복동은 김 과장의 자기 해고(자살)를 통해 가족을 살리겠다는 논리를 반박하지 못한다. 그것은 바로 회사의 논리이고, 회사를 위해 그것을 수행한 자가 바로 자기 자신이기 때문이다. 이때 구원 투수로 등장한 것은 천리마 마트에서 아르바이트하는 할아버지이다. 그는 김 과장에게 "가족에겐 돈보다 자네가 필요해"라는 말로 설득하고, 이 장면을 모두 지켜본 문석구는 "고용이란 갑을관계가 아닌 인간적인 관계란 걸" 배웠다고 한다. 이 인물들의 대화를 보더라도 작가가 가족과 회사를 동일한 성격의 집단으로 간주하며 가족에 대한 절대화와 함께 이상적인 회사를 가족 모델로 생각하고 있음을 알 수 있다. 하지만 정복동 사장이 천리마 마트에서 일으킨 모든 혁신의 실질적 계기는 이와 모순된 의도에 따른 것이다. 정복동 사장이 수시로 직원을 채용하고 직원들의 복지를 위해 본사 예산을 마음껏 탕진한 일은 천리마 마트를 살리기 위한 것이 아니라 6개월 안에 문을 닫게 하기 위한 전략이었다. 만약 정복동의 계획대로 일이 풀렸다면 그가 고용한 수많은 사람들은 취업의 기쁨도 잠시, 다시 실직자 신세로 전락했을 것이다.

가부장 중심의 정의로운 경제 공동체

정복동이 6개월 안에 천리마 마트를 폐점하고자 한 이유는 대마 그룹의 회장 아들 김갑과 권영구 이사가 결탁하여 비자금을 조성하는 통로로 천리마 마트를 이용했기 때문이다. 즉 그들이 오랜 세월 동안 저지른 비리를 모두 폭로하고, 유령처럼 존재하는 마트를 처분하는 것이 경제 정의 실현에 부합한다고 판단한 것이다. 이처럼 〈쌉니다, 천리마 마트〉에서는 대기업 총수 가족의 경영 비리 및 갑질 문화를 바로잡는 한편, 소비자의 정의로운 소비를 통해 신자유주의 경제 위기를 극복할 수 있다고 본다. 그래서 중산층 소비자들의 합리적 소비에 대한 허위도 여러 화에 걸쳐 풍자한다. 그중 대표적으로 현찰선물세트를 지적할 수 있는데, 그 에피소드는 두 차례(23화, 55화) 연재된다.

명절을 맞아 천리마 마트에서는 소비자들이 불필요한 물건보다 현찰을 선호한다는 데 착안하여 현찰선물세트를 만들어 판매한다. 현찰 9만 원을 선물 세트로 포장하여 11만 원에 판매하는데, 불티나게 팔린다. 그것을 보고 경쟁 마트들에서 공정거래법을 위반한 것이라며 금융감독원에 신고하겠다고 항의하자, 정복동 사장은 새로운 선물 세트를 내놓는다. 거대한 한과 선물 세트 상자에 한과 사진을 위에 올리고 그 밑에 현찰 봉투를 넣은 것이다. 경쟁 마트 사람들은 실속과 허위, 두 마리 토끼를 다 잡은 상품이라며 서로 그 선물 세트를 사겠다고 한다. 이런 이야기는 돈 자체가 상품이 되는 자본주의 현실을 적나라하게 보일 뿐 아니라 소비자들이 실속을 차린다고 하면서도 허위 포장을 선호하는 어리석음, 즉 자본주의 마케팅 전략인 상품화에 길든 모습을 지적한다.

또 가격경쟁으로 인한 저가 상품의 문제도 제기한다. 얹어주기, 깎아주기 등이 눈속임이고 그만큼 생산자나 소비자의 몫을 갉아먹는 행위임을 폭로한다. 그래서 천리마 마트는 아예 광고 전단에 이런 슬로건을 내세운다. "건너편 히드라 마트가 천리마 마트보다 더 쌉니다!" 그것은 사실이다. 하지만 그 사실이 궁극적으로 소비자에게 더 손해를 입히는 건 아니다. 천리마 마트에서는 그렇게 가격경쟁에서 불리한 전략을 취하는 한편, 소비자들의 소비 인식을 바꾸기 위한 계몽이 동시에 이루어진다. 60화를 그 예로 들 수 있다. 봉황 사거리에 밀집한 대형마트들이 서로 가격을 내리며 경쟁하는데 천리마 마트만 가격을 내리지 않는다고 고객들이 항의하자, 문석구 점장은 다음과 같이 정복동 사장의 경영 철학을 역설하며 고객들을 설득한다.

사장님은 평소에도 말씀하셨습니다. '최저가 경쟁은 우리 말고도 많다. 우리까지 거기에 뛰어들 필요가 없다'라고. 고정비가 일정한 상황에서 가격을 낮추는 방법은 결국 생산자에게서 싸게 사 오고 노동자의 임금을 깎는 방법이라고. 그러나 우리 마트만은 제대로 사 오고 제대로 주자고. 사람은 누구나 소비자이면서 생산자라고. 소비자라고 싼 것만 찾는 습관은 결국 부메랑이 되어 싼 임금을 받는 생산자로 돌아오지 않겠냐고. "싸구려 물건이 우리를 싸구려로 만들고 있어." 이것이 우리 사장님의 탄식입니다!!

점장의 말을 듣고 기업의 지나친 가격경쟁이 결국 노동자들의 저임금을 유발하게 된다는 원리를 이해한 소비자들은 무조건 싼 것만 선호했던 소비 행위를 반성한다. 여기에서 소비 행위를 좀 더 경제 주체의 관점에서 의미 있는 행위로 인식하게 하려는 작가의 의도가 드러난다. 선거에서 개인의 한 표가 국가의 미래를 좌우하듯이 소비에서 개인의 선택이 우리 경제의 건전성을 좌우한다는 사실을 상기시키고 더 싼 소비보다 더 책임 있고 미래 지향적인 소비를 하도록 작가는 권고한다. 한마디로 소비의 패러다임을 바꾸려는 야심 찬 기획이라고 할 수 있다.

정복동 사장이 부임하고 나서 천리마 마트는 유통업계의 혁신을 일으키며 큰 성장을 하였다. 그것은 실은 아이러니한 일이다. 정복동 사장이 천리마 마트의 폐점을 앞당기기 위해 사용한 전략이 오히려 매출을 늘리고 직원들과 소비자들에게 사랑받는 결과를 낳았기 때문이다. 1부에서 정복동의 성공은 미심쩍고 기만적인 면이 있으며 점장 문석구와 직원들의 힘이 아니었으면 큰 성과를 내기 힘들었을 수 있다. 그 과정에서 정복동도 변화하여, 횡령 문제를 폭로하지 않고 천리마 마트를 지키기로 한다. 결국 익명의 투서로 천리마 마트의 비리 문제가 회장에게 알려져, 회장은 김갑과 권영구를 이어도 지사로 쫓아내고, 정복동을 대마 그룹 차기 사장으로 임명한다. 하지만 정복동은 그 자리를 거절하고 천리마 마트로 돌아온다. 천리마 마트 직원들이 대마 그룹 사장직을 거절한 이유를 묻자 정복동은 다음과 같이 답한다.

> 그동안 난 24년 동안 회사를 위해 일을 해왔어.
> 그래서 이번엔 소비자와 직원, 사람을 위해서 일해보고 싶어.

정복동이 천리마 마트에 부임하여 시행한 여러 파격적 경영 방식은 겉보기에 직원들을 위한 것 같지만, 궁극적으로 회사의 비리를 뿌리 뽑기 위한 전략으로서 여전히 회사를 위한 일이라고 할 수 있다. 하지만 비리를 더 빨리 폭로하기 위해 노동 조건 개선에 투자한 일이 직원들의 회사에 대한 애정을 높이면서 천리마 마트는 사람을 위해서 일할 수 있는 유토피아가 된 것이다. 직원들에게 처음부터 훌륭한 아버지로 여겨졌던 정복동은 이제 보다 의식적인 가부장으로 탄생한다. 그래서 2부에서는 문석구 점장을 대마 그룹의 리더로 끌어 주기 위한 노골적인 노력이 나타난다.

〈쌉니다, 천리마 마트〉는 신자유주의 체제가 초래한 고용 위기, 회 사들 간의 과도한 경쟁, 기만적인 마케팅 전략 등에 대해 예리하게 풍자하고 있지만 그 모든 문제를 가족주의로 해결하는 과정에서 애 써 제기한 문제의식이 약해졌다. 앞에서 말한 회장 아들의 비리 문 제만 하더라도 회장에게 그 사실을 알리는 것으로 모든 문제는 해결 된다. 즉 가부장의 판단과 결정이 모든 문제를 해결할 수 있다고 보 는 것이다. 그 결과, 회장은 사장의 중대 범죄를 경영자보다 아버지 입장에서 훈육의 방식으로 해결한다. 아들이 아닌 다른 사람이 같은 범죄를 일으켰다면 결코 이어도 지사로 좌천하는 선에서 끝나지 않 았을 것이다.

4. 신자유주의 위기를 심화시키는 가족주의 이데올 로기

지금까지 웹툰 〈위대한 방옥숙〉과 〈쌉니다, 천리마 마트〉에서 재 현한 21세기 한국 중산층이 느끼는 재난의식과 가족주의 이데올로 기에 대해 살펴보았다. 둘 다 신자유주의 체제가 한국 사회에 초래한 위기를 가볍지 않게 탐구하고, 그 문제와 치열하게 대결한 작품이다. 〈위대한 방옥숙〉은 21세기 한국의 아파트를 둘러싼 이익집단들의 대결을 중심으로 중산층의 허위의식을 꼬집고 있으며, 〈쌉니다, 천리마 마트〉는 경기도 대형 유통업체의 경영 전략을 중심으로 대기업 경영진의 비리와 실직의 문제, 소비자를 현혹하는 상품화 및 광고의 허위를 풍자하고 있다. 두 작품 모두 신자유주의 체제로 인한 중산층의 붕괴 및 가족의 해체를 심각한 사회문제로 제기하지만 그 방식이 다르다.

〈위대한 방옥숙〉에선 그러한 현실을 핍진하게 재현하여 중산층의 경제적 위기감이 자본주의 체제가 조장하는 중산층의 허위의식이며, 중산층의 삶을 가장 이상적 가족 모델로 제시하는 한국 사회에서 그 굴레로부터 벗어나기란 쉽지 않음을 폭로한다. 〈쌉니다, 천리마 마트〉에서는 IMF 구제 금융 시기에 실직된 사람들을 비롯하여 대기업의 횡포로 고통받는 하청업체, 자영업자, 다양한 비정규직 종사자 등을 등장시켜 일자리 문제를 집중적으로 조명한다. 그리고 천리마 마트를 현실의 전복된 공간인 직장인들의 유토피아로 만들어 노동자들의 결핍과 욕망을 대리만족시킨다. 한편 현실의 부정하고 부조리한 기업 경영 및 마케팅 전략 등을 풍자하고 그 원리를 독자들에게 알리며, 시민들이 만들어가는 정의로운 경제 공동체를 대안으로 제시한다. 그런데 두 작품 다 가족주의 이데올로기로 인한 모순을 발견할 수 있다.

〈위대한 방옥숙〉은 주로 여성 주인공들을 등장시켜 가부장의 폭력성 등을 비판하지만 여성의 폭력성은 희생적 모성과 가부장제의 피해자로서 가족과 자신을 지키기 위한 것으로 정당화한다. 〈쌉니다, 천리마 마트〉에서 가족주의 이데올로기는 〈위대한 방옥숙〉보다 훨씬 노골적으로 드러난다. 〈쌉니다, 천리마 마트〉는 가족주의를 절대화하여 바람직한 노사 관계를 가부장적 가족 관계로 이상화한다. 그래서 신자유주의 위기를 극복하는 대안도 가부장의 회복이며, 기업의 성패도 가부장의 능력과 판단에 좌우되는 것으로 본다. 그러나 이해관계를 달리하는 노사 관계는 가족과 같은 관계가 될 수 없으며, 이미 우리 사회에서 강력한 가부장에 의한 회장 일가의 기업 경영이 무수한 오너 리스크를 일으키며 경영 실패로 이어진 사례를 쉽게 확인할 수 있다.

신자유주의 체제로 인한 실직 문제를 신랄하게 비판하는 이야기에서 강력한 가부장 중심의 가족 같은 회사를 대안으로 제시한 점은 엄청난 모순이다. 앞에서 분석한 바와 같이, 신자유주의 위기는 사회 구성원들의 공감과 연대를 어렵게 하여 가족주의를 강화하는 한편, 가족 단위의 개인 간 경쟁 및 이익집단의 경쟁이 치열해져 신자유주의의 모순을 심화시키기 때문이다.

두 작품을 통해 한국 사회에서 신자유주의 시대의 위기감이 얼마나 팽배해 있는지, 또 가족주의 이데올로기가 얼마나 집요하게 작동하여 사회현실에 대한 비판력과 통찰력을 가로막는지 확인할 수 있다. 수많은 대중 콘텐츠들에서 양산하는 가족주의 이데올로기는 신자유주의 위기를 진단하고 극복하는 데 함정이 될 수 있다. 그 함정에 빠지지 않고 콘텐츠들을 보다 생산적으로 수용하려면 다음의 질문들에 대해 감상자 스스로 답해 볼 필요가 있다.

신자유주의 시대에 우리에게 재난처럼 다가오는 위기는 무엇인가? 그것은 가족의 해체와 붕괴인가? 또 가족의 해체를 과연 가족주의의 회복으로 극복할 수 있을 것인가?

미주

1) "많은 개도국의 경우 규제 자본주의는 흔히 '발전 국가' 형태를 띠었는데, 정부를 장악한 집단은 국가권력을 급속한 경제 발전 달성을 위한 수단으로 사용했다. …중략… 1980년대까지도 한국을 비롯한 몇몇 아시아 국가들이 발전 국가 체제를 고수했지만, 1997년 아시아 금융위기 이후부터는 기존까지 발전 국가 체제를 고수하던 몇몇 국가마저 심대한 신자유주의적 재편을 겪어야만 했다." 데이비드 M. 코츠 지음, 곽세호 옮김, 『신자유주의의 부상과 미래』, 나름북스, 2018, 75쪽.

2) 김동춘, 『한국인의 에너지, 가족주의 : 개인의 보호막과 지위 상승의 발판인 가족』, 피어나, 2020, 253쪽 참고.

3) 가족 및 가족주의가 대중들에게 갖는 호소력에 대해선 다음의 책을 참고할 수 있다. 미셸 바렛·메리 매킨토시 지음, 김혜경·배은경 옮김, 『반사회적 가족』, 나름북스, 2019, 50~64쪽 참고.

4) 하다스 바이스 지음, 문혜림·고민지 옮김, 『중산층은 없다』, 산지니, 2021, 87-119쪽 참고.

5) 페르디난트 퇴니스, 곽노완황기우 역, 『공동사회와 이익사회』, 라움, 2010, 16쪽.

6) 페르디난트 퇴니스, 곽노완황기우 역, 『공동사회와 이익사회』, 라움, 2010, 16쪽.

7) 박효상, '소녀상 철거' 주장하는 엄마 부대 주옥순, 〈쿠키뉴스〉, 2021-04-28 14:38:04,
http://www.kukinews.com/newsView/kuk202104280158?skin=news

8) 데이비드 M. 코츠 지음, 곽세호 옮김, 『신자유주의의 부상과 미래』, 나름북스, 2018, 96-99쪽 참고.

제6장

포스트모던 가족 시대의
탈가족적 정서의 해체와 강화

- TV 드라마 〈응답하라 1988〉, 〈마더〉, 〈경이로운 소문〉,
〈마인〉을 중심으로 -

김소은

1. 포스트모던 시대의 재난으로서의 가족, 위기인가 해체인가

'가족'은 시대를 진단하고 시대의 변화를 감지하는 하나의 틀이자 장場으로서 기능하고 위치한다. 시대 인식에 따른 사회의 변화상이 이 가족을 통해 드러나기 때문이다. 요컨대 가족은 사회적 관습과 이념의 모든 범주가 시·공간적으로 구성되는 아비투스인[1] 셈이다. 첨언하면 가족은 "성 역할 습득의 장소로서 '가족'이라는 장을 강화하고[2]" 있다고 할 수 있다. 따라서 포스트모던한 시대의 위기, 분열 그리고 해체 등 사회 제반의 현상들은 가족 문제와 긴밀하게 연관을 하면서 그 모습을 첨예하게 드러낸다. 요컨대 가족은 이와 관련한 모든 관습과 신념을 드러낼 뿐만 아니라, 사회·문화의 이데올로기를 재생산하는 계기로서 작동한다. 따라서 시대의 요청과 관계 맺기에 따른 가족의 재구성은 기존 사회의 이념적 가치를 유지하거나 저항하는 형태로 드러나면서 사회를 원활하게 운용하는 통로로서 기능을 한다. 여기에 이것은 그 자체로서 복잡한 가족의 내면적 정서를 작동하면서 기존의 가족 개념 및 정서적 맥락을 해체하고 강화하면서 수정해 나아간다.

이러한 과정에서 가족 체제는 해체의 위기에 봉착하면서 가족 구성의 재난 상황에 이르게 된다. 요컨대 가족의 재난은[3] 구성원들의 재산, 건강, 인명 등에 피해를 야기하면서 사회 제도로서의 가족 체제를 유지하는 능력을 상실하게 할 수 있는 상황에 이르게 한다. 따라서 동시대에 범사회적으로 일어나고 있는, 가족의 재난은 곧 우리 삶의 재난 그 자체로서 다가온다. 이것은 우리의 삶을 송두리째 흔들어놓고 빼앗아 가버리는 위기이자 해체로서 인식되기 때문이다. 따라서 이 지점에서 기존에 모든 가족의 의미와 가치가 분열되고 해체되어 가는 포스트모던한 이 시대에 가족 상황을 하나의 재난으로서 위기로 보아야 할 것인지, 해체로 보아야 할 것인지에 대한 의문이 제기된다. 그만큼 가족 의미의 실체를 가늠하기가 어려운 상황에 놓여있기 때문이다.

TV 드라마는 시대와 사회의 반영물로서 다른 어느 매체보다 이러한 가족의 의미 맥락을 구성하고 전달하면서 가족 간 문제에 집중을 한다. TV 드라마는 시청-수용자에게 쉽게 접근할 수 있는 이점을 가지고 있어 일상 공간을 담보로 하는 가족 이야기를 전개해 나아가는 데에 유리하기 때문이다. 여기에 TV 드라마가 지니고 있는, 시·공간의 자유로운 확장 및 일상 표출의 용이성 등의 매체적 성질이 더해짐으로써 가족 이야기의 다채로운 내용의 구성과 표현의 확장이 극대화된다. 최근에 TV 드라마는 기술적 진보에 따라 판타지, 공포 등의 고감도 기술의 극대화된 영상적 표현이 가능해짐으로써 장르를 불문하는 포스트모던한 가족의 이야기들을 다양하게 담아낸다. 따라서 흥미진진하고 재미가 반영된, 영상과 이야기를 통해 다채로운 가족 이야기의 상황을 접하게 됨으로써 시청-수용자는 동시대의 가족 문제들을 자연스럽게 직면한다.

특히 포스트모던한 가족의 모습들은 이 TV 드라마의 다양한 형식적 표현의 구성을 가능하게 하는 매체적 성질을 이용하여 기존의 가족적 질서를 해체하면서 동시에 강화해 가는 이중적이고 다면적인 특징과 양상을 담지해 낸다. 이른바 탈가족적 현상이라는 동시대의 가족 구성 및 체제 변화의 양상들을 드러내면서 새로운 사회 질서에의 형성을 촉구하는 정서적 토대를 마련해 나아간다. 탈가족적 정서는 이러한 맥락 속에서 주조되면서 동시대와 새로운 사회에의 의식에 대한 진단을 가능케 하는 계기를 확보해 준다. 어느 시대에서든 사회가 변화하고 분열할 때, 가족적 질서가 재편되어 왔던 것처럼 이 시대에 이루어지고 있는, 탈가족적 정서(현상) 역시 TV 드라마를 통해 새로운 시대의 가족 이야기를 통해 재구성하면서 시대의 변화를 유도한다. 이것은 실제 포스트모던한 현실의 가족 구성의 문제와 연동하면서 감각의 획득을 가능케 하고 새로운 가족의 정체성에 대한 숙고를 유도해 나아간다.

그동안 TV 드라마 영역에서 가족 문제와 관련한 논의는 주로 2010년 이전에 미디어 연구,[4] 가족 이데올로기 연구,[5] 젠더 의식 연구,[6] 작품 내러티브 연구,[7] 가족 구조 및 가족상 연구[8] 등에서 가족 연구사의 관점을 반영하여 이루어진다. 그런데 2010년을 기점으로 해서 이전과는 달리, 주로 가족의 위기나 해체를 다룬 연구나 다문화 가족 연구[9] 등의 논의들[10]이 활발하게 진행된다. 그러나 이 논의들은 새로운 시대의 가족 의미를 파악해 내는 데에 어느 정도 기여를 하지만, 포스트모던 시대와의 관계 속에서 새롭게 부상하는, 포스트모던 가족[11]과 탈가족적 정서[12]에 대해 본격적으로 다루지 못하고 있는 한계를 갖는다. 요컨대 수많은 TV 드라마 채널에서 탈가족적 정서를 해체하고 강화하는 이야기의 전개가 활발하게 이루어지고 있는 데에도 불구하고 포스트모던한 특징을 지닌 가족에 대한 논의는 거의 전무하게 이루어지는 실정[13]이라 할 수 있다. 탈가족적 정서를 확인하는 과정은 동시대 구성원의 정체성을 살펴보는 일련의 작업이 될 것으로 여겨지는, 중요하게 다루어 볼 만한 사안인데도 불구하고 그다지 활발한 연구가 진행되지 않고 있다. 가족은 사회의 근간이자 개인의 근거로서 시대 속에서 개인 및 사회의 정체적 의미를 확인하는 주요한 단서를 마련해 줄 수 있을 것이기 때문이다.

이에 따라 본고에서는 포스트모던한 가족 시대의 탈가족적 정서가 해체되고 강화되는 맥락을 살펴보고자 한다. 이를 위해 가족 질서의 구성 및 해체 문제가 강력하게 드러나고 큰 호응을 얻었던 TV 드라마[14] 〈응답하라 1988〉(2016, tvN), 〈마더〉(2018, tvN), 〈경이로운 소문〉(2020, OCN), 〈마인〉(2021, tvN)들을 중심으로 논의해 가고자 한다. 이 드라마들은 무엇보다 포스트모던한 시대의 가족적 특성을 잘 망라하고 있기 때문에 탈가족적 정서가 어떻게 형성되고 있는지를 파악하는 데에 단서를 얻을 수 있다. 그런데 여기서 문제가 되는 것은 이 드라마들이 포스트모던한 드라마로서 성립할 수 있느냐 하는 데에 있다. 이 논의를 개진하기 위해서는 우선 포스트모던의 시기를 구분하는 것이 필요하다. 시기의 구분은 시대 속 현상과 실체들의 정체성을 파악하는 데에 중요한 동기를 제공하기 때문이다. 따라서 이 시대 구분론에 맞추어 드라마 텍스트를 선별하고 여기서 탈가족적 정서가 어떻게 형상화되고 있는지를 살펴보는 과정이 요구된다. 그러나 실제로 포스트모던의 시기를 구분하는 것은 현실적으로 어려운 일이다. 포스트모던의 시기를 어디로 설정해야 하는가의 문제는 근대의 가족 구성을 어디까지로 잡는가의 문제와 연결되기 때문이다. 아울러 TV 드라마는 수많은 채널에서, 다양한 시간대에 포맷이 다른 드라마들이 편성되어 제작되고 있기 때문에 더욱 복잡해진다. TV 드라마는 획기적이고 탈시대적인 소재와 주제를 다룬 드라마에서 근대적 가족의 의미를 봉합하는 드라마에 이르기까지 다채롭게 포진하고 있고, 동시대 속에서 전방위적으로 드라마가 기획, 편성되고 있기 때문에 시대를 구분하는 것에 어려움이 따른다.

다음으로 시기를 구분하는 것이 어려운 이유는 포스트모던이 그 자체로서 가족의 이미지를 나타내는 개념일 수 있기 때문이다. 요컨대 '다양성, 탈제도화, 개인주의화'[15]로 특징을 짓는, 포스트모던한 가족의 이미지들이 그 안에 내재하고 있는 것이다. 따라서 포스트모던이라는 것이 무엇인지에 대해 명확한 실체를 가늠할 수 없는 상황 속에서 가족 이미지의 변수들이 오히려 포스트모던을 측량할 수 있는 여지를 마련해 준다. 더욱이 이것이 시간과 연결될 경우, 시대의 추이와 그 안에서 변화된 양상들까지 파악할 수 있게 하기 때문에 포스트모던에 대한 설명은 훨씬 수월해진다. 가족 양상의 변화를 드러내는 요인으로서 가족 이미지들은 시대를 설명하는 계기로서 작동할 수 있기 때문이다.

이처럼 포스트모던은 시대를 진단하는 틀로서 파악될 수 있는데 이것이 근대(모던)가 무엇인지를 파악하고 대비하는 과정에서 선명한 설명이 가능해진다. 한부모가족, 이혼 가족, 동성애 커플, 재혼 등으로 나타나는 다양한 가족 형태는, 바로 이 포스트모던한 상황을 가리키는 틀의 구성이자 근대와 구별되어 갈라지는 경계 요인으로서 작용을 한다. 따라서 포스트모던 시기를 효과적으로 구분해 내기 위해서는 가족 유형의 다양한 상황의 변수를 고려하는 것이 효율적이다. 결국 이 글은 최근에 이 변수들이 잘 반영된 탈가족적 정서의 문제를 잘 다루면서 이슈화 한, TV 드라마 텍스트들을 중심으로 논의를 할애하는 것에 집중을 하면서 동시에 논의의 한계를 드러낼 것이다.

한편 우리나라에서 2008년에 호주제가 폐지된 시기는 포스트모던한 가족의 형성과 관련한다. 호주제의 폐지는 이후의 가족 상황을 잘 반영하면서 탈근대적인 가족의 체제를 구현해 가는 데에 큰 영향을 끼친다. 선정된 드라마들은 이 호주제 폐지 이후에 제작된 드라마들로서 포스트모던한 가족의 모습들을 잘 반영하고 있다. 요컨대 이 드라마들에서는 기존에 근대가족의 체제와는 다른 형태로 정체화되는 가족 구성과 이에 따른 문제적인 삶의 모습들을 현실감 있게 잘 직조해내고 있다. 게다가 이 드라마들이 제작 시기가 서로 달라 연대기적으로 방송되면서 시대 흐름의 변화상을 간파해 내게 하는 이점도 제공한다. 이러한 측면들을 고려하여 포스트모던한 가족의 특성을 파악해 내기 위한 해석적 틀로서 이 드라마들을 분석의 대상으로 삼고자 한다. 이 드라마들은 새로운 시대에 부상하고 있는 가족의 모습이 무엇인지를 제시해 줄 수 있을 것이기 때문이다. 아울러 사회적, 역사적 산물로서 포스트모던한 가족의 의미와 특성들을 분석함으로써 동시대의 정체성을 파악할 수 있게 할 수 있을 것이기 때문이다.

2. 포스트모던 시대와 가족의 의미

가족의 정의

가족에 대한 정의는 몇 가지의 측면에서 논의되는 경향이 있다. 일반적으로 가족 구성원으로서의 아버지, 어머니, 자녀 등의 관계를 바탕으로 한, 사회적 노동의 재생산을 위한 기초 단위로서의 의미뿐만 아니라, 인간의 집합체적 구성이라는 의미로서 뜻매김 된다. 따라서 이 두 가지의 의미를 조합해서 살펴보면, 가족은 사회의 기본 조직으로서 인식되는 사람들의 집단 형태라고 정의할 수 있다.

민법 제4편에 의거하면, 한국에서 가족은 "호주의 배우자, 혈족과 그의 배우자, 기타 이 법의 규정에 의하여 그 가에 입적한 자 등을 구성원"(제779조)으로 지칭한다. 이 개념 안에는 호주를 중심으로 한 가족의 의미가 정의되고 있다. 호주가 주어 자리에 있고 이를 근거로 다른 가족 구성원의 개념이 논의되고 있는 것으로 보아 호주가 가족 내에서 갖는 지위와 역할은 매우 지대해 보인다. 그리고 "호주는 일가와 계통을 구성한 자, 분가한 자, 또는 기타의 사유로 일가를 창립한 자"(제779, 778조)로서 가족을 책임지고 관리할 수 있는 권한을 가지고 가족의 생활, 경제 등에 대해 직접 관여하면서 통제를 행사하도록 힘을 부여받는다. 이 호주 개념 안에는 가족을 보호하고 책임을 부가하고자 하는 한국의 근대가족법이 자리한다. 이때 호주는 대다수가 남자로서의 아버지이다.

이러한 호주를 중심으로 한, 가족의 개념은 오랜 시간에 걸쳐 한국 사회의 지배적 체제를 구성하는 데에 역할을 해 왔지만, 동시에 여러 가족 문제들을 양산하면서 사회 발전을 지체시키기도 하였다. 결국 이것은 포스트모던 시대에 이르러 개념의 변화를 일으키고 가족 구성원으로서의 개인의식 및 정서와의 불일치를 양산하면서 탈가족화를 초래하기에 이른다. 이렇게 배태된, 탈가족적 정서는 낯설고 생소한 형태로서 다양한 유형의 가족에 대한 관심을 유도하면서 새로운 사회의 가족 구성에 영향을 끼친다. 그런데 여기에는 호주제 폐지가 영향을 행사한다. 실제로 이 호주제는 2005년 3월 31일 개정된 「민법」(법률 제7427호)에 의하여 폐지[16]되는데, 이 폐지안에서 호주와 가족의 범위를 법적으로 정의하던 조항이 삭제된다. 이에 따라 기존의 호주 중심의 가족 구성에서 탈피한 가족 관계가 형성되기 시작하면서 현재에 이른다.

본래 '가家'는 '집 면宀' + '돼지 시豕'가 결합한 말로서 '가家'는 돼지를 사육하면서 하나의 공동체적 생활을 이루는 곳을 의미하는데,[17] 이 안에는 분리된 개념 없이 공동체로서의 가정home과 구성원으로서의 가족family 개념을 포괄하고 있다. 한편 '족族'은 '깃발 언㫃' + '화살 시矢'가 결합한 말로서 '깃발을 세우고 활을 들고 무리를 지어 다니는 집단'을 의미한다. 요컨대 다른 집단[18]과 싸움이 일어나거나 문제가 발생했을 때, 함께 뭉쳐서 대항할 수 있는 무리를 일컫는다. 이 '족族' 안에도 '가家'와 마찬가지로 공동체 혹은 무리로서의 의미를 공통으로 내재한다. 따라서 가족은 이 '가家'와 '족族'을 합쳐 이루어진 용어로서 공동체적 생활을 함께하는 무리로서의 집단적 성격을 드러낸다. 그리고 이것은 시대 이념에 따라 그 형태를 달리하며 사회 및 인간 삶을 영위하는 근간으로서 역할을 해온다. 역사적으로 수천 명의 백성을 하나의 공동체 단위로 하는 개념에서부터 혈연에 기초하는 개념으로 변해 오면서 가족은 시대와 긴밀하게 상관하면서 이 두 가지의 개념을 섞어놓는다.

그런데 이 개념 안에는 가족을 새롭게 인식하고 바라보는 정서 개념이 반영되어 있다. 가족은 아버지, 어머니, 자녀를 중심으로 이루어지는 실체 대상이지만, 감정과 정서를 기반으로 하는 심리적 실체이기도 하다. 따라서 가족 문제는 이 물리적 실체와 심리적 실체가 합해져 도출된 결과와 그 면면을 확인함으로써 파악이 가능해진다. 따라서 이를 잘 살펴보기 위해서는 관계의 맥락을 이해할 필요가 있다. 관계는 가족을 형성하고 구분하는 중요한 기준이기 때문이고 이 관계 맺기의 형태에 따라 가족의 유형은 물론 가족상이 변하기 때문이다. 따라서 이 지점에서 가족은 '관계 구성체'라 논의할 수 있다.

가족의 개인화와 탈가족적 정서의 대두

포스트모던은 이전 시대와의 단절과 붕괴를 드러낼 때 쓰는 용어로서 구체적으로 '모던', 즉 근대와의 종말을 의미한다. '근대'는 이성과 합리성을 근간으로 사회 · 문화의 변화와 진보를 주창하면서 이전의 생활 체계에서 벗어나 새로운 삶을 구현하기 위해 바탕을 마련하는 과정의 한 시대(구분)를 이르는 개념이고 근대성은[19] 이러한 경향과 범주를 반영하여 지칭하는 말이다. 그런데 여기서 가족은 이 근대성의 원리에 따라 새로운 삶의 체계를 구성하는 집합 단위로서 형성되면서 근대적 삶의 구성 방식에 깊이 관여하기 시작하는 근대어로 자리매김한다.

일반적으로 근대가족은 전통적인 대가족 체제에서 벗어나 부모와 자녀를 중심으로 하는 핵가족 체제로서 논의되는 경향이 짙다. 아울러 이 핵가족은 나이와 성별에 따라 가족 구성원의 역할 분화를 기본적 특징으로 하면서 결속 관계를 공고화 하는 습성을 갖고 있다. 남편으로서, 아내로서 그리고 자식으로서의 역할은 남편다움, 아내다움, 자식다움의 고정된 체계의 이미지를 창출하면서 가족 이데올로기를 형성한다. 생계를 담당하는 바람직한 아버지, 희생과 헌신을 마다하지 않는 자애로운 어머니, 부모님의 말씀을 잘 듣고, 착하기만 한 자식의 이미지가 가족 이데올로기와 연결되면서 근대적 가족의 이미지를 형성한다. 이 이미지는 근대의 가족 삶에 깊숙이 관여를 하면서 개인의 정체성 형성에도 크게 영향력을 끼친다.

그러나 이 가족 내에 결손과 균열이 발생하면서 공고했던 가족이 해체 위기를 맞이하게 될 때, 기존의 가족 관계에 문제가 발생하기 시작한다. 특히 아버지와 어머니의 역할 관계에 큰 변화가 일어난다. 가장으로서의 아버지는 더 이상 생계를 책임질 수 없는 상황에 이르게 되고, 어머니는 아버지를 대신해서 생활 전선에 뛰어들어야 하는 상황이 발생한다. 이러한 과정에서 자녀의 돌봄이 어려워지는 상황마저 초래되면서 가족의 체제는 점차 붕괴하기 시작하고 급기야 가족 구성원들의 경제적·정신적인 파탄이 초래되기에 이른다. 이러한 현상은 가족 간 결합을 목적으로 하는 결혼제도를 거부하는 사태에 이르게 하면서 탈가족화를 부추긴다. 탈가족화는 특히 가족 형성의 전제이자 동인이었던, 결혼제도에 대한 인식의 재고를 유도하면서 기존의 근대적 인간 삶에 대한 성찰과 숙고를 동반한다. 이러한 움직임은 탈근대를 지향하는 과정에서 이루어지는 두드러진 현상으로서 현재에도 진행 중이다.

탈가족화는 포스트모던한 현상이다. 다시 말해서 근대가족적 체제의 모든 것에서 이탈하여 벗어나는 것을 의미한다. 이른바 탈가족화는 근대로부터 포스트모던한 가족에로의 이탈인 것이다. "포스트모던은 '모던'에 대한 부정, 결별, 이탈을 전제로 현재에 대한 부정적인 진단"[20]을 드러낸다. 그러나 근대 체제에 대한 합리적 의심과 회의를 바탕으로 하는 긍정의 성찰이기도 하다. 이는 더 나은 삶을 지향하는 긍정적인 삶에 대한 모색이기 때문이다. 따라서 부정이란 완전한 거부가 아닌, "문제를 극복하는 사유체계, 수용과 극복, 초월적 극복이란 의미로 이해되는 것"[21]으로서 긍정의 의미를 내포한다. 따라서 탈가족화는 기존 가족 체제에 대한 결별을 의미하는 것이 아니라, 근대가족의 부정성을 극복하고 긍정성을 수용하는 것을 동시에 내면화하는 사회적 인식의 근거가 된다.

이처럼 포스트모던 가족을 설명하기 위해서는 근대가족을 운위함으로써 가능해진다. 포스트모던은 근대와의 대비 속에서 논의될 수 있기 때문이다. 핵가족을 근간으로 하는 근대가족은 개인의 자유를 보장하지만 촘촘하게 연결된 가족 간의 관계성 때문에 자율성을 확보하지 못함으로써 개인의 사적 영역을 확보하지 못하게 된다. 게다가 가장으로서의 호주가 지닌 경제력은 가족 간 서열을 위계화하고 불평등을 조장한다. 이것은 확고한 체계로서의 가족 이데올로기로 강화되어 '건강 가족', '건전 가족'[22]의 구현을 이루는 형태로 나아간다. 건강 가족이란 부모와 자녀를 중심으로 하는 핵가족을 지칭하는 다른 개념어이기도 하다. 가족 구성원으로서 각자의 역할을 잘 수행해서 사회 재생산에 기여를 하는 가족을 일컫는 말이자 근대가족의 체제를 더욱 공고히 하도록 유도된, 기획 개념이다.

그런데 이것은 지나친 이념의 구속력 때문에 개인의 자유를 침해하고 삶을 행복하게 영위하도록 하지 못하는 성질을 가지고 있다. 따라서 이는 시대적 요청에 따라 대두되는, 새로운 가족 형태의 욕망을 담아 내지 못함으로써 결국 탈가족적 맥락에서 가족의 개인화, 다원화, 탈제도화를 부추기며 새로운 가족의 구성을 초래한다. 독신, 비혼, 한부모가족, 분리 동거, 동성 결혼 등의 가족 형태는, 기존에 혈연 중심의 가족 형태에서 벗어나 새로운 가족 관계의 구성을 시도하는 그 사례라 할 수 있다. 이러한 배경을 기반으로 탈가족적 정서는 가족 관계의 문제들을 설명하고 해체하는 기제로서 확산하기 시작하고, 포스트모던 가족의 형성 기반을 초래하고 마련하는 토대를 형성한다.

탈가족적 정서란 탈가족화의 맥락 속에서 추출되는 마음의 심리적 성향을 포함하는 상황 자체를 의미한다. 여기서 탈가족화는 '기존 가족 관계의 해체'[23]를 뜻하는 것으로 가족에 대한 통념적 이해 방식에서 벗어나는 것을 기본으로 한다. 요컨대 가족은 '이래야' 한다는 기존의 관습화 된 사고 인식의 태도를 지양하면서 가족에 대한 새로운 관계 방식을 도모하고자 하는 의미가 반영된 개념이다. 그동안 아버지-남성과 어머니-여성 그리고 자녀는 서로 분리된 영역에서 각자 고유한 역할의 구성에 충실해 왔지만, 이들에게 균열이 가해짐으로써 가족은 이제 더 이상 기존의 방식대로 심리적이고 정서적인 안정과 균형을 이루지 못하게 된다. 특히 가족 간에 대화 단절이 이루어지고 상호 교류하지 못하게 되면서 점차 개인화 되기 시작한다. 결국 가족 구성원들은 상호 관계적으로 서로를 돌보거나 의존을 하는 친밀한 관계에서 벗어나게 되면서 개인화 되는 경향이 짙어지는데, 이것이 바로 포스트모던한 가족의 특성을 반영한 현상이다. 요컨대 가족의 개인화는 포스트모던한 상황, 그 자체를 의미한다.

포스트모던 가족은 한부모가족, 일인 가족, 다문화가족 등의 여러 모습으로 다양하게 유형화 되고 여기에 동거, 독신 등의 가족 구성도 포괄한다. 이는 포스트모던의 다원성을 반영한 결과이다. 다원성이란 다중 언어적인 것을 의미하는 것으로 이 다중 언어는 대다수의 사고를 반영한다. 포스트모던 가족은 이 다원적 사고를 반영하여 동시대의 가족 정서를 형성해 간다. 이 사고의 범위 안에는 혈연관계에 근거하지 않더라도 가족으로서의 구성이 가능하다는 사고가 반영되어 있다.

따라서 다원적 사고가 반영된 동시대의 가족 정서는 혈연을 중심으로 하는 정상 가족으로서의 핵가족 형태에서 이탈하는 것을 동시에 환기한다. 핵가족은 혈연관계를 중시하는 가족 체제 방식이었기 때문에 다원화 된 사회에는 걸맞지 않은 가족 체제로 인식되어 나아가기 시작한다. 결국 이 이탈에의 전복적 꿈꾸기는 탈가족적 정서로 환원되어 새로운 사회 질서를 재편해 나아가는 원동력으로 작동하면서 새로운 가족 구성에 대한 열망을 드러낸다. 정서가 마음에서 소산하고 이 마음이 행동을 촉구하는 계기를 마련해 주는 원천이라면, 이 정서와 마음이 반영된 새로운 열망은 새로운 유형의 가족을 형성하는 구체적 행동을 야기한다. 이처럼 탈가족적 정서는 포스트모던한 사회에서 새로운 가족 관계의 질서를 재편하고 통합해 나아가는 데에 있어서 내밀한 긴장과 갈등을 유발하며 가족의 구성은 물론 개념에의 전환을 요구한다.

3. 포스트모던 가족 시대의 탈가족적 정서의 해체 및 강화 양상

바람직한 '아버지'의 권위 회복과 지위 실추

근대가족의 범주 안에서 '아버지'는 가족의 안녕과 행복을 책임지는 대상으로서 이미지화 된다. 가족의 평안은 생계를 보장하는 아버지의 경제적 능력에서 비롯되기 때문이다. 따라서 충분한 경제력을 가지고 가족 부양을 잘 하는 아버지를 '바람직한' 아버지로서 간주하기도 한다. '바람직한 아버지'[24]는 한 가족 내에서 경제력을 갖추고 가족을 위해 아버지의 임무와 봉사를 완벽하게 수행하는 사람을 의미한다. 다시 말해서 '바람직하다'라는 것은 가족의 생계에 지장을 초래하지 않는다는 것과 헌신을 다해 가정을 돌본다는 것을 동시에 의미한다. 이때, 헌신은 경제적 문제뿐만 아니라, 자녀와 아내의 모든 이야기를 들어 주며 마음을 살뜰히 보살펴주고 집안일까지 돌봐야 하는 일을 의미하고 이것이 바로 '바람직한 아버지'의 조건이자 '바람직한 아버지'로서 인정받을 수 있는 근거가 된다. 따라서 이 '바람직한 아버지'의 역할은 이상적인 아버지를 형상화하는 중요한 요인으로 작용하면서 근대가족의 체계를 구성한다.

그렇다면, '바람직한 아버지'로서 모든 의무를 수행하여 얻게 되는 것은 무엇이고, 가정의 안과 밖에서 종횡무진하며 고달픈 아버지로서의 삶에 부여되는 보상은 무엇인가에 대한 물음이 이 지점에서 이루어진다. 그 이유는 이 모든 역할의 책무를 마친, 아버지에게는 가부장으로서의 권위와 가족에 대한 통제권이 부여되기 때문이다. 모든 의무를 이행함으로써 얻게 되는 가장으로서의 가족을 조절하고 통제할 수 있는 권한이 주어지기 때문인 것이다. 따라서 이 아버지 형상은 온전한 가족생활을 유지하는 근간으로서 내면화 되어 근대가족의 개념을 공고히 하는 기제로서 작동한다. 그런데 근대가족 체제 속에서 이상적인 아버지의 형상에는 음양 개념을 바탕으로 한, 인륜 질서의 내용과 의미가 어느 정도 반영되어 있다. 이 질서 범위 내에서는 남편과 아내, 아버지와 자식의 관계가 음과 양의 틀로서 제시된다. 이때, "아버지는 양에 해당하며 그의 절대적인 영향력을 음에 해당하는 아내나 자식에게 행사를 한다."[25] 따라서 아버지는 "베풀어주는 자"[26]로서 존립의 근거를 마련한다. 이에 자식은 베풀어 준 것에 대해 효孝를 다하는 존재로서 아버지와의 관계성을 확보한다. 결국 이들의 상호 관계가 자연스럽고 원활할 때에 온전한 가정의 조성이 가능해진다. 따라서 아버지의 '바람직함'이란 가정 안팎에서 물심양면으로 가족들에게 베풀며 돌보는 것을 의미하는 것으로 정의할 수 있으나 이러한 아버지 형상은 전통가족 사회에서뿐만 아니라, 근대가족의 체제 안에서도 명맥을 유지하면서 아버지의 성 역할을 규정하는 근거가 된다. 그러나 포스트모던 시대에 이르러 '바람직한 아버지'의 형상이 점차 사라지기 시작하면서 가장으로서의 근엄한 '아버지'의 지위는 실추되기 시작한다. 이는 포스트모던 시대에 구체적으로 드러나고 있는 사실로서 1997년에 IMF 이후, 근대적 아버지의 위상과 지위가 급격하게 달라지기 시작한 시점과 일치하는 흐름이다. 이것은 "명예퇴직이나 조기 퇴직 등 사회·경제의 현실로 인해 아버지의 위상이 심각한 상황에 이르렀을 때의 시점과 일치하는"것[27]으로서 IMF라는 국가적 재난 이후에, 대두된 우리 사회의 급격한 변화 양상을 반영한다. 이는 하나의 가족 재난으로서 인식되면서

TV 드라마에서 권위를 잃어버린 아버지로서의 인물상으로 부각되거나 아예 부재하는 아버지의 이미지로 형상화 된다. 여기에 국가=아버지이고, 국가의 재난=아버지의 재난이라고 인식되어 왔던, 유교 사상의 관점이 반영된 이전의 시각에서 탈피하려는 움직임이 일어난다. 아버지는 이제 더 이상 국가와 동궤에 놓이는 인식의 근거를 마련하지 못한다.

중요한 사실은 '바람직하고', '바람직해야 한다'라고 강조되어 왔던 아버지의 이미지 구축이 포스트모던 시대에 이르러 축소되기 시작한다는 것이다. 아버지는 이제 '바람직하지' 않거나, 굳이 '바람직할' 필요가 없다는 인식이 공유되기 시작하면서 가족 안에서 아버지는 누구이고 무엇을 위해 존재해야 하는지에 대한 '아버지' 개념과 인식에 대한 검토와 반성이 일어난다. 이에 따라 새로운 시대가 요구하고 이에 걸맞은 동시대의 정체성을 확보해 나아가면서 아버지는 TV 드라마 속에서 다양하게 형상화 된다. TV 드라마 속에서 '아버지' 상을 모색하는 이유는 존재하든 부재하든 아버지는 가족 구성의 주체이자 근간이기 때문이다. TV 드라마에서는 이러한 다양한 '아버지'의 변화상을 구현하면서 시대를 정체화 하는 데에 집중을 한다. 이 과정에서 경제권을 상실한 아버지의 모습이 두드러지게 나타나면서 기존의 아버지에 대한 개념이 점차 변경되기 시작한다. '아버지' 상의 변화 양태를 살펴보는 일은, 달라진 가족 구성의 상황을 살펴보는 방편을 마련해준다.

① 생계유지의 지속과 '바람직함'의 수행 결여: 〈응답하라 1988〉

TV 드라마 〈응답하라 1988〉에서 아버지들은 다양하면서도 모호
한 양상을 지닌다. 한편으로는 가장으로서의 권위가 유지되지만, 또
다른 한편으로는 실추되거나 부재한 이미지로서 드러나기 때문이다.
이 드라마에서 아버지는 권위와 자율을 동시에 지니고 있다. 권위는
가족 통제력에서, 자율은 가족 이해력에서 생성되는데, 이 권위와 자
율은 아버지가 '바람직함'을 수행할 때에 가능해진다.

이 드라마에는 한 골목을 중심으로 가족처럼 함께 생활하는 다섯
가족이 등장한다. 이 가족들은 서로 다른 형태의 가족을 구성하고 있
다. 집주인으로서 경제적으로 여유가 있는 정환이네와 이 집의 지하
에서 세를 사는 덕선이네, 그리고 골목을 중심으로 선우네, 택이네,
동룡이네가 있다. 이 가족들 중에서 아버지, 어머니, 자녀를 중심으로
하는 완전체로서의 가족 관계가 구성되고 있는 가족은 정환이네, 덕
선이네 그리고 동룡이네이다. 선우네와 택이네는 편부모 가족이다.
선우네는 아버지가, 택이네는 어머니가 부재한다. 따라서 정환이네,
덕선이네, 동룡이네만이 근대가족 이념에 부합하는 정상 가족의 형
태를 유지할 뿐이다. 그 외의 가족들은 비정상성을 확보한 가족으로
분류될 수 있다. 정상 가족이란 부모와 자녀를 중심으로 하는 핵가족

형태를 의미하고, 반면에 편부모 가족은 부모 중 어느 한쪽이 없는 경우를 의미한다. 이 드라마에서는 정상 가족과 편부모 가족 모두가 공존하여 일상을 담보한다.

정환이네와 동룡이네의 아버지는 가장으로서 경제적 책임을 잘 수행하고 있는 인물이다. 따라서 가정 내에서 이들은 아버지로서 권위를 가지고 가족들을 관리하며 통제하는 권한을 가지고 있다. 정환이네 아버지는 코믹하고 유머스러우면서 아내와 자녀의 민감한 심리 상태기까지 챙길 정도로 '바람직한' 아버지의 모습을 유지한다. 이러한 가장으로서의 지위에 대한 보답은 아내로부터 따뜻하고 정성스러운 세 끼 식사를 얻는 것과 자식들로부터 존경을 받는 것으로 이루어진다. 반면에 동룡이네 아버지는 정환이의 아버지보다 훨씬 권위적인 인물로 가족들 위에 군림하는 아버지로서 등장한다. 이 아버지는 선생님이라는 직업이 몸에 배어 있어 늘 가족들을 가르치고 훈계하는 인물로 그려진다. 이러한 인물적 특성은 가족들이 자신에게 군사부일체 하듯 순종적이기를 바란다. 따라서 동룡이는 늘 이 아버지에게서 벗어나기 위해 자유로운 일탈을 꿈꾼다.

한편 편부 가족이지만 택이네 아버지 역시 엄마의 부재를 대신해서 음식을 장만하며 살뜰하게 택이를 보살피며 경제적으로 문제가 없도록 아버지로서의 소임을 다한다. 택이 아버지에게는 권위적인 일면이 보이지 않고 넉넉한 여유로움만이 가득하다. 따라서 택이 아버지는 가정 내 어머니 역할을 수행하며 모성애마저 내장한, 모성애의 화신으로서의 어머니이자 바람직한 아버지로서의 지위를 보장받는다. 반면에 덕선이 아버지는 가장으로서의 책임을 다하지만, 경제적으로 가족에게 윤택한 상황을 만들어주지 못한다. 자녀들에게 친근하게 다가가면서도 때로는 가족의 내면까지 세세하게 살피지 못하는 권위적인 아버지로서의 한계를 드러내기도 한다. 따라서 아내를 만족시키지 못해서 불평하는 이야기를 들으면서 화해롭지 못하지만, 정이 많고 따뜻한 감성을 가진 아버지로서 존재한다.

아버지의 부재로 인해 경제적 빈곤을 겪는 것은 선우네에서 첨예하게 드러난다. 선우 아버지는 어린 아이들을 두고 일찍 세상을 등진 채, 가난만을 가족들에게 유산으로 남겨준 인물이다. 드라마 속에는 등장하지 않지만, 인물들의 빠롤에 의해 자주 환기되면서 선우네의 경제적 곤란한 상황을 증폭시킨다. 선우 엄마는 늘 경제적으로 여유가 없어 두 자녀인, 선우와 진주를 충분하게 부양하지 못하는 것에 대해 미안한 마음을 갖고 산다. 결국 가난은 선우 엄마를 억척스럽게 살아가는 동력으로서 작용하면서 가장으로서의 역할 한계를 체득하게 하는 인물로서 존립한다.

이처럼 TV 드라마 〈응답하라 1988〉(2016)에서는 바람직한 '아버지'가 자신의 지위를 잃지 않음으로써 권위를 가지고 가장으로서 살아가는 모습과 아버지의 부재로 인한 한계 상황의 문제들을 잘 그려낸다.

② 생계유지의 어려움과 '바람직함'의 수행 기대: 〈마더〉, 〈경이로운 소문〉

TV 드라마 〈마더〉(2018), 〈경이로운 소문〉(2020), 〈마인〉(2021)에서는 바람직한 '아버지'가 부재하거나 등장을 해도 그 역할이 미비하게 나타난다. 특히 TV 드라마 〈마더〉에서는 아버지의 부재가 역력하다. 주인공 강수진에게는 아버지가 없고 두 명의 어머니만이 존재하는데, 한 사람은 친모이고 다른 한 사람은 양모이다. 수진은 양모 가족으로부터 얻은 성에 따라서 남수진으로 불리기도 한다. 따라서 두 가족에 속해 있지만 수진은 어떤 아버지에게도 귀속되지 못하는 모습을 보여 준다. 더욱이 수진은 친모가 있는 데에도 불구하고 사랑을 받지 못한 것에 대한 보상심리를 학대받는 혜나를 향해 투사해 간다.

혜나는 미혼모 엄마의 내연남으로부터 학대를 당하는 인물로서 아버지가 부재할 뿐만 아니라, 친엄마의 보호마저 받지 못하는 불쌍한 처지에 놓여 있다. 서로 연고가 없는 데에도 비슷한 처지에 놓여 있다는 이유만으로 수진은 혜나에게 보호자이자 수호자를 자처하며 다가간다. 기표 없는 존재로서 거친 사회로부터 보호막이 되어 주지 못하는 아버지의 부재는 이처럼 인물들을 가혹한 시련의 나락으로 떨어뜨리는 요인으로 작용한다. 아버지의 부재는 생명과 존립에 지대한 영향을 끼칠 만큼 막대할 정도로 의미가 크다 할 수 있는데, 드라마는 그러한 아버지가 지닌 존재의 문제를 제기한다.

이것은 TV 드라마 〈경이로운 소문〉에서 역시 마찬가지이다. 이 드라마에서 주인공 소문은 아버지와 어머니의 죽음으로 인해 조손 가정에서 성장한 인물이다. 따뜻한 사랑을 주지만, 할아버지의 경제적 무능함은 소문이를 수호하기에는 부족하다. 아울러 할머니마저 치매에 걸려 소문을 제대로 돌보지 못하는 상황에 이르게 된다. 더욱 큰 문제는 소문이가 가진 신체적 장애이다. 소문이는 정상적으로 걷지 못하는 소아마비 병을 앓고 있다. 따라서 이러한 소문의 가난과 신체적 결함은 학교에서 소문을 왕따의 대상으로 만들어 놓기에 충분한 조건이 된다. 정상적인 돌봄을 받지 못하는 소문은 학교 폭력의 피해자가 되어 힘겨운 삶을 이어 간다. 따라서 이 드라마에는 아버지가 부재함으로써 아버지 권위의 승격도, 실추도 존재하지 않지만, 그 지위가 결여태로서 존재한다.

그러나 혈연관계에 있지는 않으나, 카운터로서 함께 활약하는 멤버 중에 최장물은 소문이의 경제적 후원자로 자처하여 소문이를 물심양면으로 조력을 한다. 소문이의 든든한 조력자로서 최장물의 활약은 소문이가 어려운 일에 봉착할 때, 유감없이 아버지 이상의 역할을 수행하며 그 면모를 드러낸다. 최장물은 큰 기업을 운영하는 총수이자 카운터로서 카운터들의 자금을 조달할 정도로 큰 부자이다. 이러한 정신적·물질적 후원자로서 최장물의 조력은 가정 내에서 대소사를 결정하는 아버지의 모습과 유사하다. 아버지가 한 가정을 진두지휘해 나아가는 강한 가장으로서의 모습과 기업을 이끌어 가는 총수로서의 교차된 인물의 면모를 최장물이 보여 주고 있어서 이 인물들을 하나의 가족으로서 느끼도록 만들어 줄 뿐만 아니라, 기업과 가족이 하나의 연합된 실체로서 파악하게 하는 동기를 마련해준다. 그만큼 단단하게 결속되어 어떤 적의 무리와 싸워도 걱정할 필요가 없는, 강력한 가족의 힘을 가진 것처럼 여겨지도록 한다. 물론 이들의 관계는 종속이 아닌, 자율을 담보하고 있는 것이 특징적이다. 이들은 어디까지나 상호 협력적으로 관계를 맺어갈 뿐, 서로를 강제하거나 구속하지는 않는다. 이에 따라 이들은 유사가족의 경계 안에 놓여 끈끈하게 결속한다. 유사가족은 실제 가족은 아니지만, 가족 비슷하게 관계를 맺고 있는 집단을 의미한다.

이처럼 소문이와 한 팀을 이루어 활동하는 카운터들의 인물 구성은 유사가족의 형태를 지닌다. 아버지=최장물, 어머니=추매옥, 삼촌=가모탁, 남매=도하나와 소문의 관계로 구성되어 악귀를 쫓아내기 위해 이들은 견고한 가족 이상의 관계를 유지한다. 비혈연 관계에 있는 데에도 불구하고 이들은 서로를 사랑하고 도우면서 관계의 돈독함을 보여 준다. 따라서 이 드라마에는 혈연의 관계를 통한 '바람직한 아버지'는 등장하지 않으나, 이에 버금가는 유사 아버지의 역할을 하는 인물로 인해 아버지의 권위는 실추되지 않으면서 '바람직함'의 수행에 대한 기대를 하게 된다. 다만, 혈연관계를 바탕으로 하는 가족 관계의 구성에서 이탈하고 있는 것을 확인할 수 있다.

③ 생계유지의 안정과 '바람직함'의 수행 부재 : 〈마인〉

〈마인〉은 재벌가를 배경으로 한 드라마로 가부장적 분위기가 작품 전면에 깔려있다. 그러나 경제력을 확보한 가장의 지위가 약화하고 있어 바람직한 '아버지'의 구현은 성사되지 않는다. 재벌 가문답게 남성 중심적인 부계 중심의 가족을 기반으로 가계가 형성되고 있지만, 가장 최고의 부富의 자리를 차지하고 있는 데에도 불구하고 효원 그룹의 한 회장은 드라마 속에서 부재하는 경우가 많다. 막강한 경제권을 지니고 있지만, 바람을 피워 배다른 아이를 낳고 자신의 아내와 자식들에게 불행을 안겨다 주는 인물로 역할을 한다. 한 회장은 이런 측면에서 '바람직한' 아버지는 아니다. 가족에 대한 세심한 배려가 부족하고 자신의 힘을 이용해 전통적인 일부다처제 안에서 군림하고 있는 모습을 보여 주고 있기 때문이다. 전근대적인 가장의 모습을 띠고 있는, 한 회장의 처신은 가정의 평화를 가져다주지 못한 채로 복잡한 갈등을 형성하고 드라마의 긴장 관계를 조성한다.

이러한 한 회장을 닮은, 첫째 아들은 한량으로 등장하여 온갖 바람을 피우면서 가정을 돌보지 않는다. 장남으로서의 역할과 권위 있는 아버지로서의 지위를 확보하지 못한 채로 복권만 긁는 것을 하루의 일과로 삼는다. 결국 자신의 아내에게 모든 경영권을 맡기고 집안 살림을 관리 수행하는 역할을 자처하면서 기존의 성 역할을 전복시키는 인물로서 위치한다. 가장으로서의 역할을 자신이 아닌, 아내에게 넘겨 주고 있기 때문이다. 다시 말해서 성 역할이 엄격하게 구분되어 있는, 견고한 가부장적 시스템을 유연하게 변화시키는 인물로 활약을 한다.

이와 달리 이복동생 한지용은 '바람직한' 아버지의 역할을 충실히 해낸다. 자신의 경제적 능력을 바탕으로 아내와 자식을 사랑하고 집안을 보살피지만, 이면에 내재하고 있는 이중적이고 위장된, 흉포한 모습을 드러냄으로써 '바람직한 아버지'의 인물상에서 탈락한다. 지나친 욕망에의 집착과 비뚤어진 가치관의 문제에 검열을 받게 됨으로써 그의 몰락이 가속화된 것이다. 한 회장의 친자식이 아니라는 사실이, 그의 불안을 재촉하고 기업 승계에 대한 허망한 꿈을 갖도록 만들었기 때문이다. 한지용에게 있어 단란한 가정의 형성과 기업 승계는 결핍된 삶을 보완하고 충족시켜 주는 균형 회복의 기제이다. 그러나 온전한 아버지-어머니의 가정을 가져 보지 못한 채로, 한지용의 '꿈꾸기'는 세계와의 대결에서 패배하여 전복되고 만다. 이 드라마에서는 생계유지를 위한 경제적 조건이 확보되어 있는 데에도 불구하고, '바람직함'은 결여태로 존재하면서 바람직한 아버지의 위상을 제로화 시킨다.

이처럼 TV 드라마 〈마더〉, 〈경이로운 소문〉, 〈마인〉에서는 아버지의 부재나 역할의 축소를 통해 바람직한 '아버지' 상은 구현되지 않는다. 따라서 보호막으로서 기능을 하던 아버지와의 관계 맺기에 실패함으로써 인물들은 견고한 가부장적 체제 안에서 불행을 겪거나 시스템을 파기하고 전복시키는 인물로서 기능한다.

자애로운 '어머니'의 역할 변화와 모성성의 실천

'자애로움'은 근대가족 안에서 가족의 행복과 평화를 이루게 하는 어머니가 지녀야 할 중요한 덕목이다. 한 가정이 온전하게 삶을 이루어가기 위해서는 어머니의 '자애로움'이 가득한 사랑과 보살핌이 필요하기 때문이다. 아울러 가족의 안녕과 건강을 유지하는 것은 어머니의 자애로운 손길에서 비롯되기 때문이다. '자애'는 아랫사람에게 베푸는 두터운 사랑[28]을 의미하고, '자애로운' 것은 '자애'를 베푸는 사랑과 정이 깊은 것을 뜻한다. 이 낱말 풀이에 근거해 보면, '자애'는 대상에 대해 애정을 담아 베풂을 펼치는, 아래를 향한 마음이다. 그리고 근대가족 내에서 어머니는 이 자애로움을 갖추어 어머니로서의 역할을 다 해야 하는 소임을 가져야 한다. 이로써 '자애로운' 어머니는 근대가 표방하는 가족의 이미지 중 하나가 된다.

그런데 이것은 모성과 연결되어 발현되는 경향이 있다. 모성이란 여성이 어머니로서 가져야 하는 정신적이고 육체적인, 본능적 성질을 의미하는데, 이 모성의 범주 내에 '자애로움'이 있다. 육체적으로 어머니의 자애로운 손길과 정신적으로 자애로운 사랑의 마음이 어머니에게는 늘 내재해 있어야 하고, 이로써 근대가족의 개념에 부합할 수 있는 가족 체제를 구성할 수 있도록 어머니는 따뜻하고 안정된 가정을 구현할 수 있도록 노력해야 한다. 따라서 이 '자애로움'은 현모양처가 되는 기본 조건일 뿐만 아니라, 바람직한 '아버지' 상과 함께 어머니의 모성성을 강화하는 계기로서 작동한다. 모성을 강조하는 이데올로기의 형성은 자애로운 어머니에게서 비롯되기 때문이다.

그런데 이 '자애로움'은 여성의 섹슈얼리티를 어떻게 규정하느냐 하는 문제와 연관한다. 섹슈얼리티란 성, 성에 대한 태도 혹은 특질을 이르는 말로 이는 성 역할에 영향을 준다. 성 역할은 하나의 문화권에서 어떻게 성적 특성이나 태도 등을 습득하게 되었느냐의 문제와 관련하는 개념이다. 그리고 이 여성이 가지고 있는 성적 욕망이나 태도의 문제, 그리고 더 나아가 가족 간 윤리 문제를 조절해 나아가는 하나의 통제처로서 가정 형성에 중요한 영향을 끼치는 개념이다. 여성의 성 역할은 "주로 가정을 둘러 싸고 이루어지기"[29] 때문이다. 이런 측면에서 '가족'이라는 장은 성 역할의 개념을 익히고 배우는 상징적 공간으로서 기능을 한다. 그리고 "가정은 그 형성 자체가 여성과 남성의 만남에 의해서 이루어지므로 가정 윤리의 기원은 이와 같은 음양에 기반을 둔 성 역할[30]"을 바탕으로 해서 토대를 마련한다. 이렇게 정해진 역할 개념 안에 어머니의 '자애로움'이 놓이고 어머니는 자신에게 부여된 역할을 수행하도록 체제화 된다. 이런 측면에서 성 역할은 여성으로서의 어머니가 가족 체제에 자신의 정체성을 확인하고 학습한 결과로서 정의해볼 수 있다. 결국 모성의 다른 방식으로서 '자애로움'은 어머니가 체득하고 학습화 한, 내면 이데올로기의 기제 방식인 셈이다.

TV 드라마 〈응답하라 1988〉,[31] 〈마더〉,[32] 〈경이로운 소문〉,[33] 〈마인〉[34]에서는 자애로움을 갖춘 어머니가 등장해서 모성 이데올로기를 복잡하고 균열적인 방식으로 수행해간다. 요컨대 이 드라마들에서 어머니 인물들이 수행하는 '자애로움'과 모성은 긴밀하게 결합하여 긴장과 갈등 속의 가족 이야기를 만들어낸다. '자애로움'을 통해 모성이 발현되고 모성은 이 '자애로움'을 포괄하기 때문에 이를 통틀어 '자애로운 모성'이라 일컬을 수 있다. 그런데 드라마 속에서 이 '자애로운 모성'이 어떤 방식으로 작동하느냐에 따라 가족 이데올로기가 강화될 수도 있고, 약화될 수도 있다. 이것은 가족 관계를 굳건하게 유지하게 하면서도 동시에 가족해체를 초래하는 원인이 되기 때문이다. 결국 '자애로운 모성'의 발현은 가족을 통합해내는 중요한 기제 요인이 된다.

모성母性은 일반적으로 "아이를 낳고 기르는 행위[35]"를 지칭하지만 심리적이면서 문화적 의미를 함의하고 있다. 심리적인 측면에서는 어머니가 가진 따뜻함, 부드러움, 친절함, 관대함 등을, 문화적 측면에서는 어머니 역할, 어머니다운 행동, 어머니다움[36] 등을 내포한다. 이를 종합해 보면, 모성은 어머니로서의 성性이나 성질, 마음 그리고 성 역할 의식까지를 의미한다. 이러한 의식이 하나의 신념으로서 강화될 때, 모성 이데올로기로 형성된다. 모성 이데올로기란 여성으로서 어머니의 역할을 문화적으로 장치화[37] 하여 의식적으로, 무의식적으로 가족 내에서 수행하도록 유도하는 하나의 신념 체계라 할 수 있다.

모성 이데올로기는 가족을 향한 어머니의 무한한 사랑의 세례를 담보로 한국 근대가족이 성립되는 과정에서 남성 주도적인 가부장 이데올로기에 자연스럽게 포섭된다. 근대에 "모성애는 여성의 큰 자랑"이고 "거룩한 사랑"으로서 간주되고 급기야 "남자들에게 어떠한 압박을 받든지 사회적으로 말할 수 없이 낮고 천한 지위에 떨어져 있게 되어도 그저 바보 천치처럼 꾹 참고 견뎌[38]"내야 하는 신조로까지 인식된다. 이렇게 시작된 모성성은 포스트 근대의 현재에 이르기까지 사회 및 문화 전반 체계에 영향을 끼치고 있다. 때때로 이 신념 체계는 시공을 초월해서 사회의 존립에 문제가 발생할 때마다 이를 해결하기 위한 대안으로서 활용되면서 새로운 개념의 생성과 변화를 초래하기도 한다. 가정과 사회의 근간으로서 어머니는 미래의 희망을 기약할 수 있는, 가교역할을 하는 대상으로 인식되기 때문이다. 모성은 일종의 대항 신화인 셈이다.

그러나 이것은 또 다른 문제를 양산하기도 한다. 이 신념 체계 안에 포섭되지 않는, 출산하지 않거나 출산이 불가능한 대다수 여성들에게 오히려 차별 의식을 유발[39]하면서 사회적 갈등을 일으키기 때문이다. 다시 말해서 모성에 대한 강조와 예찬은 또 다른 여성들을 향한 억압 기제로서 역할을 하면서 바람직한 어머니의 형상을 대비적으로 부각한다. 이러한 자애롭고 바람직한 어머니의 신성화와 탈신성화가 TV 드라마 속에서 복잡하고 다양한 방식으로 이루어지면서 모성 이데올로기에 대한 새로운 태세에의 전환을 촉구한다.

① 고난과 시련 극복 기제로서의 대항적 모성: 〈응답하라 1988〉

TV 드라마 〈응답하라 1988〉에서 모성은 이러한 혼합된 양상을 잘 반영하고 있다. 이 드라마에 등장하는 어머니들은 모두 가족들의 끼니 걱정과 안위에 몰두하는 여성들로 그려진다. 이들은 맛과 상관없이 정성스럽게 만들고 차린 음식을 만드는 것에 집중을 하고 가족의 건강한 생활에 적극적인 모습을 보여 준다는 면에서 따뜻하고 상냥한 어머니의 이미지를 구성한다. 이 어머니의 사랑과 정이 넘쳐 나는 드라마의 정서는 마치 고향에 온 것처럼 안락하고 평화로운 시청하기를 유도하며 모성의 신성성을 부각된다.

정환이네 어머니는 지나치게 활달하지만 늘 즐겁고 행복한 어머니의 안정된 이미지를 구축하면서 이 드라마에서 가장 바람직한 어머니 형상을 축조한다. 자식 교육과 남편 건강에만 관심을 가져도 될 정도로 경제적으로 안정된 토대를 이루었기 때문에 이웃에게 넉넉한 인심마저 베풀 수 있는, 평균적인 시민 사회의 어머니 이미지를 갖고 있다. 아울러 이와 함께 바람직함의 타이틀을 가진 어머니로서 자리매김한다. 여기서 말하는 바람직함이란 가족을 알뜰하게 돌보며 건강하게 운용하는 것을 의미한다. 처음부터 정환이네가 경제적 여유가 있는 것은 아니지만, 어려운 환경 속에서 성실하게 살아 현재의 위치에 이르게 된 것으로 여기에는 정환이네 어머니의 가족을 위한 헌신과 사랑이 큰 역할을 한다. 이 헌신과 사랑은 바로 모성애에서 비롯된다. 시련과 고난을 극복하는 모성성의 실현이 현재의 삶을 가능하게 만든 동인이다.

반면에 덕선이네와 선우네의 어머니는 경제적으로 항상 곤란을 겪고 있기 때문에 거칠고 억척스러운 어머니의 이미지를 축조한다. 자식의 성공과 안녕을 위해 가난은 견뎌내야만 하는 것으로 인식하며 헌신적인 어머니의 역할을 수행해 나아가는 이미지를 구현한다. 이러한 과정에서 이들은 어려운 삶의 현실을 이겨내고 살아가기 위해 모성애를 극대화 시킨다. 진수성찬은 아니지만 이들이 지어내는 한

끼의 따뜻한 밥에는 열악한 삶의 환경에서 자식들을 지켜내고 살아 내기 위한 모성의 눈물이 함께 담긴다. 가난이 심해지고 상황이 어려울수록 이들의 모성애는 더 강하게 발휘되고 고난과 시련을 견뎌내는 극복 기제로서 역할을 한다. 시청-수용자는 이 어머니들의 가족을 위한 헌신과 사랑에 감동을 하면서 드라마 서사의 세계에 자연스럽게 자리한다. 게다가 경제적으로 넉넉하지는 않지만, 이 자기희생적 어머니의 이미지는 시청-수용자에게 드라마와의 정서적 거리를 좁히면서 따뜻한 고향에 와서 편안한 휴식을 하는 듯한 분위기를 조성한다. 이 인물들의 모성애는 모자람 없이 충분할 정도로 깊고 넓기 때문이다. 깊고 넓은 모성은 어떤 고난과 시련이 닥쳐와도 이를 극복할 수 있는 대항 신화로서 기능하며 이들의 서사를 신성한 이야기로 부각된다.

② 모성 이데올로기 수행의 양가성: 〈마더〉, 〈경이로운 소문〉, 〈마인〉

TV 드라마 〈마더〉, 〈경이로운 소문〉, 〈마인〉에 등장하는 어머니의 모성성은 혼용적이다. 우선 TV 드라마 〈마더〉에는 4명의 어머니가 등장하는데, 이들은 어머니로서의 역할을 서로 다르게 수행하면서 모성 이데올로기의 신화화와 탈신화화를 동시에 구현한다. 모성 이데올로기란 어머니로서 여성의 본능적 삶에 정신적으로, 육체적으로 제한되고 규약되어 있다고 믿는 신념의 가치 체계를 의미한다. 주인공 강수진은 통념적이지 않지만, 학대를 받는 혜나를 납치해서 보호할 정도로 깊은 모성애를 발휘한다. 이 모성애는 인간애에 가까운 착한 심성을 기초로 하고 있다는 점에서 특별하지만, 자신이 출산한 아이가 아닌데도 불구하고 위험을 감행하면서까지 아이를 지키고자 한다는 점에서 기존의 모성 이데올로기의 신화를 전복시킨다. 모성 이데올로기는 자녀를 낳고 기르는 과정의 절차가 수반될 때, 그 의식의 구현이 비로소 성립 가능해지기 때문이다. 부모에게서 충분한 보호를 받고 성장하지 못했던 것에서 오는, 아이를 향한 수진의 깊은 공감은 납치라는 반사회적 행동을 자행하도록 유도하고 시청-수용자를 설득해 가는 동기를 마련한다. 결국 수진이 붙잡혀 아이와 헤어지지만, 수진의 절실하게 그려지는 모성은 다시 혜나를 찾을 수 있는 심리적 동기를 확보해 준다.

오히려 이 인물과 대비적으로 그려지고 있는, 미혼모 혜나의 친모는 자신이 출산한 혜나를 돌보지 않고 자애를 베풀지 않는다. 내연남에게 버림을 받을지도 모른다는 불안과 두려움 때문에, 혜나를 괴롭히고 학대하며 내연남을 모른 체하고 넘어갈 정도로 비정하고 상식적이지 않은, 윤리 의식도, 모성성도 없는 인물로서 형상화된다. 그녀는 모성애를 수행할 의지가 전혀 없다는 점에서 기존의 통념을 무너뜨리는 반사회적 인물이자 탈신화적 존재라 할 수 있다. 따라서 혜나 친모의 이러한 행각은 시청-수용자에게 공분을 일으키면서 '혜나

납치'라는 강수진 행동의 설득력을 확보해 준다. 강수진의 납치 행위가 범죄라고 생각이 들지 않게 할 정도로 혜나 친모는 상식적으로 이해되지 않는 인물이기 때문이다. 물론 이것은 한편으로 친모는 무조건 모성 이데올로기를 수행해야 한다는 깊숙이 뿌린 박힌, 사회적 시선을 향한 통렬한 저항의 움직임으로 읽힐 수도 있겠지만, 이를 차치하고서라도 오히려 어리고 약한 자에게 측은한 마음을 품지 못하는, 어머니로서, 한 인간으로서의 소양마저 갖추지 못한 것에 대한 비난을 하는, 대중의 심리가 반영된 결과라 할 수 있다.

이러한 인물의 대척 지점에 강수진의 양어머니가 있다. 이 양어머니는 강수진의 친어머니와 달리 위대한 모성애를 발휘한다. 혜나가 납치되어 강수진이 수세에 몰려 위험에 처할 때, 자신의 모든 것을 내어 주고 수진을 구하려 할 정도로 큰 자식 사랑을 보여 준다. 수진이가 행복하기만 하면 된다는 자기희생적 이미지를 친모가 아닌, 양모를 통해 드러내는 것은 통념적인 모성 이데올로기의 탈신화화가 이루어지고 있는 하나의 방증이라 할 수 있다. 요컨대 모성은 낳지 않은 엄마에게서도 생성될 수 있다는 것과 측은하고 불쌍히 여기는 마음을 갖추어 사랑을 실천하는 의지를 보여 줄 수 있다면 얼마든지 모성은 대리 가능하다는 것을 제시한다. 따라서 수진의 모성애는 누구에게나 적용 가능한, 보편적 인류애에서 비롯된다 할 수 있다. 요컨대 피를 나누지 않고 낳은 정이 없이 자식과 엄마 간의 연계성이 없더라도 대리적 모성이 가능하다는 것을 말해준다.

대리적 모성애란 모성애적 헌신 관계에서 비롯된다 할 수 있다. 모성애가 양육의 수행 과정을 통해서 비롯되는 정서 맥락이라 할 때, 대리적 모성애는 아이의 출산과 상관없는 관계 맥락 속에서 이루어지는 친밀한 감정을 의미한다. 이때, 친밀한 감정은 애정의 정도에 따라 형성되므로 대리적 모성이 가능하기 위해서는 애정도의 깊이가 요구된다. 따라서 이를 '유사-모성 이데올로기'라고 칭할 수 있을 만큼 관계의 애정도는 상당히 높다 할 수 있다. 수진-혜나, 수진-양모의 관계 안에는 이러한 대리적 모성애가 상호 관계를 유지할 수 있는 조건으로 마련된다. 친모에게서 받지 못한 모성을 이들은 대리적 관계를 통해 얻는 특징을 보여 준다. 한편, 이 대리적 모성애를 탈신화적인 것으로 해석하는 경향이 있는데, 이에 대한 문제는 보다 깊이 고민을 할 필요가 있기 때문에 판단을 유보해서 논의를 미루고자 한다.

TV 드라마 〈경이로운 소문〉에서는 소문이의 어머니가 등장하지 않아 모성 이데올로기가 결여된 드라마로 인식될 수 있지만, 이를 대리하는 인물로서 추매옥이 등장해서 드라마의 결핍된 모성성을 충족시켜 준다. 주인공 소문이와 악귀를 물리치는 카운터로서 역할을 하며 같은 동료들의 끼니를 해결해 주는, 추매옥의 모습은 한 가정 내에서 가족을 살뜰하게 돌보는 '자애로운' 어머니의 이미지를 연상시킨다. 국숫집을 경영한다는 점, 몸과 마음의 상처를 치료하며 삶을 소생시켜 주는 점은 추매옥을 자애로운 어머니로서 이미지화 하는 데에 충분하다. 이 이미지는 싸움이 난무하고 활력적인 액션들이 등장하는 드라마의 거센 분위기를 따뜻하고 평안한 것으로 전환한다. 추매옥은 출산을 하지 않았지만, 사람들에게 끼니를 제공하고 상처를 어루만져주는 신비한 치유 능력이 있는데, 이것은 실제 어머니와 같은 자애로운 품성과 조건을 지닌 어머니 인물로서 등치하도록 한다. 이러한 점에서 추매옥을 대리적 모성을 수행하는 인물로서 논의할 수 있다. 추매옥의 모성은 연약하고 측은해서 돌봄이 필요한 누구에게나 마음을 열 때 가능한, 인류애를 동반하기 때문이다. 따라서 TV 드라마 〈마더〉에서와 마찬가지로 추매옥에게 역시 인간을 소중히 여기고 사랑하는 보편적 인류애가 모성의 힘으로 발현되면서 모성 이데올로기의 탈신화화가 이루어지고 있는 사실을 알 수 있다.

한편 TV 드라마 〈마인〉에서는 모성성이 차고 넘칠 정도로 충만하고 오히려 이 에너지로 인해 긴장과 갈등의 국면이 크게 유발된다. 서희수의 기른 정과 강자경의 낳은 정의 대결 구도로 인해 초래되는, 드라마의 긴장 속에서 모성 이데올로기는 강력하게 구현된다. 문제는 기른 어머니의 모성성과 낳은 어머니의 모성성이 부딪치는 지점에서 또 다른 모성 이데올로기의 부상이 이루어진다는 점이다. 피를 나누지 않았지만 기른 정이 양산하는 사랑의 크기가 오히려 낳은 정의 그것을 압도하며 상대적으로 약화시킨다는 점이 이 드라마에서는 특별하게 부각된다. 이러한 사실은 결국 기른 정과 낳은 정을 한데 합쳐지게 하면서 아이를 지키기 위한 공동의 목적을 마련하는 새로운 형태의 모성 이데올로기를 생성해낸다. 그리고 이처럼 새로운 모성 이데올로기가 주창될 때, 아이는 평화롭고 안락하게 양육될 수 있다는 또 다른 신화를 낳으면서 이 드라마는 기존의 모성 이데올로기를 탈개념화한다.

이와 달리 한 회장의 부인 한선혜와 한 회장의 내연녀 최수임은 서로 다른 형태의 모성성을 구현한다. 왕사모로서 효원 가家를 꾸려 가는 한선혜는 지극히 전통적인 어머니의 이미지를 구현한다. 한선혜는 남편의 바람으로 생긴, 이복 아들인 한지용에게는 깊은 애정을 갖고 있지 않지만 한지용을 받아 들여 내면화하는 수동적인 여성의 모습을 보여 준다. 이 인물은 가부장으로서의 남편에게 순종을 하며 모든 것을 수용하는 인물로서 그려진다는 점에서 시대착오적 한계를 드러내는 인물이다.

이와 달리 생모 최수임은 자신의 행복을 망친다는 이유로 아들 한지용을 어릴 때부터 정서적으로 학대해서 그의 불행한 삶을 초래하는 데에 결정적인 영향을 끼친다. 최수임은 사랑과 모성이 결핍되어 있는 한지용에게 가족 구성과 기업 승계에 대한 비뚤어진 욕망을 추구하게 하여 파멸에 이르게 하는 견인 역할을 한다. 한지용은 기업을 이어 받아 온전한 가정을 이루어 삶을 살아가는 것이 꿈이지만, 자신이 한 회장의 친아들이 아니기 때문에 꿈을 실현할 수 없다는 것을 깨닫게 되어 온갖 악행을 자행하며 허망한 욕망을 쫓는다. 그의 기업 승계에 대한 자격 미달의 조건이 잘못된 욕망을 증폭시키면서 급기야 자기 죽음을 초래하는 계기가 된다. 이는 정상적으로 친모에게서 사랑을 받고 성장했더라면, 한지용의 삶이 어떤 방식으로 전개되었을까 하는 궁금증을 유발하는 대목이다. 한지용은 자신을 구원할 수 있는 대상으로서 따뜻하고 안락한 가정을 구현하는 것이 소망이었기 때문이다. 이조차 허락되지 않은 차디 찬 세계에 속한 한지용의 삶을 품어 감싸 안아 줄 만한, 어떤 모성도 드라마 속 현실에는 부재한다.

　이처럼 이 드라마들에서는 모성 이데올로기를 공고히 유지하고자 하는 측면과 탈신화화 하는 측면의 움직임이 동시에 이루어진다. 특히 기존의 모성 이데올로기에서 탈신화화 하는 과정에서 탈개념화 되고 기존의 통념이 전복된, 새로운 형태의 대리적 모성이 강력하게 부상한다. 대리적 모성애는 인류를 사랑하는 의지의 보편성을 닮아 있다. 이 보편성은 타인과의 관계 속에서 생성되는데, 이때 '사랑'은 중요한 역할을 한다. "사랑은 생명체의 활동[40]"으로서 관계의 문제를 해결하고 새로운 지평을 열어주는 기제 방식으로 작용한다. 구체적으로 이것은 드라마 속 인물들의 희생적이고 헌신적인 사랑의 모습들과 연관하는 인류애의 실현이기도 하다. 그리고 이것은 관습화 되어 있는 '모성' 이데올로기의 신화성을 탈맥락화 하면서 보편적 구조의 '사랑'을 구현하는 승화 기제이기도 하다. 결국 이것은 근대가족 체제가 지닌 문제의 한계를 노출하면서 새로운 가족 체제의 구성을 통해 문제를 해결하고자 하는 희망의 움직임으로 논의 가능해진다.

혈연 및 비혈연적 가족의 친밀성 강화

포스트모던 시대에 가족은 혈연 및 비혈연의 착종 관계 속에서 복합적으로 이루어지고 있는 실정에 놓여 있다. 한국에서 혈연은 "오랫동안 가족을 연결하는 고리로 자리를 차지해 왔고 여전히 가족을 정의하는 틀로 의미를 가지고 있다.[41]" 특히 한국의 근대가족 체제는 이 혈연을 중심으로 한 세기 동안 공고하게 그 형태를 유지해 오면서 사회 기초 단위로서의 기능을 다 한다. 근대가 시작되면서 산업화 시대에 걸맞은 가족의 구성이, 기능적인 측면을 고려해서 핵가족 형태로 나타나지만, 이것은 어디까지나 혈연관계를 기반으로 한다는 점을 특징으로 한다. 이 혈연은 부모와 자식의 관계에 대한 뚜렷한 구분점으로 작동하면서 근대가족 구성의 경계를 명확하게 가르고 판단하는 계기로 작동한다.

혈연관계를 중심으로 한, 근대가족은 "혼인, 재생산, 자녀사회화 등을 핵심적 요인[42]"으로 삼아 사회 전반의 체계 구성에 관여하면서 사회 단위로서의 역할을 충실히 해낸다. 결혼을 바탕으로 자녀를 출산하고 양육하여 사회 재생산에 기여하는 것이 근대가족이 수행할 의무로서 이는 혈연적 관계를 기반으로 한다. 문제는 이 경우, 다양한 방식에 의한 관계 맺기를 통해 가족 구성의 어려움을 노출한다는 점이다. 그리고 이 체제에서 배제되거나 이탈된 사회 구성원들에게 여러 가지 사회적 불평등이 발생할 수 있다는 점이다. 근대 자본주의 생산 시스템에 부합하지 않아 체제의 질서 안에 재편되지 못하고 배제된 삶을 살아야 했던 사회 구성원들은, 불이익을 감수하면서 선택과 자유를 보장받지 못하는 한계점을 갖는다.

그러나 개인의 삶이 중요하다는 인식의 대두와 함께, 다채로운 방식으로 관계 맺기를 하고자 하는 욕구가 탈가족적 정서를 동반하면서 혈연이 아닌 비혈연 관계의 가족 구성을 초래하기 시작한다. 더 이상 "피는 물보다 진하지 않다"라는 의식이 확산되면서 포스트모던 시대에 비혈연 형태의 관계 맺기가 가족 구성에 영향을 끼치기 시작한다. 이것은 개인화, 다양성, 다원성 등의 변화하는 사회 풍조를 반영한 사회 인식의 결과라 할 수 있다. 특히 자신의 삶을 스스로 선택할 권리가 있다는 의식의 성장과 함께 동거, 동성혼, 대안적 공동체 등의 다양한 가족 구성이 점차 확산 추세에 놓여 있다. 여기에는 굳이 결혼이 아니더라도 남녀 관계의 맺기가 다양하게 이루어질 수 있다는 사실이 내재한다. 이로써 기존에 갖고 있던 결혼에 대한 인식 기반과 가족 체제 구성에 대한 의미가 퇴색하면서 혈연관계의 구도는 해체되기 시작한다. 비혈연 관계도 혈연관계 이상으로 가정을 이루고 사회를 구성하는 단위 형태로서 생활을 유지해 나아갈 수 있다는 의견들이 점차 집합화 되기에 이른다. 이러한 변화하는 사회적 현실을 TV 드라마에서는 잘 담아내어 사회적 공론을 형성한다. 여기서 중요한 사실은 가족 구성의 형태가 달라짐에 따라 부모와 자녀에 대한 기존 개념도 해체되어 나아가는 사실을 주지할 필요가 있다.

TV 드라마 〈응답하라 1988〉, 〈마더〉, 〈경이로운 소문〉, 〈마인〉 등에서 가족 구성은 포스트모던한 시대에 비혈연 관계의 가족 형태를 반영하며 구성된다. 이 드라마들에서는 피를 명맥으로 하는 가족 간 관계의 중요성뿐만 아니라, 비혈연 관계의 가족 구성을 중요하게 다룬다. 핏줄로 맺어지는 관계의 중요성보다 상호 정서적 맥락의 관계 구성 역시 더 중요하다고 인식되기 때문이다. 이는 혈연 간 가족의 친밀함이 더 이상 가족을 구성하는 데에 기본 토대가 될 수 없다는 것을 시사할 뿐만 아니라, 포스트 근대 자본주의 생산 시스템 방식에 부합하지 않는다는 사실을 동시에 제시하는 것이기도 하다.

TV 드라마 〈응답하라 1988〉에서는 모두 혈연관계를 중심으로 가족이 구성되고 있다. 따라서 부모와 자녀가 각각 자신의 소임을 다하며 근대가족의 이념을 충실하게 진행하는 모습을 보여 준다. 그러나 이 드라마에서는 이것을 뛰어넘어, 이웃사촌도 하나의 가족이 될 수 있다는 새로운 제안을 한다는 면에서 특별하다. 골목을 중심으로 이웃사촌들이 한데 뭉쳐 개인의 문제에 상호 관여하면서 함께 문제를 모색해 가는 과정을 자세히 그려내는 것은, 혈연 가족의 그것과 유사하다. 이웃의 일을 자기 일처럼 여기면서 서로를 아끼고 돕는, 이들의 관계상황은 유사가족 형태의 공동체적 가족 집단의 모습을 띠고 있다.

그런데 이것은 도시화와 산업화하기 이전의 전통적 방식의 가족 공동체의 모습을 닮아 있다. 요컨대 이들은 도시 공간에 살고 있지만 의식, 정서 등의 생활 형태가 전통적 방식의 삶을 추수하고 있다는 점에서 복합적이다. 메마르지 않은 따뜻한 인정이 오고 가고 서로의 일상을 공유하며 한 가족처럼 생활을 추구하려 한다는 면에서 이들은 크게 개인화 되어 있지 않다. 물론 이는 1980년대라는 시간적 배경이 크게 작용한 결과이기도 하다. 1980년대는 근대적 산업화의 삶의 체제가 본격적으로 이루어지기 시작한 시기이지만, 전통적 삶의 형태와 가치가 공존했던 시기이기도 하다. 따라서 이 드라마의 공간이 도심 속에 위치하면서도 시골 고향의 이미지를 환기하는 것은 바로 이러한 공동체적 생활에서 환기되는 정서 때문에 가능하다. 이 공간은 덜 도시화 되고 산업화해 있을 뿐만 아니라 덜 개인화 된 삶을 추구하는 곳이기 때문이다.

따라서 이 안에는 가족들을 결속시키는 힘의 근원으로서 부부애, 형제애, 우정 등이 충만하다. 이 풍부한 공동체적 정서는 세대 간의 결합과 가족의 연속성을 강조하면서 성장한 세대 인물들의 관계 맺기를 시도한다. 요컨대 성인이 된 자녀들이 함께 결혼을 함으로써 가족 관계는 더 밀착되고 촘촘해진다. 이 드라마에서 새로운 가족 관계의 맺기는 파격적인 방식으로 이루어지지 않지만, 비혈연 관계도 또 하나의 가족이 될 수 있다는 것에 대한 가능성을 열어 둔다. 요컨대 이 드라마는 점차 개인화 되어 가는 삶이 만들어내는 고독과 소외 등의 문제에 대한 해법을 비혈연적 관계 맺기의 시도를 통해 제안하고자 하는 데에 보다 집중한다. 이는 즉자적으로 드라마 서사의 내적 균열에 대한 진단이기보다는, 대자적으로 사회의 문제적 세태를 향한 이상적인 대안 제시에 가깝다. 한편으로 이는 조금은 치열하지 않은 낭만적 세계에 대한 희구를 드러내는 대목이기도 하다. 불가능한 현실 속 삶을 가능한 일로 만들기를 바라는 세계에의 도래에 대한 염원과 소망이 담겨있기 때문이다.

이러한 사실은 TV 드라마 〈마더〉, 〈경이로운 소문〉, 〈마인〉에서 더 첨예하게 드러난다. TV 드라마 〈마더〉에는 피로서 맺어지지 않은 사람들의 친밀한 가족 관념이 형성되고 있다. 이것은 상식을 뒤흔드는 모성애의 발휘와 함께, 새로운 관계 맺기를 통한 가족 형성을 요청한다. '내가 낳아 기른 자식'이어야 한다는 통념적인 사고의 틀을 깨고 친자식이 아니더라도 '내 자식처럼 그 이상의 관계'를 맺을 수 있다고 제시하는 것은 파격적이면서 전복적이다. 기존 가족 체제에서 부모와 자식의 관계는 '출생'이라는 사실을 바탕으로 구성되기 때문이다. '출생'은 혈연의 관계성을 구체적으로 현실화 하는 하나의 증좌로서 부모와 아이를 결속시키는 강화 기제이다. 이로써 부모는 "자연이 부여한 양육과 교육을 위한 의무를 부담하는 주체[43]"가 된다.

그런데 이 드라마에서는 이 출생을 바탕으로 한 부모-자식 간 관계 구성을 해체하며 새로운 관계 모색의 지향을 하고 있다는 점에서 기존 사회의 규범을 흔들기 시작한다. 출생을 하지 않았다 하더라도 '누구든 내 자식이 될 수 있다'라는 상식에 대한 파괴가 기조하고 있는 것은 바로 이 드라마가 보편적 인간애를 기반으로 하고 있기 때문이다. 그리고 이 인간애는 바로 이타 행동에서 비롯된다. 이타 행동이란 "타인을 이롭게 하고자 하는 욕구에 의해 동기 지워진 행위[44]"를 의미한다. 이는 "행위자가 손해를 감수하는" 상황을 유발한다. 환원해서 말하면 이것은 "자신의 생존을 담보로 다른 개체의 생존을 보장[45]"하는 것을 의미하기도 한다. 이는 누군가가 아프거나 위험에 처해 있을 때, 돌봐주고 구해주고자 하는 마음에서 비롯되는 행동과 동일한 것으로 지칭할 수 있는데, 이처럼 수진의 파격적 행보는 바로 이 보편적인 이타주의에서 비롯된다 할 수 있다. 곤경에 빠진 혜나의 서글픈 상황을 지나칠 수 없는 수진의 측은지심이 혜나를 구원하기 위해 납치를 감행하는 파괴적이고 전복적인 상황을 초래한 것이다. 수진은 어려운 상황에 처한 혜나를 지나칠 수 없는 보편적 이타주의를 지닌 인물이다.

이처럼 이 드라마는 혈연적 틀을 깨고 보편적 인류애를 전제로 해서 출발하기 때문에 보다 더 시대의 사회적 의미와 가치를 획득한다. 혈연 가족이 아니더라도 가족의 구성 결합이 가능할 수 있다는 사실을 이 드라마는 강력하게 드러내고 있기 때문이다. 결국 이 새로운 인식의 전환을 유도하는 드라마의 파격적인 행보는 포스트모던 현실 사회에서 가족이란 무엇인가에 대한 질문을 제기하게 만든다.

〈경이로운 소문〉에서 역시 혈연관계에 있지 않지만, *끈끈한* 우정과 신뢰를 바탕으로 해서 가족 간 유대감을 형성할 수 있는 모델이 제시된다. 드라마 말미에서 "우리는 패밀리가 아니야"라고 인물 자신들이 대사를 읊조릴 정도로 이들은 비혈연적 관계를 맺고 있지만, 정서와 의식의 측면에서는 혈연관계 이상의 긴밀한 가족적 유대감을 갖고 있을 정도로 친밀하다. 악귀를 물리치는 카운터의 임무를 수행하면서 생과 사를 넘나드는 경험을 공유하는 과정을 통해 이 인물들의 정신적 결속은 매우 강대해지기 때문이다. 오히려 비혈연 관계의 경우, "경험 및 기억의 공유가 혈연 자체보다 중요한 의미를 갖기[46]" 때문에 이 드라마의 인물들은 숱한 난관을 거치면서 서로의 삶과 죽음에 관여를 하는 과정에서 서로를 이해하고 공감하는 기회를 확보한다. 따라서 이들은 혈연관계 이상으로, 친족 관계 이상으로 친연적이다. 상처와 아픔 모두를 자신의 것으로 치환하여 서로를 돌보는 상황은 한 가족이라는 *끈끈한* 유대적 정서를 갖고 있지 않으면 이루어지기가 불가능하기 때문이다. 이처럼 생명체의 활동에서 가장 중요한 요소로서 혈연이라는 관계를 맺지 않고 있다 하더라도, 그 이상으로 연대와 협력을 바탕으로 하는 관계적 맥락을 서로 공유하고 있는 점이 이 드라마의 특별한 미덕이라 할 수 있다.

〈마인〉에서는 피로 맺은 관계와 그렇지 못한 관계의 긴장과 갈등 속에서 '피'의 나눔에 의한 관계 맺기가 중요하지 않다는 사실을 드러내 준다. 오히려 혈연은 관계 맺기를 하는 데에 있어 방해물이나 장애로서 등장하고 실패 요인으로 작용한다는 것을 제시한다. 이것이 여타 다른 드라마와 변별되는 지점이다. 혈연의 문제가 중요하지 않은 것으로 인식되는 것을 넘어 서서 이 드라마에서는 소용이 없고 필요조차 하지 않은 것으로 간주하고 있다. 따라서 가족 간 친밀성은 오히려 비혈연의 경우에 더 강화되어 나타나는 특징을 보여 준다. 그리고 기른 정과 낳은 정의 첨예한 대립, 기업 승계를 둘러 싼 음모와 배신 등은 비혈연이 아닌 혈연관계에서 더 발생한다.

이 드라마가 주목하는 것은 개인의 욕망 충족을 위해서 뒤틀린 사고와 비인륜적인 행위를 자행하는 이기적인 인간 그 자체에 있다. 기업가이자 한 가정의 아버지인 한지용에 대한 거세와 몰락은 이를 단적으로 드러낸다. 혈연이든 비혈연 관계에 있든 간에 비뚤어지고 무모한 욕망을 향해 달려 나아가는 한 인간의 도덕 및 윤리 의식의 부재에 대한 고발과 함께, 건강하고 정상적인 세계를 유지하고 보존하고자 하는 의식과 정서가 드라마 속에서 보다 강화된 형태로 드러난다. 한지용의 과도하고 지나친 욕망이 빚어 내는 비인간적이고 비윤리적인 인간 태도에 대한 폭로와 성찰 의식이 드라마를 통해 드러내고자 하는 목표 지점이다. 이것은 문제적인 세상을 교정하고자 하는 의지의 반영이다.

이처럼 비혈연 관계를 중심으로 한, 가족 구성의 대두는 포스트모던한 시대의 특징이라 할 수 있다. 혈연관계는 새로운 시대와 세대에 부합하지 않는 가족 구성의 원천이 될 수 있지만 여전히 시대를 형성하는 가족의 구성 요인이다. 혈연 및 비혈연의 착종 형태로 전개되고 있는 관계 맺기의 방식들은 시대가 요청하는 가족 구성에 기여할 여지가 높은 측면이 있다. 포스트모던한 사고는 이에 대한 의미의 중요성을 간과하지 않고 새로운 의미 생산에 착수하기 시작한다.

'애정' 이데올로기와 상상 공동체로서의 대안 가족의 구성

① '애정'과 사랑, 결혼의 본질 및 의미

근대가족은 서로 애정을 기반으로 부부와 자녀가 결합한 형태의 핵가족을 의미한다. 애정이란 사랑하는 마음 혹은 서로를 그리워하는 마음을[47] 의미한다. 이 말 안에는 사랑과 그리움, 정이 포함되기 때문에 애정이 사랑보다 더 포괄적인 단어라 할 수 있다. 그런데 근대에 남녀가 모여 가족을 구성하기 위해서는 우선 '사랑'이 매개가 되어야 한다. '사랑'은 자유로운 개성의 의지이자 표현 방식으로 근대가족의 체제를 구성하는 중요한 기제 방식이기 때문이다. 여기에 '사랑'을 기반으로 하는 결혼이 개입됨으로써 비로소 근대가족의 구성이 가능해진다. 근대에 자유연애를 바탕으로 한 결혼이 점차 중요한 사실로 인식되어 보편화 되기 시작하면서 '사랑'은 가족의 구성을 이루게 하는 중요 동인으로 작용하였기 때문이다. 요컨대 "사랑의 본질적 요소 중 하나가 결혼생활[48]"인 셈이다.

남녀가 애정을 느껴서 결합에 이르는 단계가 결혼이라면, 이 합치가 가능하기 위해서 오로지 사랑에의 몰두가 가능한 '낭만성'이 개입되어야 한다. 사랑은 감정적이거나 이상적인 감정의 상황에서 온전하게 집중해야 하는 대상이기 때문에 낭만성에 이 사랑이 결합함으로써 개인의 의지와 주관을 근거로 하는, 사랑의 시작이 근대에서 비롯된다. 낭만적 사랑은 이러한 개인의 자율적 선택을 바탕으로 "가정을 창조하고 부모-자식 간의 관계를 규정하고 모성을 발명하는 데에[49]" 커다란 역할을 한다. 이것은 근대의 낭만적 사랑이 근대가족을 구성하고 유지하는 중요한 요체로서 작용한다는 것을 의미하기도 한다. 따라서 여기에서 "사랑이 부부의 행복에 최고로 중요하다고 여기는[50]" 사고의 의식이 발생한다. 주지해야 할 사항은 개인의 사적 영역에서 이루어지는 사랑이 결혼이라는 제도를 통해 공공화 된다는 사실이다. 은밀하면서도 자발적으로 이루어져야 할 개인감정의 자유에 자본주의라는 공론의 장이 침입해 들어오면서 사랑은 계약적 관계를 맺기에 이른다. 불확실성을[51] 내포하는 사랑의 낭만성을, 계약은 현실적으로 공고히 해주는 역할을 해주기 때문이다. 이로써 낭만적 사랑은 양가적 태도를 지니게 되면서 근대 자본주의 사회 및 문화에서 드러나는 사랑의 모순성을 집합적으로 드러낸다. 신성하고 순수한 마음이 동반되어야 하는 사랑에 경제적, 성적 관계를 기초로 하는 계약이 부가되어 관계의 시작과 종결에 대한 자유마저 허용되는 것이 바로 이 낭만적 사랑의 기획에서 비롯된다. 사랑이 애초부터 근대 "자본주의 문화에 기초하고[52]" 있기 때문이다.

이 '사랑'을 기반으로 한 근대 핵가족=정상 가족이라 일컬어지면서 이때 '사랑'을 부부 간의 관계를 넘어 자녀에 대한 책임을 강조하기 위해서 '애정'의 차원으로 옮겨 놓는다. '애정'=사랑으로 부부 간에 있어서, 부모와 자녀 간에 있어서 상호 신뢰를 구축하는 규율 기제로서 작동하기 때문이다. 가족의 전반 체제에서 '애정'은 생활을 관장하는 원리로서 작용을 하면서 가족 간의 결합을 공고하게 하는 중요한 매개가 된다. 궁극적으로 '애정'은 가족 내의 성 역할을 분명하게 하고 생산 노동의 효율성을 꾀하는 가족 구성의 요소로서 역할을 하는 것에 다함이 있다고 논의할 수 있다.

그러나 무엇보다 가족이라는 체제는 가족 구성원 간 상호 유대관계를 바탕으로 개인의 평화와 안정을 보장해 주는 데에 의미와 가치를 둔다. 가족이 행복하게 머무르는 장소로서 가정에 결손이 일어날 때, 가족은 위기에 처해서 더 이상 관계의 지속성을 유지할 수 없기 때문이다. 결손=남편이나 아내 어느 한쪽의 부재, '애정'에 대한 상호 기대감의 하락, 사랑의 결여 등에서 발생한다. 그리고 이 결손으로 인한 분열은 가족 위기와 해체를 유도한다. 결국 '애정'의 관계 맥락에 문제가 생길 경우, 관계의 지속성은 끊기게 되고, 더 이상 가족은 '없는' 상황에 직면하게 된다.

그러나 포스트모던 시대에 이르면, 굳이 가족을 통하지 않아도, 혹은 없어도 된다는 사고의 인식이 대두되면서 '탈애정'을 기초로 하는 관계 맺기의 새로운 양상이 이루어진다. 물론 여기서 의미하는 '굳이 가족'이란 혈연을 중심으로 하는 맥락적 관계의 그것을 의미한다. 이것은 근대가족의 체제 방식에서 벗어나 새로운 관계의 모색을 바탕으로 하는 '탈애정' 이데올로기를 지향하며 대항 모색을 위한 하나의 대안으로서 제시된다. 구체적으로 이 대항은 결혼 자체를 거부하는 것으로 전개되어 나아간다.

② '애정' 개념의 변화와 새로운 시작으로서의 가족 구성

TV 드라마 〈응답하라 1988〉에서 가족 간 '애정'은 견고하고 균열적이지 않다. 이 드라마에서는 남녀의 사랑을 기반으로 한, 부모 세대의 '애정'이 결혼으로 이어져서 자녀들을 향한 내리사랑으로 나타

난다. 부모들의 결합이 낭만적인 사랑을 토대로 하면서 자녀를 돌보고 보살피기 위해 부모가 헌신하고 있다는 점에서 이 드라마의 가족 간 관계 맺기는 근대가족의 이상을 실현하고 있다고 논의할 수 있다. 따라서 부부 사이에, 부모와 자녀 사이에 이루어지는 '애정'은 가족 간 관계를 맺어 나아가는 데에 문제를 일으키지 않는다. 가족 간 결속을 이루는 데에 큰 요인이 되는 가정의 경제 상황이 문제적인 것으로 떠오르지 않는다. 경제적으로 형편이 넉넉하든, 그렇지 않든 간에 가족 구성원 간에 서로를 격려하며 아끼는 모습은 오히려 서로의 관계를 돈독하게 만든다. 여러 오해와 갈등 속에서도 이들은 힘든 상황에 처하게 되면, 서로 도와주고 격려하는 이상적인 가족의 모습을 보여 준다. 이러한 점에서 이 가족들은 근대가족의 '애정' 이데올로기를 잘 구현하고 있다고 논의할 수 있다.

그런데 이 '애정'은 오히려 피를 나눈 가족이 아닌, 타인과 연결하는 접점으로 작용하기도 한다. 이는 비혈연 관계의 이웃사촌을 가족처럼 한데로 연결해서 하나의 공동체 가족으로서 묶어 놓는다. 요컨대 이는 부모와 자식 간에 서로 아끼는 마음이 '애정'으로 탈바꿈하여 이웃사촌에게까지 공유되어 생기는 마음 수행의 결과이다. 이는 또한 자녀 세대에서 사랑과 우정이라는 새로운 형태의 결합을 시도하며 상호 연결을 이루어내는 마음 기제로 활용된다. 특히 한 여자를 두고 친구 간의 사랑 경쟁이 일어나지만, 이때 이들의 의식을 강력하게 지배해 왔던 '애정' 이데올로기는 경쟁을 하지 않고 사랑을 포기하면서 의리를 지키고자 하는 신념의 형성을 유도하는 의식 기제로서 작용한다. 이로써 이 젊은 자녀 세대 간의 관계는 단절되지 않고 상호 연결된다. 사랑의 포기는 안타깝지만 우정의 회복은 오히려 이들의 관계를 더 가치 있는 삶으로 승화시킨다. 이처럼 '애정' 이데올로기는 부모 세대가 수행하던 것과 유사한 방식으로 대물림되어 이웃과 친구를 향해 나아가면서 비혈연 관계에 놓인 가족들을 하나로 연결하여 함께할 가능성을 제시한다.

TV 드라마 〈마인〉에서 '애정'은 복합적이면서 다면적이다. 가족 간 관계를 유지하기 위해 '애정'은 이데올로기로서 수단화 되어 인물들의 내면 욕망과 관계한다. 위장된 행복과 평화, 가면을 쓴 인격, 언제 균열할지 모르는 관계의 불안정한 상황 등, 이 모든 것들이 구체적으로 '애정' 이데올로기를 수행하고 유지하고자 하는 과정에서 은폐된 욕망의 발현들이다. 요컨대 이 드라마에서는 적당한 거리와 간격을 두고 순수를 위장한 '애정' 이데올로기가 가족 간에 허용되어 욕망을 봉합해 버리는 것에 수단화된다. 여기서 말하는 순수란 어떤 조건이 없는 무화 상태를 의미한다. 겉으로는 가족 간 서로를 향해 애정을 투사하지만 그 이면에는 위장된 강한 욕망이 도사리고 있다. 이는 위선, 책략, 음모 등의 인간의 부정적인 내면 욕망으로 발현되면서 '애정' 이데올로기와 교묘하게 점철하여 가족 서사의 어두운 이면을 드러낸다. '애정' 없는 '애정'이 이 가족들 사이에 은근히 공유된다. 따라서 '애정'은 때로는 '애증'의 모습으로, 때로는 '애착'의 관계로 드러나 드라마의 갈등을 부추기면서 가족의 실체를 적나라하게 드러내는 기제로 작동한다.

 '애증'과 '애착'의 극단은 급기야 '탈애정'의 형태로 나타나면서 욕망을 채워 나아가기 위해 가족을 위험에 빠뜨리거나 구제하는 수단으로 기능하도록 유도한다. 가령 한지용이나 한지용 어머니의 경우, '애정'은 자신들의 안락과 이익을 얻기 위한 수단에 불과하다. 따라서 언제든지 '애정'은 폐기될 대상에 놓이기도 한다. 이 폐기는 가차없이 자신에게 피해를 주는 인물들에게로 향한다. 한지용 어머니는 자신의 행복과 안락을 위해 자식을 거부하고 부정하는, 어두운 욕망을 드러내는 매정한 어머니로서의 면모를 보여 주며 '탈애정'의 행보를 이어간다. 자애로운 어머니로서의 자식을 향한 '애정'이, 이 어머니에게는 결여태로서 존재한다. 이에 따른 애정 결핍을 갖게 된 한지용은 비정한 사람으로 성장하게 되어 자신의 욕망 실현에 반(反)하는 인물들을 불행하게 만들거나 제거해가면서 비도덕적인 인물로 살아간다. 어머니와의 정상적인 '애정'의 교류를 경험해 보지 못한 한지용이 극단적이고 비정상적인 '애정' 욕구의 행보를 이어가는 것은 예정된 귀결일 수 밖에 없다. 가장 친밀해야 할 어머니로부터 거부당하는 자식의 비감스러운 심정이 이러한 결과를 초래할 수밖에 없었을 것이기 때문이다.

그러나 이러한 한지용의 문제적인 과거와 현실적 삶의 이력은, 한때는 연인이자 아내였던 서희수와 강자영에 의해 응징을 당하는 계기를 마련해준다. 이들에게 있어서 한지용의 행위는 가정의 평화를 붕괴시키고 아이를 지켜내기에 부족한 '바람직한 아버지'로서 자격을 갖추지 못했다고 생각했기 때문이다. 결국 한지용은 책임과 역할을 다하지 못해, 가족을 향한 '애정'을 증명해 보이지 못하고 말아 버린, 바람직하지 못한 아버지로서 위치한다. 이는 가정의 번영과 유지를 위해서 결손이 있거나, 문제적인 가장은 언제든지 처벌받아 내쫓김을 당할 수 있다는, 가족 이데올로기가 만들어 낸 경고의 메시지를 적나라하게 보여 주는 대목이다.

한편 그동안 대립해 왔던, 서희수와 강자경의 모성이 강화된 채로 서사가 전개되는 과정 내내 두 인물이 협동하여 응집될 수 있었던 것은 하준이를 사랑하기 때문이다. 하준이는 두 인물이 '애정하는' 동일한 인물이다. 이 애정은 모성애로 발동되면서 두 인물이 자신이 갖고 있던 가장 소중한 것들을 포기하게 되는 상황에 이르게 되는 데에도 불구하고 이들은 아들 하준이를 끝까지 지켜내기 위해 상호 협력적 관계를 맺게 하는 동인으로 역할을 한다. 자신의 욕망을 저버리고 서로 양보하며 희생적인 사랑을 할 수 있는 것은 이들이 모두 하준이를 사랑하는 부모이기 때문에 가능하다. '애정'은 이를 가능하게 만드는 원동력이다. 그리고 이 '애정'은 모든 것을 포기하고 희생을 하더라도 아깝지 않은, 아이를 향한 조건 없는 순수한 사랑에서 비롯된다. 목숨을 내어 주어도 아깝지 않은 사랑의 모습이 바로 자식을 향한 숭고한 '애정'의 진면목이다. 이것은 오로지 자신의 내면 욕망에만 충실했던, 한지용과는 대비되는 모습이라 할 수 있다. 따라서 서희수와 강자경의 아이를 향한 순수한 '애정'은 자신들이 수행하는 행동의 정당성을 확보해 주면서 새로운 모성 개념을 정립할 수 있는 동기를 제공한다. 그리고 이들은 공동 양육자가 된다. 기른 엄마와 낳은 엄마의 상호 협력적 관계를 바탕으로 한 새로운 가족의 구성이 이 지점에서 발생한다.

한편 이 드라마에서 새로운 가족이 부상하고 있는데, 이는 바로 동성 커플이다. 효원 그룹의 맏며느리이자 실질적인 기업의 운영자로서 정서현과, 그녀가 사랑하는 수지가 바로 이에 해당한다. 이들은 혼인 관계를 맺지 못했지만, 사회적 편견에서 벗어나 새로운 삶의 지평을 열기 위한 모색의 지점을 마련하려고 분투하는 인물로 그려진다. 그런데 이 동성 커플에 대한 인식은 드라마 속에서도 실제 현실과 별반 다르지 않게 제시된다. 사회적 통념상, 동성애는 여전히 적극적으로 수용할 만한 대상은 아닌 것으로 드라마 속에서 그려지고 있다. 그러나 동성애를 극 속에 등장시켜 문제화 하고 인식의 제고를 일으킨다는 점에서 의미를 획득한다. 이러한 측면에서 이 드라마는 새로운 관계의 구성을 바탕으로 한, 가족의 구성과 이를 넘어서는 인간 존재의 삶에 대한 긍정과 수용을 동시에 제시하고 있다는 면에서 시사하는 바가 크다.

더욱이 정서현의 남편인 한진호는 자신의 아내가 동성애자라는 사실을 알게 되었는데에도 불구하고 이를 이해하고 존중해 주는 모습을 보여 준다. 이것은 이전과는 달라진 인식의 변화를 대동하며 포스트모던한 삶의 미래에 대한 희망을 점칠 수 있게 한다. 따라서 결말의 구성은 추측만을 남겨 놓은 채, 앞으로 펼쳐질 미래에 대한 희구를 드러내면서 열린 형태로 종결한다. 물론 이것이 가능한 것은 정서현이 남편에게 모든 것을 실토하고 삶의 모든 것을 포기하고 사랑을 선택하려는 순간에서 비롯된다. 온전하게 자신의 모든 것을 내려놓는 순간에 새로운 삶의 가능성이 열림으로써 정서현은 드라마의 세계 속에 다시 포섭되고 수용된다. 그만큼 정서현은 자기 삶의 온전한 주체자로서 역동적인 에너지를 분출하며 살아 왔기 때문에 새로운 삶의 차원에 도달하게 된 것이다. 따라서 〈마인〉에서는 캐치프레이즈에서처럼 세상의 편견을 깨고 새로운 관계의 가족 구성에 꿈꾸기를 집중한다. 통념을 깨뜨리고 새로운 사회의 출현을 도래시키기 위한 움직임에 인물들은 끝없는 갈등 상황 속에서도 주의를 기울이며 자신의 역할을 다한다.

TV 드라마 〈마더〉는 TV 드라마 〈마인〉과 마찬가지로 기존 체제에 대한 강한 거부와 저항을 드러내는 방식으로 '애정' 이데올로기를 수행한다. 이 드라마에서 '애정'은 서로 다른 삶을 살고 있던, 낯선 두 사람을 하나로 연결해서 한데 묶어 내기 위한 전략으로서 활용된다. 통념적이지 않은 사고와 행동을 하는, 주인공 수진의 행보를 설득력 있게 만드는 것은, 어린 시절에 수진 자신과 유사한 삶을 살아 온 아이를 향해 수진이 갖는 동일시 감정을 넘어서는, 보편적 인류애에서 비롯되기 때문이다. 보편적 인류애란 긴급한 위험 상황에 처해 있는 아이를 무심코 지나칠 수 없는 마음으로부터 소산 되는, 사랑이 동반 된 감정 상황을 의미한다. 이 감정을 바탕으로 인물들은 서사 세계에 참여를 하면서 자신의 역할을 구현해 나아가는데, 이 보편적 감정은 모든 사람이 수긍하고 인정하는 사고의 인식과 연결되어 드라마 속 세상을 이해하도록 돕는다. 위기에 처한 아이를 구조하는 것은 모든 이가 통념적으로 이해하고 수용하는 세상과의 관계 방식이기 때문이다. 이러한 세상과의 관계 맺기는 수진의 양모에게서도 드러난다. 수진 양모는 낳지는 않았지만, 수진을 가슴 속 깊이 사랑하면서 자신의 세계 안으로 받아 들인다. 친모가 하지 않는 사랑을 베풀어주면서 수진 양모는 수진의 세계와 관계를 맺는다. 〈마더〉에서의 '애정'은 이런 방식으로 드러나 세상을 이해하고 바라보는 데에 있어 새로운 시선과 관점을 시청-수용자에게 제시한다.

TV 드라마 〈경이로운 소문〉은 TV 드라마 〈마더〉보다는 전복적이지 않지만, '애정'이라는 매개를 기반으로 낯선 이들이 어떻게 접촉을 해서 관계의 지평을 열어가는지를 보여 주는 드라마이다. 이 드라마는 '악귀 퇴치'라는 공동의 목적을 위해 혈연적으로 연계하지는 않지만 처지가 비슷한 사람들끼리 모여 '애정'을 바탕으로 함께 삶을 이루어 나아가는 모습을 보여 준다. 이런 측면에서 '애정'은 비혈연 관계에 있는 인물들을 유사-부모와 유사-자식 간에 놓여 있는 인물들로 통합해가는 매개 기제이다. 이 과정에서 인물들은 아픔과 슬픔을 함께하고 기쁨과 즐거움을 공유하면서 서로를 결속시켜 유사-가족의 관계를 형성한다. 동병상련의 정을 바탕으로 하는 서로에 대한 공감 의식이, 상호 깊이 신뢰하는 우정과 사랑으로 치환해 가는 과정에서 새로운 형태의 가족을 형성하도록 만든다.

따라서 이들은 '사실상의 가족[53]' 관계를 맺는다. 사실상의 가족은 대안 가족의 형태로서 "개개인이 인식하고 사실상 가족으로 기능하는 공동체[54]"를 지칭하는 개념이다. 대안 가족과 다른 점은 규범의 체계 안에서 정의가 가능하다는 점이다. 아울러 지속적으로 가족의 기능을 함께 수행할 것을 전제로 한다는 점이다. 따라서 이 드라마는 악귀를 물리치는 서사 전개에 '가족 되기'의 문제를 한데 엮어 새로운 관계 맺기의 실현에 가능성을 타진한다. 어색하고 서투른 관계 맺기의 국면들이 복잡한 스토리와 맞물려 실타래를 하나씩 풀어내듯 진행되는 서사 전개 속에서 새로운 관계 형성에 대한 희망을 시사해주는 드라마이다.

이를 가능케 하는 것은 바로 '애정'으로서 이는 〈마더〉에서처럼 낯설고 익숙하지 않은 관계들을 결속시켜 서로 연결해주는 기제로 활용된다. 따라서 이 드라마에서는 세상을 이해하고 끌어안는 새로운 관점, 인식 태도 등을 보여 주고자 하는, 드라마 기획의 의도가 잘 드러나고 있다. 이처럼 '애정'은 개인과 개인을 연결하는 중요한 이념 기제로서 역할을 하면서 세상을 이해하고 포용하는 방식으로서 역할을 하며 드라마 속에서 내재화된다.

이 드라마들의 공통점은 모두 새롭게 모색되는 '사랑'을 기반으로 하고 있다는 점이다. 다시 말해서 근대적 '애정' 개념에 기초한 사랑에서 탈피하여 새로운 의미를 확보하는 '사랑'의 개념에 집중을 하며 삶의 차원을 변경하고자 한다. 따라서 기존의 '애정' 개념을 근간으로 하는 사랑의 의미와 가치에서 보다 확장된 개념으로서의 '사랑'이 제시되면서 새로운 삶에의 도래를 촉구한다. 여기서 사랑은 '나'와 '너'의 관계 속에서 각자의 독자성을 인정하고 동등성을 인정하는 데에서 비롯된다. 이 '사랑'은 '차이'와 '평등'을 전제로 하여 서로의 특수한 상황과 맥락을 이해하고 존중하는 것을 기본으로 하면서 관계 맺기에 큰 역할을 한다. 따라서 어떤 한 공동체의 형성은 이 '사랑'을 바탕으로 관계 맺기를 실현한 결과라 할 수 있다. 그런데 일반적으로 이 '사랑'을 인륜성과 등가화 하는 경향이 있다. "인륜성은 자기를 자각하는 의식적 존재들이 '나와 타인'의 '독자성' 내지 '차이'와 동등성을 동시에 실현하는 '상호 인정구조'를 의미한다.[55]" 서로가 다름을 인정할 때, 상호 존중의 기반이 마련되고 각자가 독립된 개체로서 온전하게 존립할 수 있다는 것을 의미한다. 여기에서 인간 존재로서의 가치와 의미가 생성됨으로써 모두 삶을 영위해 나아갈 수 있는 여지를 마련할 수 있다.

그런데 이 독자적인 개체로서의 삶을 가능케 하는 것이 헌신적이고 희생적인 사랑을 기반으로 할 때라는 것을 드라마에서 제시한다. 희생적 사랑은 타인에 대한 철저한 봉사와 선행 그리고 이해를 통해 가능하다는 것을 드라마 속 인물들을 통해 강력하게 실현한다. 육체의 한계를 극복하는 정신적으로 깊은 사랑, 형제애를 뛰어넘는 넓고 깊은 우정, 급기야 신의 영역에 도달할 정도로 끝없는 인내를 동반한 사랑의 모습들이 헌신적인 사랑을 구현하도록 한다. 이것은 모든 사람들이 자유롭고 평등한 인격적 존재라는 것을 전제로 한다. 그래서 모든 이가 존엄하다는 것을 기반으로 한다.

따라서 이 드라마들에서는 자기희생적 헌신을 바탕으로 수행되는 보편적 인륜성이 내재화되어 드라마 서사의 리듬을 이끌어 가고 새로운 세상에 대한 꿈꾸기가 시도된다. 다시 말해서 낡은 가치를 제거해서 새로운 세계를 도래하게 하고 이 세상에 새로운 이상과 신념을 불어 넣기 위해서는, 희생이나 헌신과 같은 고귀한 수행이 필요하다는 것을 보여 준다. 이 모든 것이 '나'의 '타인'을 향한 존중과 이해에서, 타인의 권리와 인격을 인정하고 존중하는 지점에서 비롯된다는 것을 강력하게 시사한다.

4. 생명 활동으로서의 탈가족적 정서 확립의 의미와 가치

포스트모던 시대에 탈가족화는 지속적으로 이루어지고 있는 삶의 현상이다. 이 탈가족화는 가족에 대한 개념 및 여러 가지의 가족 시스템에 대해 근본적으로 검토하게 한다. 기존의 가족 체제는 새로운 시대와의 관계 정립을 이루기 위해 체제적으로 부합하지 않는 면이 많기 때문이다. TV 드라마 〈응답하라 1988〉, 〈마더〉, 〈경이로운 소문〉, 〈마인〉에서는 이 시대의 문제를 반영하여 새로운 가족 구성의 문제를 잘 진단하며 다루고 있다. 이들은 동시대의 가족 위기와 해체의 문제를 잘 반영하고 있을 뿐만 아니라, 시대와의 관계 속에서 이에 대한 새로운 해결방안을 제시해 주고 있다. 특히 이 텍스트들이 특히 시기별로 2016년에서 2021년까지 제작되어 방송되었기 때문에 시대별로 가족 구성 변화의 추이 과정을 살펴볼 수 있게 하도록 도움을 준다. 새로운 움직임으로서의 가족 구성이 전개되어 가는 맥락적 상황을 살펴볼 수 있게 하고 미래에 펼쳐질 가족 개념이나 삶의 방향성을 획득할 수 있게 하기 때문이다. 따라서 이를 바탕으로 연구 논의된 사실들의 내용을 구체적으로 살펴보면 다음과 같다.

첫째, 기존의 가족 체제에서 성차에 따라 구별되던 남성과 여성의 영역화 된, 역할 개념에 변화가 일어나고 있는 실제 현실에서 이루어지고 있는 상황은 드라마에서 잘 제시한다. 드라마는 근대적 핵가족 체제에서 아버지와 어머니가 뚜렷하게 분담하여 자기 역할을 하던 모습에서 벗어나고 있는 경계의 지점과 그 과정을 명확하게 설파해 낸다.

따라서 자기 헌신과 희생을 바탕으로 가정의 대소사에 책임을 다하고자 했던, 자애로운 어머니의 모습은 점차 탈이미지화 되어 간다. '바람직한 아버지' 역시 제 역할을 하지 못하면서 권위를 잃어 초라한 아버지로 탈이미지화 되어 간다. 이 과정에서 더 이상 기존의 체제 방식대로 가족의 생활은 유지되지 못하는 상황이 초래된다.

이러한 성 역할의 역전은 정체성의 변화에도 영향을 끼친다. '바람직함'을 수행하던, 아버지가 어머니처럼 자녀를 돌보기 시작하면서 '자애로움'을 갖춘 어머니로서 정체화 된다. 어머니 역시 가족의 경제적 책임을 담당하면서 '바람직함'을 수행하는 아버지로서의 면모를 갖추기 시작한다. 이에 따라 경제적인 물적 토대의 기반을 상실한 아버지와 이를 대신하는 어머니의 역전된 생활이 가족 구성에도 변화를 일으키게 됨으로써 아버지와 어머니의 고정적인 지위 기반은 상실되기에 이른다. 남자와 여자의 고정된 성 역할에 균열이 일어남으로써 기존의 방식대로 가족은 더 이상 유지되지 못하는 상황이 발생한다.

그러나 자식들이 부모와 맺는 관계에 있어서는 기존의 상황에서 크게 달라지지 않는 면모를 보여 준다. 자식으로서 수행해야 할 역할은 부모의 말씀을 잘 듣고 따르는 것인데, 특별한 경우가 아닌 이상 자식들의 역할 수행은 그대로 유지되는 특성을 보여 준다. 여전히 자식들은 가족의 구성원으로서 자신의 성 역할에 충실한 인물로서 구현된다. 이것은 드라마 구성에 있어서 자식 역할의 비중이 부모의 그것보다 크지 않게 다루어지고 있다는 사실과 함께, 그만큼, 가족 구성에 있어서 부모의 역할과 영향력이 더 중요하다는 것을 시사하기도 한다.

둘째, 포스트모던 시대에 TV 드라마 속 여성 인물들은 이전처럼 사회와 단절하거나 여성으로서 낮거나 폄하된 지위를 갖지 않는다. 이들은 오히려 자유와 평등사상에 기초한 여성들로 정체화 되어 가정과 사회에서 당당하게 자기 발언을 하면서 스스로를 위치시킨다. 더욱이 이러한 역량을 바탕으로 새로운 여성으로서의 삶을 당당하게 구가해 나아가는 일면을 보여 주면서 새로운 가족의 체제 구성에 영향력을 발휘한다. 요컨대 여성 인물들의 활동 역량이 더 증대하고 여성 의식이 고조된 상황 속에서 자신을 주체적으로 사고하고 표현하며 자유로운 행동을 수행하는 인물들로 그려지고 있는 것이 일반적이다. 따라서 이들은 문제적인 삶에 대해 수동적이지 않고 적극적인 해결의 방안을 모색하면서 능동적으로 삶을 구현하고자 노력을 한다. 이로써 아무리 어려운 역경에 봉착하더라도 드라마 속 세계의 열망은 기대에 가득 찬 희망으로 전환되면서 희망에 찬 미래에의 설계를 착수하기 시작한다.

셋째, 그런데도 이 여성들에게 모성성은 여전히 강한 억압 기제로 영향을 끼치며 작용한다. 모성성이 자녀들에게 작동되는 방식은 기존 체제에서 이루어지던 그 방식과 크게 다르지 않지만, 이것이 외부에서의 강요가 아닌 여성 자신들의 내면 안에서 발동된 애정을 바탕으로 주체적으로 수행되고 있다는 점이 달라진 양상이다. 이 적극적인 마음의 주체성이 바로 보편적 인류성에서 나오기 때문이다. 이 인류성은 '차이' 없는 '동등성'을 바탕으로 하는 심리적 성질에서 비롯된다. 따라서 기존의 제한적인 모성 개념에서 벗어나 보다 확대된 형태의 인류애적 사랑으로 모성이 계획됨으로써 통념적인 모성 이데올로기의 탈신화화가 전폭적으로 이루어진다.

따라서 모성성은 외부의 시선과 강요에 의해 억압적으로 이루어지는 것이 아니라, 내부를 응시하는 자신에게서 비롯되기 때문에 독자적이고 자율적이다. 물론 이 모성성 안에는 여전히 '자애로움'이 내재하고 있어 기존의 모성 이데올로기로 회귀할 가능성에 대한 비난을 받을 소지가 역력하다. 그러나 세계의 혼돈과 불안정 속에서 달아나고 싶은 사람들에게 구원의 천국을 제공하는 것이 모성 이데올로기라는 것을 전제할 때, 이에 대한 시각은 다른 차원에서 고려될 필요가 있다. 모성 이데올로기가 모든 상처를 치유하는 영약처럼 삶의 문제를 해결하는 구제책이 될 가능성을 노출하지만, 오히려 여성의 자유로운 삶의 틀을 억압하는 기제로서 역할을 할 소지가 있기 때문에 조심스럽게 보다 다차원적으로 접근하여 논의할 필요가 있다.

모성 이데올로기는 TV 드라마들 속에서 탈신화화 되고 있지만, 이 과정에서 새로운 시선과 관념이 반영된 개념의 모성성이 수행되고 있다는 사실을 주지해 볼 필요가 있다. 이것은 보다 확장된 형태의 보편적 인류성을 그 자질과 조건으로서 확보한다. 드라마 속 여성 인물들의 모성성이 급격하게 발휘되는 순간에 이 보편적 인류애가 공통으로 발동하고 있기 때문이다. 특히 이는 혈연관계에만 귀착하지 않고 어떤 관계의 누구에게라도 적용 가능한, 열린 체계로서의 미래 가능성을 보여 준다. 따라서 모성성의 수행은 새로운 사회를 구축하는 데로 나아가면서 약화하지 않는 특성이 있다.

셋째, 근대가족 체제를 구성하고 유지하는 데에 있어 핵심 본질로서 '사랑'이 남녀 결합을 위해 중요한 역할을 했다면, 포스트 근대의 가족 구성에 있어서 이것은 보다 달라진 양상을 보여 준다. 포스트 근대의 드라마에서는 보다 확장되고 넓은 개념의 '사랑'이 가족을 구성하는 데에 역할을 한다. 요컨대 '사랑'은 남녀 간에 이루어지는 낭만적 사랑의 개념에서 탈피하여 생명체의 '감정'이자 '활동'이라는 개념을 확보하게 된다. 이 개념에 따르면 누구나 생명 활동을 하고 유지하기 위해 사랑을 할 수 있고 이를 바탕으로 가족으로서 관계를 맺을 수 있다.

'사랑'은 근대 세계의 구성을 위해 요구되었던 남녀의 낭만적 결합을 넘어서서 모든 인류를 끌어안는 개념의 확대를 이루어낸다. 이것이 바로 탈근대적 '사랑' 개념이라 운위할 수 있다. 탈근대적 '사랑'은 사람 간 관계 속에서 누구나 평등하다는 사상을 전제로 새로운 가족의 구성을 가능케 한다. 이것은 모든 사람의 차이를 이해하고 수용하여 모두를 존중하고 동등하게 여기는 인륜성에서 비롯된다.

따라서 근대 체제 방식에 따른 남성과 여성의 결혼은 불필요한 대상으로 사회 전반에 걸쳐 인식되기 시작한다. 비혼의 증가, 동성 간 결혼, 1인 가족, 가족 공동체 등은 바로 이러한 인식의 결과가 반영된, 포스트 근대적 삶의 방식들이다. 드라마 속에서는 이러한 관계 맺기에 따른 인물들의 삶이 다양하게 이루어지고 있는데, 특히 결혼의 경우 기존의 관습 체계를 따르지 않는 특징을 보여 준다. 가족이나 사회의 간섭 없이 개인의 자율적 선택만이 결혼을 결정하는 기준이 되는 경향이 짙다. 게다가 근대적 징후로서의 '낭만적 사랑'은 더 이상 결혼을 선택하고 결정하는 요건으로서 작용하지 않는다. 보다 확장된 형태로 선택 사항들의 스펙트럼이 펼쳐지고 이 안에서 개인의 선택에 의한 결정이 이루어지면 된다. 이로써 포스트모던한 '사랑'과 결혼 개념은 탈근대화 된다. 이에 따라 애정의 의미와 이를 수행하는 방법 또한 변하기 시작한다. 혈연관계가 아니라도 애정은 누구나 상호작용이 가능한 보편적 감정으로서 드라마 속에서 확대된다. 결국 이는 남성과 여성이라는 제한된 이성애를 넘어서서 관계 맺기의 대상을 보다 다채롭게 확대해 나아가는 드라마 구성의 계기를 마련한다.

이처럼 근대와 포스트 근대의 사이에서 치열하게 분투하며 발생하는 낭만적 사랑, 애정 등의 여러 개념들 안에는 다층적인 사회의 변화상이 내재하고 있다. 보다 이 변화상을 면밀하게 파악하기 위해서는 더 많은 TV 드라마 텍스트들에 대한 분석을 토대로 하는 논의가 전개되어야 할 필요가 있다.

넷째, 탈가족화는 가족의 위기라기보다 재구조화를 의미한다. 가족의 위기라는 측면에서 탈가족화는 기존의 가족 체제에서 벗어나 해체된다는 것을 의미한다. 아울러 가족의 재구조화라는 측면에서 탈가족화는 기존의 가족 체제에서 발생하는 문제들을 해결하여 극복해 나아간다 것을 의미한다. 그렇기 때문에 탈가족화를 가족의 위기나 해체로 바라보는 것, 혹은 문제를 극복하고 재구조화 되는 것으로 간주하려는 문제가 동시에 제기될 수 있다. 복잡하고 모순된 상황을 동시에 확보하고 있기 때문에 이는 즉각적으로 해결하기에는 난제로서 남겨진다.

그런데 가족이 위기 상황에 처하고 해체에 직면한다는 것은 기존에 가족을 조절하고 통제해 왔던, 사회 지배 이데올로기나 시스템에 문제가 발생했다는 것을 의미한다. 동시에 가족은 사회를 이루는 근간이기 때문에 가족이 균열한다는 것은 곧 사회에 위기가 처했다는 것을 의미할 수 있다. 따라서 탈가족화 현상은 이를 극복하고 해결하기 위한 방안으로 간주할 수 있을 뿐만 아니라, 동시에 이 사회 체제에 대한 저항의 표현 방식으로 읽힐 수 있다. 여기서 저항성은 위기에서 탈피하고자 하는 체제에 대한 불만과 극복 의지의 표현으로 해석할 수 있다. 그동안 가족은 사회 및 국가가 위기 상황에 처할 때, 이를 극복할 하나의 방편으로서 역할을 다해 왔다. 국가-사회-가족은 하나의 단위로 묶여 서로 연대하기 때문에 가장 최소 단위로서 가족의 역할이 그만큼 강조된 것이다. 따라서 이제는 이 가족의 위기와 해체를 직면한 현실 속에서 역으로 국가 및 사회 차원에서 적극적인 모색이 필요해진다.

그러나 이와 달리 드라마에서는 탈가족화를 부정적으로 그려내지 않고 새로운 사회 구현을 위한 방책으로서 제시하는데, 그 방안을 모색하는 과정에서 국가나 사회의 역할을 미비하게 드러내면서 모든 문제를 개인의 차원으로 환원하여 해결하려고 하는 경향이 있다. 따라서 인물들이 늘 난관에 봉착하여 수많은 어려움에 봉착하게 되고 이는 인물 개인의 문제로 치부되는 경우가 많다.

　탈가족화가 이루어지는 요인은 가족의 개인화가 이루어지고 있기 때문이다. 가족의 개인화란 "개인에 대한 가족의 구속력의 약화[56]"를 의미한다. 이는 가족 구성원으로서 개인의 자유로운 사고가 확대되고 보다 권리가 더 강화되었다는 것을 의미한다. 다시 말해서 개인의 자율적인 인식을 바탕으로 한 선택과 결정력이 확대되었음을 의미한다. 따라서 드라마 속 인물들이 수행하는 문제해결 방식은 이처럼 강화된 자유 의식에서 비롯되는 것으로 간주할 수 있다. 세계를 향한 전복적 해체, 인식의 전환 그리고 수행적 행위는 모두 이 자기 결정적 자유 의식에서 소산한다. 그리고 이러한 자기 선택을 바탕으로 하는, 해결 방향에의 모색 과정 안에 다양한 사회 구성원들이 서로를 이해하고 수용하는 친밀한 정서적 토대가 형성됨으로써 연대의식이 깊이 생성된다. 결국 이 정서적 친밀감을 바탕으로 해서 가족-사회-국가가 연대하여 문제들을 해결해 나아가고자 할 때, 이는 해체가 아닌 극복을 향하게 된다. 이런 측면에서 탈가족화 현상은 위기나 해체가 아닌 재구조화 되는 것으로 환언해 볼 수 있다.

　따라서 드라마들에서 이루어지는 탈가족화 현상은 현재에 대한 수용과 미래에 대한 지향을 동시에 긍정한다고 논의할 수 있다. 아울러 탈가족화는 새로운 생명 활동의 연장이자 시작으로서 정의해 볼 수 있다. 결국 탈가족화 현상은 혈연공동체가 아닌 생활공동체로서의 의미를 지향하면서 새로운 사회 통합의 메커니즘을 살펴보게 하는 단서를 제시해 준다. 보다 더 많은 TV 드라마 텍스트들에 대한 분석을 토대로 탈가족화의 현상에 대해 폭넓게 외연을 확장해서 그 의미와 가치를 정립할 필요가 있지만 이를 한계로 인식하면서 추후에 보완해야 할 사항의 연구 과제로 남긴다.

미주

1) 삐에르 부르디외, 『구별 짓기』, 최종철 역, 새물결, 2006, 13쪽.

  홍성민, 『피에르 브루디외와 한국 사회 이론과 형식의 비교 정치학』, 살림, 2013, 36쪽 참조.

2) 김미영, 『유교 문화와 여성』, 살림, 2007, 26쪽.

3) 천연적이든 인위적이든 간에 시간적·공간적으로 집중되어 재산, 인명 및 건강에 피해를 주는 결과를 가져오는 이상 사건. 이것은 또 필수기능을 지속시켜야 할 사회 제도의 능력을 파괴하기도 한다.

  (『다음 백과』, 「사회복지 용어사전」, "재난")

4) 이경숙, 「혼종적 리얼리티 프로그램에 포섭된 '이산인'의 정체성: 〈러브 인 아시아〉의 텍스트 분석」, 『한국방송학보』 20-3호, 2006/박준규, 「텔레비전 드라마 '겨울연가'와 디아스포라적 정체성」, 『한국문화인류학』 36-1호, 2003 외.

5) 김미현, 「가족 이데올로기의 종언: 1990년대 이후 소설에 나타난 탈가족주의」, 『여성문학연구』 13호, 2005/박통희, 「가족주의 개념의 분할과 경험적 검토: 가족주의, 가족 이기주의, 의사 가족주의」, 『가족과 문화』 16집 2호, 2004/황혜선, 「주말 TV 드라마의 이야기 구조와 가부장적 이데올로기」, 『여성이론』, 여성문화이론연구소, 2002/장옥새, 「한·중 가족 TV 드라마에 나타난 이데올로기 비교 연구」, 『한중인문학연구』 67권, 한중인문학회, 2020 외.

6) 송명희, 「〈부모님 전 상서〉에 나타난 가족 이데올로기의 젠더 의식 」, 『우리어문연구』 26집, 2006/정영희, 「여성주의적 요구와 가부장적 질서의 동거: 〈내 이름은 김삼순을 중심으로〉」, 『미디어, 젠더, 문화』 8권, 2007 외.

7) 김훈순·김명혜, 「텔레비전 드라마의 가부장적 서사 전략」, 『언론과 사회』 15

호, 2004/하종원, 「텔레비전 일일연속극에 나타난 권력 관계에 관한 연구」, 『한국방송학보』 17-2호, 2003/박명진, 「TV 드라마 〈초인가족〉에 나타난 웃음 전략과 희망 서사의 아이러니」, 『문화와 융합』 42권 3호, 한국문화융합학회, 2020 외.

8) 백경선, 「문학과 가족(정): 텔레비전 드라마에 나타난 가족상-노희경의 특집 드라마를 중심으로」, 『한국문예비평연구』 21권, 2006/조항제 외, 「텔레비전 멜로드라마에서 나타나는 가족 표현의 변화:〈하늘이시여〉와 〈굿바이 솔로〉를 중심으로」, 『한국방송학보』 21권 6호, 2007/김수아 외, 「가족 관계의 변이: 한 · 중 텔레비전 드라마에 나타난 가족 관계의 재현」, 『방송연구』 겨울호 145호, 2007 외.

9) 황영미, 「한국 다문화가족 TV 드라마의 특성 연구」, 『한국문예비평연구』 31호, 한국현대문예비평학회 2010 외.

10) 김영성, 「TV 드라마에 나타난 가족해체 위기와 치유의 미학」, 『비평문학』 57권, 한국비평문학회, 2015/안명숙, 「가족 위기 드라마에 대한 수용자의 반응 연구 – TV 드라마 〈스카이캐슬〉 텍스트에 대한 소셜 빅데이터 분석 중심으로-」, 『문학 치료 연구』 56권, 한국문학치료학회, 2020/김지영 · 김동규, 「TV 드라마가 재현하는 '혼외관계' – 전통적 가족주의와 현대적 욕망의 충돌」, 『커뮤니케이션 이론』 13권 1호, 한국언론학회, 2017/이은지, 「"엄마가 되는 건 다른 작은 존재를 위해서 자기를 다 내줄 때예요": TV 드라마 〈마더〉에 재현된 모성 실천에 관한 연구」, 『가족과 문화』 31권 3호, 한국가족학회, 2019/ 김선영, 「한국 가족의 현실: 생애주기에 따른 가족 이슈 – TV 드라마 '엄마가 뿔났다'가 선택한 가족 이슈를 중심으로-」, 『社會科學研究』 35권 2호, 경희대학교 사회과학연구원, 2009/유계숙 외, 「저출산과 관련된 TV 드라마 속 가족

현상」, 『Family and Environment Research』, 44권 8호, 대한가정학회, 2006/
김강원, 「가족해체의 징후와 재구성의 가능성-애니메이션 〈천년여우 여우
비〉를 중심으로」, 『한국극예술연구』65호, 한국극예술학회, 2019/윤석진, 「한
국 텔레비전 가족 드라마의 가족 자유주의 양상」, 『어문논총』34호, 전남대학
교 한국어문학연구소, 2019/김미라, 「'모성'의 확장과 재사유」, 『한국극예술
연구』61호, 한국극예술학회, 2018 외.

11) 서수경, 「서구의 "포스트모던 가족" 연구에 대한 고찰」, 『한국 가족 관계학회
지』7권 1호, 한국 가족 관계학회, 2002/김희자, 「서구의 가족법·가족 정책
의 변화와 포스트모던 가족 모형」, 『경제와 사회』78호, 비판사회학회, 2008/
서수경, 「포스트모던 시대의 가족 담론에 대한 기독교 윤리적 성찰」, 『Family
and Environment Research』40권 5호, 대한 가정학회, 2002/구미정, 「"포스
트모던 가족" 담론과 한국 가족의 변화」, 『신학 논단』62호, 연세대학교 신과
대학(연합신학대학원), 2010/김영덕, 「올비의 포스트모던 가족」, 『영미어문
학』113호, 한국영미어문학회, 2014/이진숙, 「'포스트모던' 사회로의 이행과
핵가족」, 『가족과 문화』2권, 한국가족학회, 1997 외.

이연자, 「아동문학에 등장한 포스트모던 유연 가족: 주디 블룸의 『그건 세상
의 끝이 아니야』」, 『영미문화』9권 3호, 한국영미문화학회, 2009/서용순, 「포
스트모던 시대의 사랑, 결혼, 가족」, 『새한철학회 학술대회 발표논문집』10집,
새한철학회, 2011/김영덕(Yungduk Kim) 한국영미어문학회 2014 영미어문
학 Vol.- No.113 외.

12) 류연규, 「후기산업사회 복지국가 위기에 대한 탈가족주의적 대응」, 『비판사
회정책』11호, 비판과 대안을 위한 사회복지학회, 2002/김미현, 「가족 이데
올로기의 종언 - 1990년대 이후 소설에 나타난 탈가족주의 -」, 『여성문학연

구』13권, 한국여성문학학회, 2005/윤성호, 「노동권과 부모권 양립을 위한 새로운 탈가족의 논의」, 『비판과 대안을 위한 사회복지학회 학술대회』1권, 2008/심현주, 「탈가족화와 사회 통합」, 『생명연구』23, 서강대학교 생명문화 연구소, 2012 외.

13) '포스트모던' 용어를 제목이나 핵심어로 해서 논의를 진행한 경우는 오히려 다른 연구 분야에서(각주 8 참조) 확인할 수 있다.

14) 〈응답하라 1988〉(2016, tvN), 〈마더〉(2018, tvN), 〈경이로운 소문〉(2020, OCN), 〈마인〉(2021, tvN)은 포스트모던한 시대의 가족의 모습을 TV 드라마 속에서 잘 형상화 하고 있다. 특히 가족적 정서의 문제를 해체하고 강화해 나아가면서 새로운 시대에 요청되는 가족 개념을 정체화 한다. 아울러 시대별로 가족 구성의 모습을 추이해 나아갈 수 있다는 점에서 분석 텍스트로 삼는다.

15) 서수경, 앞의 논문, 22쪽.

16) 행정안전부 국가기록원, 『법무/법제』, 「호주제도 폐지」(검색일: 2021. 10. 24.) (https://www.archives.go.kr/next/search/listSubjectDescription.do?id= 005131&sitePage=)

17) 강희원에 따르면, 중국에서 집 아래에서 인분으로 돼지를 키웠다는 설과 뱀을 퇴치하기 위해 돼지를 키웠다는 설을 토대로 해서 사람과 돼지가 상호 공동생활을 유지한 곳이 '가(家)'이다. 강희원은 이 논문에서 '가(家)'의 의미를 어원적으로 분석을 하면서 가족 개념을 논의한다. 본고에서도 이 논의를 참고로 하여 글을 작성하였다. (강희원, 「여성의 문제로서 가(家)와 가족법-한국 가족법 개정을 위한 어느 페미니스트적 휴머니스트의 조언-」, 『법철학연구』5권 2호, 한국법철학학회, 2002, 266~267쪽 참조.)

18) 김언종,『한자의 뿌리Ⅰ』, 문학동네, 2001, 18쪽.

19) '근대성'에 대한 논의는 여러 분야에서 활발하게 전개되었는데, 포스트 근대를 이해하기 위해서는 근대를 살펴보아야 한다. 프레드릭 제임슨의『단일한 근대성』(창작과 비평사, 2002)이 참고하기에 좋은 책이다. 이 외에도 많은 논의의 글들이 있다.

20) 이진숙,「'포스트모던 사회'로의 이행과 핵가족」,『가족과 문화』, 1997, 92쪽.

21) 신승환,『포스트모더니즘에 대한 성찰』, 살림, 2015, 13쪽.

22) 건강 가족, 건전 가족은 가족 중심주의의 핵심으로서 가족의 이기성이나 폐쇄성을 드러내는 측면을 가지고 있다. 이들은 혈연, 혼인, 입양의 관계를 기반으로 다양한 형태의 가족을 반영하지 못하는 단위 개념이기 때문이다.

23) 심현주,「탈가족화와 사회 통합:친가족적 사회 생명 고양 방안 모색」,『생명연구』23집, 2012, 141쪽.

24) 강명구 외 공저,『가족과 미디어』, 한울, 2010, 80쪽 재인용.
"1995년 한국여성개발원이 실제 남성들을 대상으로 그들이 생각하는 '바람직한 아버지상'을 조사한 결과, 대부분이 '경제적 조건을 충족시켜 주는 아버지'보다는 '자상하고 친구같이 대화하는 아버지'를 이상적으로 여기고 있었다."

25) 김미영,『유교 문화와 여성』, 살림, 2007, 15쪽 참조.

26) 위의 책, 16쪽.

27) 강명구, 위의 책, 80쪽.

28) 『국립국어원』,「표준국어대사전」, '자애', '자애롭다', 2021.7.21.

29) 김미영, 앞의 책, 49쪽.

30) 위의 책, 49쪽.

31) 이 드라마는 신원호 연출, 이우정 극본의 20부작으로 2015.11.6.~2016.1.16

에 이르기까지 채널 tvN에서 방송되었다. 캐치프레이즈 '쌍팔년도 쌍문동, 한 골목 다섯 가족의 왁자지껄 코믹 가족 드라마'이다. (내용 출처: 다음 포털 사이트)

32) 이 드라마는 김철규, 윤현기 연출, 정서경 극본의 16부작으로 2018.1.24.~3.15 에 이르기까지 채널 tvN에서 방송되었다. 캐치프레이즈 '세상 사람들이 손 가락질 하고 아무리 둘 사이를 갈라놓으려 해도, 꽉 잡은 두 손 놓지 않고 천천히 엄마와 딸이 되어가는 과정을 그린 드라마'이다. (내용 출처: 다음 포털 사이트)

33) 이 드라마는 유선동 연출, 김새봄 극본의 16부작으로 2020.11.28.~2021.1.24 에 이르기까지 채널 ocn에서 방송되었다. 캐치프레이즈 '악귀 사냥꾼 '카운터'들이 국숫집 직원으로 위장해, 지상의 악귀들을 물리치는 통쾌하고 땀내 나는 악귀 타파 히어로물'이다. (내용 출처: 다음 포털 사이트)

34) 이 드라마는 이나정 연출, 백미경 극본의 16부작으로 2021.5.8.~6.27에 이르기까지 채널 tvN에서 방송되었다. '세상의 편견에서 벗어나 진짜 나의 것을 찾아가는 강인한 여성들의 이야기를 그린 드라마'를 캐치프레이즈로 내걸고 방영된 드라마이다. (내용 출처: 다음 포털 사이트)

35) 유진월, 『시네 페미니즘: 가족은 없다』, 푸른 사상, 2019, 66쪽.

36) 정영애 · 장화경, 『가족과 젠더』, 교문사, 2010, 133~134쪽.

37) 위의 책, 135쪽.

38) 김경일, 『근대의 가족, 근대의 결혼』, 푸른 역사, 2013, 211쪽 재인용.

39) 정영애 · 장화경, 위의 책, 135쪽.

40) 이정은, 『사랑의 철학』, 살림, 2014, 94쪽.

41) 차선자, 「가족 관계에서 혈연이 가지는 의미」, 『인권과 정의』 406권, 2010,

25쪽.

42) 앞의 글, 28쪽.

43) 차선자, 앞의 글, 29쪽.

44) 차재연 · 김혜리, 「혈연과 비혈연을 향한 이타주의의 발달: 진화적 관점」, 『한 국심리학회지』 27권 2호, 2008, 352쪽.

45) 앞의 글, 352쪽.

46) 니시야마 · 치나 · 함인희, 「비혈연 및 패러사이트 싱글 가족의 한일 비교 – 〈고령화 가족〉과 〈어느 가족〉을 중심으로」, 『가족과 문화』 30권 4호, 2018, 161쪽.

47) 『국립국어원 표준국어대사전』, '애정', 2021.7.22.

48) 스티브 컨, 임재서 역, 『사랑의 문화사』, 말글빛냄, 2006, 528쪽 참조.

49) 앤소니 기든스, 『현대 사회의 성, 사랑, 에로티시즘』, 황정미 외 공역, 새물결, 2003, 81쪽 참조.

50) 에바 일루즈, 『사랑은 왜 아픈가』, 김희상 역, 돌베개, 2013, 58쪽.

51) 위의 책, 175~246쪽 참조.

52) 위의 책, 26쪽.

53) 차선자, 앞의 글, 28쪽 참조.

54) 위의 글, 28~29쪽.

55) 이정은, 앞의 책, 90쪽.

56) 조은주, 『가족과 통치』, 창작과 비평, 2019, 31쪽.

제1장 가족은 여성의 행복을 위한 장소가 될 수 있는가_이행미

1. 기본 자료

나혜석, 「모된 감상기」, 『동명』, 1923.1.1-21.

_____, 「부처 간의 문답」, 『신여성』, 1923.9, 11.

_____, 「우애 결혼 · 시험 결혼」, 『삼천리』, 1930.5.

_____ 외, 「만혼 타개 좌담회: 아아, 청춘이 아까워라」, 『삼천리』, 1933.12.

_____, 「이혼 고백장」, 『삼천리』, 1934.8-9.

_____, 「이성 간의 우정론 아름다운 남매의 기(記)」, 『삼천리』, 1935.6.

_____, 「영미부인 참정권운동자 회견기」, 『삼천리』, 1936.1.

나혜석 학회 엮음, 『나혜석을 말한다』, 황금알, 2016.

『동아일보』, 『삼천리』, 『매일신보』

2. 연구 논저

김경일, 『신여성, 개념과 역사』, 푸른역사, 2016.

김하나 · 황선우, 『여자 둘이 살고 있습니다』, 위즈덤하우스, 2019.

김형목, 「나혜석 후반기 인생역정과 주변 인물들」, 『나혜석 연구』 9, 나혜석 학회, 2016.

_____, 「위자료 청구소송을 주도한 소완규와 나혜석 인연」, 『나혜석 연구』 7, 나혜석 학회, 2015.

바렛, 미셸 · 메리 매킨토시, 김혜경 · 배은경 역, 『반사회적 가족』, 나름북스, 2019.

소현숙, 「식민지시기 근대적 이혼제도와 여성의 대응」, 한양대학교 박사학위 논문, 2013.

우에노 치즈코, 『근대가족의 성립과 종언』, 이미지문화연구소 역, 당대, 2009.

이순구, 『조선의 가족, 천 개의 표정』, 너머북스, 2011.

이용창, 「나혜석과 최린, 파리의 '자유인'」, 『나혜석 연구』 2, 나혜석 학회, 2013.

이태영, 『한국여성사』 II, 이화여자대학교출판부, 1972.

이행미, 「한국 근대문학과 '가족법'적 현실 연구: 1910~1940년대 전반기 문학을 중심으로」, 서울대학교 박사 논문, 2017.

차크라바르티, 디페시, 「누가 고통을 증언하게 하는가?」, 『유럽을 지방화하기』, 김택현 · 안준범 역, 그린비, 2014.

최종고, 「나혜석(1896-1948)의 이혼과 고소 사건-한국여성 인권사의 한 단면」, 『아세아여성법학』 14, 2011, 166.

페이트만, 캐럴, 『남과 여, 은폐된 성적 계약』, 이충훈 · 유영근 역, 이후, 2001.

헌트, 린, 『인권의 발명』, 전진성 역, 돌베개, 2009.

홍양희, 「"선량한 풍속"을 위하여: 식민지시기 "간통죄"와 성(Sexuality) 통제」,

『법과 사회』 51, 법과사회이론학회, 2016,

황정미, 「캐롤 페이트만과 탈(脫) 가부장제의 정치적 상상력」, 『여성과 사회』
14, 한국여성연구소, 2002.

* 이 책에 수록된 글은 저자가 발표한 다음 두 편의 논문의 일부를 보완, 수정
한 것임을 밝힙니다.

이행미, 「한국 근대문학과 '가족법'적 현실 연구: 1910~1940년대 전반기 문학
을 중심으로」(서울대학교 박사 논문, 2017) 중 일부

이행미, 「여성이 예속되지 않을 새로운 가족을 위한 고투 – 나혜석의 「이혼 고
백장」(1934)을 중심으로」(『한국어와 문화』 30, 2021)

제2장 고령화 시대 가족으로부터 소외되는 노년들_이현정

김광림, 『앓는 사내』, 한누리미디어, 1998.

김기택, 『소』, 문학과지성사, 2005.

김사인, 『어린 당나귀 곁에서』, 창비, 2015.

김수영 외, 『노년 사회학』, 학지사, 2017.

김형수 외, 『현대 노인복지론』, 학지사, 2009.

복효근, 「입춘 무렵」, 『현대시』, 2015년 3월호.

오탁번, 『손님』, 황금알, 2006.

_____, 『알요강』, 현대시학사, 2019.

유영주 외, 『가족 관계학』, 교문사, 2000.

이생진, 「아내와 나 사이」, 『우리 시』, 2008년 10월호.

이현정, 「한국 현대 노년시 연구 시론」, 『한국시학연구』 제45호, 한국시학회, 2016.

_____, 「한국 현대 노년시에 나타난 노화된 몸에 대한 인식 및 형상화 방식 연구」, 『한국문학논총』 제78집, 한국문학회, 2018.

_____, 「한국 현대 노년시에 나타난 죽음의식」, 『한국시학연구』 제64호, 한국시학회, 2020.

_____, 「고령화 시대의 든든한 배후-21세기 한국 노년시의 경향과 가치」, 『작가들』 통권 76호, 2021년 봄호.

_____, 「고령화 시대 가족으로부터 소외되는 노년들」, 『한국어와 문화』 제30집, 숙명여자대학교 한국어문화연구소, 2021.8.

정 겸, 「미끼」, 『시 현실』, 2018년 겨울호.

최금진, 『새들의 역사』, 창비, 2007.

통계청, 「사회통계조사보고서」, 2002.

_____, 「사회조사」, 2014.

_____, 「2016년 고령자통계」, 2016.

한국가족상담교육연구소 편, 『변화하는 사회의 가족학』, 교문사, 2010.

한림대학교 고령사회연구소 편, 『노인과 가족』, 소화, 2014.

제3장 가족 판타지의 그늘과 바깥: 재난 서사와 겹쳐보는 가족 서사_김지윤

* 이 글은 『우리문학연구』 72집 (2022.1) 에 게재한 논문을 수정하여 실었음을 밝혀둔다.

1. 기본 자료

윤대녕, 『피에로들의 집』, 문학동네, 2016.

정여랑, 『5년 후』, 위키드위키, 2020.

정유정의 『28』, 은행나무, 2013.

2. 연구 논저

권용혁, 『가족과 근대성』, 이학사, 2121.

김영삼, 「구원 없는 재난 서사와 혐오의 정서 – 김애란의 〈물속 골리앗〉과 손홍규의 《서울》을 대상으로」, 『현대소설연구』 제78권, 한국현대소설학회, 2020.

김향미, 「코로나로 '이동제한령' 내린 나라들, 가정폭력 늘었다」, 『경향신문』 국제면, 2020.04.01.

김현경, 『사람, 장소, 환대』, 문학과지성사, 2015.

김희경, 『이상한 정상 가족』, 동아시아, 2017.

도나 해러웨이, 『트러블과 함께하기』, 마농지, 2021

박인성, 「이번엔 진짜 망할 줄 알았지 1 – 재난 서사 마스터 플롯」, 말과 활 아

카데미, 2021. 1. 28,

http://wordnbow.net/2021/01/28/%ec%9d%b4%eb%b2%88%
ec%97%94-%ec%a7%84%ec%a7%9c-%eb%a7%9d%ed%95%a0-
%ec%a4%84-%ec%95%8c%ec%95%98%ec%a7%80-1 (2021. 9. 25
접속)

미셸 바렛, 메리 매킨토시, 『반사회적 가족』, 나름북스, 2019.

미치코 가쿠타니, 『진실 따위는 중요하지 않다』, 돌베개, 2019.

레베카 솔닛, 『멀고도 가까운』, 반비, 2016.

박찬효, 『한국의 가족과 여성 혐오, 1950-2020』, 책과 함께, 2020.

우에노 치즈코, 『근대가족의 성립과 종언』, 이미지문화연구소 옮김, 당대, 2009.

이창일, 『수치-인간과 괴물의 마음』, 추수밭, 2021.

이효재, 『가족과 사회』, 경문사, 1976.

전의령, 「나만 없어, 반려동물」, 『한편 4호-동물』, 민음사, 2021. 1.

프랭크 푸레디, 『우리는 왜 공포에 빠지는가』, 이학사, 2011.

Christopher Lasch, "The Culture of Narcissism: American Life in an Age of
    Diminishing Expectations", W. W. Norton & Company; Revised
    edition, 1991,

Jacques Donzelot, "The Policing of Families", Pantheon Books A Division of
    Random House Inc, 1997.

Lieberman, Debra; Lobel, Thalma. "Kinship on the Kibbutz: Coresidence
    duration predicts altruism, personal sexual aversions and moral
    attitudes among communally reared peers.", *Evolution and Human*

Behavior, 2012.

Christopher Lasch, "The culture of narcissism," *Bulletin of the Menninger Clinic*, 44(5), 1980

김민경, 「프랑스의 '근대적 가족' 형성과 미셸푸코의 권력이론」, 서울대학교 석사학위논문, 1998 참조.

권헌익, 『전쟁과 가족』, 창비, 2020 참조.

3. 기타

김향미, 「코로나로 '이동제한령' 내린 나라들, 가정폭력 늘었다」, 『경향신문』, 국제면, 2020. 04. 01.

박인성, 「이번엔 진짜 망할 줄 알았지 1 - 재난 서사 마스터 플롯」, 말과 활 아카데미, 2021. 1. 28,

http://wordnbow.net/2021/01/28/%ec%9d%b4%eb%b2%88%ec%97%94-%ec%a7%84%ec%a7%9c-%eb%a7%9d%ed%95%a0-%ec%a4%84-%ec%95%8c%ec%95%98%ec%a7%80-1 (2021. 9. 25 접속)

전의령, 「나만 없어, 반려동물」, 『한편 4호 - 동물』, 민음사, 2021. 1.

제4장 가족, 반려동물과 함께 자기 회복을 이야기하다_송경란

강정구, 「펫팸족의 출현과 반려동물의 재인식: 2000년대 이후 한국문학과 영화 직품을 중심으로」, 『세계문학비교연구』 제54집, 2016넌 봄호.

구병모 외, 『무민은 채식주의자』, 걷는 사람, 2018.

권수경, 「환대와 글쓰기: 레비나스, 데리다, 자베스를 중심으로」, 『프랑스문화예술연구』 53, 프랑스문화예술학회, 2015.8.

권영민 외, 「심사평」, 『2019 제43회 이상문학상 작품집』, 문학사상, 2019.

김민정, 「애완동물, 반려동물과 버려지는 동물, 인간소외」, 『문화과학』 76, 문화과학사, 2013.12.

김선하, 「들뢰즈의 죽음에 대한 고찰」, 『철학논총』 제60호, 새한철학회, 2010.4.

김양선, 「팬데믹 이후 사회에 대한 (여성) 문학의 응답 : 젠더, 노동, 네트워크」, 『비교한국학』, 제29권 1호, 2021.4.

노대원, 「한국 포스트휴먼 SF의 인간 향상과 취약성」, 『한국문학이론과 비평』, 제86집(24권 1호), 한국문학이론과 비평학회, 2020.2.

노승희, 「고양이와 함께 페미니즘의 미래를 준비한다면: 2001년 가을 '고양이 소동' 읽기」, 『여/성 이론』, 2001.

류도향, 「확장하는 가족: 은유로서 가족적인 것의 가능성」, 『인문학연구』 제58집, 조선대학교 인문학연구원, 2019.8.

맹정현, 「죽음의 나르시시즘: 라깡의 『가족 콤플렉스』에 나타난 죽음의 인자」, 『현대정신분석』 13권 1호, 한국현대정신분석학회, 2011.8.

모효정, 「반려동물의 상실로 인한 슬픔, 펫로스(Pet Loss) 증후군의 증상과 대처」,『인간·환경·미래』제15호, 2015.

박서현, 「하이데거에 있어서 죽음의 의의」,『철학』제109호, 한국철학회, 2011.11.

서동욱,『차이와 타자』, 문학과지성사, 2001.

소영현, 「작품론 : 더 나은 세계를 위한 사유」,『2019 제43회 이상문학상 작품집』, 문학사상, 2019.

손은하, 신지은, 「영화〈고양이를 부탁해〉에서 나타나는 혼종과 우정의 공간」,『인문 콘텐츠』제28호, 인문콘텐츠학회, 2013.

송다금·백문임, 「2010년대 동물화자 소설에 나타난 인간/비인간 종의 착종:「묘씨생」의 자본주의 생태 속 새로운 관계성」,『구보학보』26집, 2020.

신상숙, 「젠더에 기반한 차별과 폭력의 연속선: 통합적 접근의 모색」,『페미니즘 연구』제18권 1호, 한국여성연구소, 2018.4.

신희경, 「일본 고양이 캐릭터에 관한 사회문화적 연구」,『Journal of Integrated Design Research』제17권 4호, 디자인연구소, 2018.12.

심진경, 「여성 폭력의 젠더 정치학」,『젠더와 문화』제4권 2호, 계명대학교 여성학연구소, 2011.12.

안숙영, 「돌봄 노동의 여성화에 대한 비판적 고찰」,『한국여성학』34권 2호, 한국여성학회, 2018.

우에노 치즈코, 이미지문화연구소 옮김,『근대가족의 성립과 종언』, 당대, 2009.

유형진, 「작가론 : 검은 숲의 랜턴과 레일라의 선물」,『2019 제43회 이상문학상 작품집』, 문학사상, 2019.

윤이형, 「그들의 첫 번째와 두 번째 고양이」,『2019 제43회 이상문학상 작품집』,

문학사상, 2019.

_____, 「나의 문학적 자서전 : 다시 쓰는 사람」, 『2019 제43회 이상문학상 작품집』, 문학사상, 2019.

이수진, 『취향입니다. 존중해 주시죠』, 웅진지식하우스, 2013.

이양숙, 「디지털시대의 경계불안과 포스트휴먼」, 『구보학보』 제26호, 구보학회, 2020.

이용숙, 「가족으로서의 반려동물의 의미와 반려동물로 인한 구별 짓기」, 『한국문화인류학』 제50권 2호, 한국문화인류학회, 2017.7.

장보람, 「펫팸족의 반려동물 양육 경험에 대한 현상학적 연구: 반려견 양육 경험을 중심으로」, 경성대학교 교육대학원 석사학위 논문, 2019.8.

전경근, 「헌법에 있어서의 가족」, 『제3차 성 평등 포럼: 헌법과 가족』, 한국여성정책연구원, 2009.5.20.

차미령, 「고양이, 사이보그 그리고 눈물」, 『문학동네』 제26권 3호, 2019.

최창모, 「현대 히브리 문학의 고양이 모티브/이미지 연구: 아모스 오즈의 「나의 미카엘」을 중심으로」, 『외국문학연구』 제52호, 한국외국어대학교 외국문학연구소, 2013.11.

홍단비, 「초연결 시대, 연결의 딜레마와 주체의 (재) 탄생: 윤이형 소설을 중심으로」, 『어문논집』 제83집, 중앙어문학회, 2020.

황정은, 「묘씨생」(『문예중앙』, 2010년 가을호, 『파씨의 입문』, 창비, 2012.

Arnold van Gennep, 전경수 역, 『통과의례(태어나면서부터 죽은 후까지)』, 을유문화사, 1995.

Judith Butler, 강경덕·김세서리아 역, 『권력의 정신적 삶』, 그린비, 2019, 154쪽.

Michee Barrett & Mary McIntosh,, 김혜경 · 배은경 역, 『반사회적 가족』, 나름북스, 2019.

Victor Turner, 박근원 역, 『의례의 과정』, 한국심리치료연구소, 2005.

김소윤, 「가족이 바뀐다② "가족 개념 확대에는 실질적 지원이 동반돼야"」, 『우먼타임스』, 2021.4.30.

http://www.womentimes.co.kr/news/articleView.html?idxno=52449.

대한민국헌법[시행 1988. 2. 25.] [헌법 제10호, 1987. 10. 29., 전부 개정]

https://www.law.go.kr/LSW/lsSc.do?section=&menuId=1&subMenuI

d=15&tabMenuId=81&eventGubun=060101&query=%ED%97%8C

%EB%B2%95+%EC%A0%9C36%EC%A1%B0#undefined

동물보호법. [시행 2021. 2. 12.] [법률 제16977호, 2020. 2. 11. 일부 개정]

https://www.law.go.kr/LSW/lsInfoP.do?efYd=20210212&lsiS

eq=214159#0000.

박정래, 「결혼 정보회사 가연, 미혼남녀 51.6% 결혼 통한 경제적 안정도 중요」, 『문화뉴스』, 2021.07.16., http://www.mhns.co.kr

박정윤, 「박정윤의 으라차차 동물환자: 반려동물과 이별을 받아들이는 방법」, 『한국일보』 2021.6.29.

https://www.hankookilbo.com/News/Read/A2021062911140004778.

송철호, 「펫코노미 시대…'동물보호' 넘어 '동물복지'로」, 『주간한국』, 2021.6.25.

https://weekly.hankooki.com/lpage/society/202106/wk20210625

155926146100.htm.

양지혜, 「다양한 형태의 대안 가족」, 『고대신문』, 2003.09.01.

이수현, 「다양한 가족의 형태, 인정을 넘어 이해로」, 『베이비뉴스』, 2020.12.16.

이준영, 「"나만 고양이 없어", 펫코노미의 등장」, 『인터비즈 · 북21』, 20217.9.11, https://blog.naver.com/businessinsight/221094427688.

이진경, 「3가구 중 1가구는 '나 혼자 산다'」, 『세계일보』, 2021-06-28. https://www.segye.com/newsView/20210628515092?OutUrl=naver.

장서윤, 「"반려동물은 물건이 아니다"…동물보호법 개정 움직임 활발」, 『주간 한국』, 2021.6.30. https://weekly.hankooki.com/lpage/life/202106/wk20210630141700147650. htm?s_ref=nv

홍기영, 「혼족 문화와 자존감 회복」, 『매일경제』, 2017.1.2., https://www.mk.co. kr/opinion/columnists/view/2017/01/2345.

황원경, 손광표, 『2021 한국 반려동물보고서』, KB경영연구소, 2021.3.21. https://www.kbfg.com/kbresearch/report/reportView.do?reportId= 2000160.

제5장 신자유주의 시대 중산층의 재난의식과 가족주의 이데올로기_최배은

1. 기본 자료

네이버 웹툰 〈위대한 방옥숙〉

네이버 웹툰 〈싸니다, 천리마 마트〉

2. 연구 논저

김동춘, 『한국인의 에너지, 가족주의 : 개인의 보호막과 지위 상승의 발판인 가족』, 피어나, 2020.

김의수, 「한국 사회와 공동체」, 『사회와 철학』 1, 사회와철학연구회, 2001.

최시현, 「한국 중산층 여성의 주택실천과 '투기화된 삶'」, 연세대 박사학위 논문, 2020.

함인희, 「"IMF 위기"로 인한 중산층 해체 논의의 비판적 고찰」, 『사회과학연구논총』 3, 이화여자대학교 이화사회과학원, 1999.

데이비드 M. 코츠 지음, 곽세호 옮김, 『신자유주의의 부상과 미래』, 나름북스, 2018.

미셸 바렛·메리 매킨토시 지음, 김혜경·배은경 옮김, 『반사회적 가족』, 나름북스, 2019.

페르디난트 퇴니스, 곽노완·황기우 역, 『공동사회와 이익사회』, 라움, 2010.

하다스 바이스 지음, 문혜림·고민지 옮김, 『중산층은 없다』, 산지니, 2021.

〈다음 백과〉

〈인적자원관리 용어사전〉

〈쿠키뉴스〉

제6장 포스트모던 가족 시대의 탈가족적 정서의 해체와 강화_
김소은

김소은, 「멜로드라마의 '감정 구조' 형성 방식 연구 - TV 드라마 〈응답하라 1988〉을 중심으로」, 『드라마연구』 52, 한국드라마학회, 2017.

강명구 외 공저, 『가족과 미디어』, 한울, 2010.

강희원, 「여성의 문제로서 가(家)와 가족법-한국 가족법 개정을 위한 어느 페미니스트적 휴머니스트의 조언-」, 『법철학연구』 5권 2호, 한국법철학학회, 2002.

김경일, 『근대의 가족, 근대의 결혼』, 푸른 역사, 2013.

김미영, 『유교 문화와 여성』, 살림, 2007.

김언종, 『한자의 뿌리 I 』, 문학동네, 2001.

김진우, 「조선 후기 기본 구조와 특징과 그 의의-家, 宗, 族을 중심으로-」, 『한국학 논총』 52, 국민대 한국학연구소, 2019.

김희자, 「서구의 가족법 가족 정책의 변화와 포스트모던 가족 모형」, 『경제와 사회』, 비판사회학회, 2008.

니시야마ㆍ치나ㆍ함인희, 「영화에 투영된 비혈연 및 패러사이트 싱글 가족의 한일 비교 - 〈고령화 가족〉과 〈어느 가족〉을 중심으로」, 『가족과 문화』 30권 4호, 2018.

박통희, 「가족주의 개념의 분할과 경험적 검토:가족주의, 가족 이기주의, 의사 가족주의」, 『가족과 문화』 16권 2호, 한국가족학회, 2004.

삐에르 부르디외, 『구별 짓기』, 최종철 역, 새물결, 2005.

서수경, 「서구의 '포스트모던 가족' 연구에 대한 고찰」, 『한국가족관계학회지』 7권 1호, 한국가족관계학회, 2002.

서용순, 「포스트모던 시대의 사랑, 결혼, 가정」, 『새한철학회 학술대회 발표논문집』, 새한철학회, 2011.

송혜림 외, 『건강 가정 개념에 대한 논의』, 한국가정관리학회지 23권 6호, 가정과 삶의질 학회, 2005.

스티브 컨, 『사랑의 문화사』, 임재서 역, 말글빛냄, 2006.

신승환, 『포스트모더니즘에 대한 성찰』, 살림, 2015.

심현주, 「탈가족화와 사회 통합:친가족적 사회 생명 고양 방안 모색」, 『생명연구』 23집, 2012

앤소니 기든스, 『현대 사회의 성, 사랑, 에로티시즘』, 황정미 외 공역, 새물결, 2003.

에바 일루즈, 『사랑은 왜 아픈가』, 김희상 역, 돌베개, 2013.

유계숙, 「가족의 다양성 수용에 영향을 미치는 요인」, 『가족과 문화』 17권 2호, 한국가족학회, 2005.

유진월, 『시네 페미니즘: 가족은 없다』, 푸른 사상, 2019.

윤복실, 「TV 드라마 〈마더〉에 재현된 모성 이데올로기 연구-주디스 버틀러 '수행성 이론'을 중심으로-」, 『문화콘텐츠연구』 20호, 건국대 글로컬 문화전략연구소, 2020.

이재경, 「가족법상의 가족 개념과 여성학적 제안」, 『가족학논집』 7집, 한국가족학회, 1995.

이정은, 『사랑의 철학』, 살림, 2014.

이종서, 「조선 전기와 후기의 혈연 의식 비교-'族' 관련 용어와 권리 의무 관계를 중심으로」, 『한국문화』 58, 서울대 규장각 한국학연구소, 2012.

이진숙, 「'포스트모던 사회'로의 이행과 핵가족-독일의 결혼과 가족제도 변화를 중심으로」, 『가족과 문화』 2권, 한국가족학회, 1997.

조은주, 『가족과 통치』, 창작과 비평, 2019.

정영애 · 장화경, 『가족과 젠더』, 교문사, 2010.

차선자, 「가족 관계에서 혈연이 가지는 의미」, 『인권과 정의』 406권, 대한변호사협회, 2010.

차재연 · 김혜리, 「혈연과 비혈연을 향한 이타주의의 발달: 진화적 관점」, 『한국심리학회지』 27권 2호, 한국심리학회, 2008.

홍성민, 『피에르 브루디외와 한국 사회 이론과 형식의 비교 정치학』, 살림, 2013.

저자약력

이행미

이행미는 현재 숙명여자대학교 인문학연구소 연구교수, 한국어문화연구소 연구원이며, 숙명여자대학교에서 〈현대소설론〉, 〈현대산문강독〉을 가르친다. 한국문학에 나타난 가족 및 가족법, 문학에 나타난 소수자 재현과 윤리에 관심을 두고 연구를 진행 중이다.

이현정

이현정은 현재 숙명여자대학교 한국어문화연구소 연구원이며, 인천대에서 〈자기표현과의사소통〉을, 한성대에서 〈사고와표현〉을 가르친다. 대학 글쓰기와 소통 능력에 관한 연구 및 21세기 고령화 시대에 한국 현대 노년시가 어떤 시적 대응을 보여 주고 있는지에 관심을 두고 연구 중이다.

김지윤

김지윤은 현재 숙명여자대학교 교양교육연구소 연구교수, 한국어문화연구소 연구원이며, 숙명여자대학교에서 〈현대문학사〉, 〈현대문학과 사회〉, 〈한국현대문학의 이해〉를 가르친다. 문학사상 신인상으로 시인으로 등단했고, 서울신문 신춘문예에 당선되어 문학평론을 쓰고 있다. 한국문학, 외국문학, 교육 등 여러 분야의 연구에 관심이 있다.

송경란

송경란은 현재 숙명여자대학교 한국어문화연구소 연구원이며, 한국공학대학교에서 〈글쓰기〉를 가르친다. 북컨설팅과 독서문화운동을 진행하며 문화융합콘텐츠 개발에 관심을 두고 탐구 중이다.

최배은

최배은은 현재 숙명여자대학교 한국어문학부 초빙교수, 한국어문화연구소 연구원이며, 숙명여자대학교와 서강대학교에서 스토리텔링 관련 과목을 가르친다. 아동청소년문학 및 대중 서사 연구자로서 최근에는 웹 플랫폼 이야기 콘텐츠에서 재생산되는 가족주의 이데올로기, 약육강식, 성차별, 여성 혐오 등 문화적 악순환에 관심을 두고 연구 중이다.

김소은

김소은은 숙명여자대학교 한국어문화연구소 연구원이며, 전 동아대학교 교양교육원 조교수를 역임하고 숙명여자대학교를 비롯한 여러 대학에서 〈사고와 표현〉, 〈연극영화의 이해〉를 가르친다. TV 드라마, 연극 및 영상 텍스트 등의 대중문화예술 텍스트에 관심을 두고 연구 중이다.